U0956722

信息系统安全运维

主　编　张　剑
副主编　刘　韧　皮志贤　王　惠　马庆余

电子科技大学出版社
University of Electronic Science and Technology of China Press
·成都·

图书在版编目（CIP）数据

信息系统安全运维/张剑主编. —成都：电子科技大学出版社，2016.4（2025.3重印）
ISBN 978-7-5647-3542-5

Ⅰ. ①信… Ⅱ. ①张… Ⅲ. ①信息系统-安全技术 Ⅳ. ①G202

中国版本图书馆 CIP 数据核字（2016）第 072185 号

内容提要

本书在《信息安全技术》阐述的CISAW信息安全保障模型基础上，深入诠释了“安全运维”和“运维安全”的核心概念，独具特色地提出信息安全运维业务中“安全运维”和“运维安全”的保障模式，对模型中安全运维活动涉及的运维主体、运维对象、运维流程、运维支撑平台及运维活动等环节进行全面论述，并从风险管理的角度探讨在安全运维过程中如何降低安全风险、保障运维安全。本书结合具体案例阐述模型中涉及的各项活动，重点讲述安全策略、运维准备、运维实施、运维安全、评审及改进活动中的具体工作，为各领域从事信息运维服务人员、系统运维单位管理者和信息运维单位的运维管理者提供信息安全技术支撑。

信息系统安全运维

XINXI XITONG ANQUAN YUNWEI

张 剑 主编

策划编辑 万晓桐 徐守铭
责任编辑 万晓桐 徐守铭
责任印制 段晓静

出版发行 电子科技大学出版社
成都市一环路东一段159号电子信息产业大厦九楼 邮编 610051
主　　页 www.uestcp.com.cn
服务电话 028-83203399
邮购电话 028-83201495

印　　刷 成都市火炬印务有限公司
成品尺寸 185 mm×260 mm
印　　张 17.5
字　　数 482千字
版　　次 2016年4月第1版
印　　次 2025年3月第10次印刷
书　　号 ISBN 978-7-5647-3542-5
定　　价 60.00元

本书编委会

丛书编委会

序

2014年，我国提出了建设网络强国战略与目标。实现网络强国，培养和造就网络与信息安全人才队伍是关键。据调查，截至2014年年底，国内网络与信息安全人才缺口高达50万人，并呈现持续增长的趋势。加快人才培养是我国经济社会发展和信息安全体系建设中的一项长期性、全局性和战略性的任务。

作为我国专业信息安全认证机构和培训机构，中国信息安全认证中心以保障国家网络与信息安全为己任，于2011年推出了信息安全保障人员认证（CISAW）。CISAW认证是面向IT从业人员、在校学生，特别是与网络与信息安全密切相关的高级管理人员、专业技术人员推出的人员资格认证和专业水平认证。CISAW认证的推出和实施，为培养和造就我国网络与信息安全人才探索了一条有效途径，得到了业内专家和社会各界的好评。

推行CISAW认证，编写高质量的教材尤为重要。鉴于此，中国信息安全认证中心组织国内信息安全保障的专业技术和应用领域的专家，依据《信息安全保障人员认证考试大纲》要求，结合信息安全保障工作的各岗位知识和应用能力要求，共同编著了信息安全保障人员认证系列教材，其中包括《信息安全技术》《信息安全技术应用》和《信息安全实验》等3本基础教材；《软件安全开发》《信息系统安全集成》《信息安全管理》《信息安全咨询手册》《信息系统安全运维》《信息系统安全审计》《信息安全风险管理》《网络攻防技术》《业务连续性管理》《云计算安全》《物联网安全》《电子认证技术》和《工业控制信息安全》等13本专业技术应用教材；《电子政务安全》《电子商务安全》《CA服务安全》《交通服务信息安全》《能源服务信息安全》《医疗卫生信息安全》《教育服务信息安全》《金融服务信息安全》《通信服务信息安全》《宾馆服务信息安全》和《物流服务信息安全》等 11 本应用领域教材。

本系列教材以实用为首要原则，从统一的信息安全保障模型出发，构建了包括信息安全技术基础知识、信息安全专业技术知识和应用领域安全保障管理知识的完整信息安全保障知识体系。既是广大 CISAW 认证申请者的考试指导用书，同时也是广大信息安全保障工作者的工作指南和参考用书。

希望本系列教材的出版，能为广大信息安全保障从业者学习、工作和申请认证提供指导和帮助。

是为序。

中国信息安全认证中心主任　魏　昊

2014 年 12 月 28 日

前　　言

《信息系统安全运维》一书基于长期从事信息安全服务和信息系统运维服务的实践，在参考国内外的最佳实践基础上，系统地介绍安全运维的概念，安全运维主体、对象、流程、支撑平台及运维活动的各个环节，着重介绍在安全运维过程中如何减低安全风险、保障运维安全。本书提出了信息系统安全运维模型，该模型是在 CISAW 信息安全保障统一模型的基础上衍生的，模型涵盖了“安全运维”和“运维安全”两种模式，本书以安全运维模型的两种模式为框架展开，结合运维实例形成了完整的安全运维知识体系。

本书共分为 9 章，第 1 章是概述，从信息系统运维的基本定义出发，重点介绍了本书的核心模型——信息系统安全运维模型；第 2 章安全运维知识体系的综述，从安全运维理论的角度介绍安全运维涉及各个环节的基本知识；第 3 章介绍实施安全运维相关法律法规和标准规范；第 4 章至第 6 章分别以案例的方式介绍安全运维活动最重要环节的实施方法，对制定安全策略、实施运维准备以及开展运维活动以明确的工作指导；第 7 章着重介绍安全运维过程中降低安全风险，保障信息系统运行的方法；第 8 章对安全运维过程进行有效性评估，并提出从日常运维和应急体系完善角度提出了持续改进方法；第 9 章为认证培训的学员对相关的服务资质认证标准进行解读，以便于更好地理解认证标准要求和认证过程。

本书按照信息安全保障人员认证考试大纲的要求进行编写，适合广大申请认证考试的人员使用，同时也合适所有从事与信息系统运维有关的技术人员和管理人员以及期望了解信息安全运维相关知识的人员使用。本书在成书过程中得到了中国信息安全认证中心、华北电力大学信息安全工程实验室、四川省中认信安技术服务有限公司、北京华电卓越国际技术培训有限责任公司、北京赛虎网络空间安全技术发展有限公司、北京华电卓识信息安全测评技术中心有限公司、北京卓越蓝军信息安全技术发展有限公司的大力支持，在此表示衷心感谢。

本书由张剑、刘韧、皮志贤、王惠、马庆余、韩震、王旭、时鹏、周艳芳、李洁、王建、梁浩、龚钢军、范杰清等共同编写，本书在编写过程中参考或引用了国内外同行的大量资料或观点，在此向这些作者表示衷心感谢。

本书力图以真实的案例、清晰的结构和流畅的语言来展现本书的知识体系、但由于水平有限、时间紧迫、尽管我们进行了多次研讨和修订，书中仍难免存在疏漏和错误。在此，恳请广大读者和同行批评指正，以便我们再版修订时加以改正和完善。

张　剑

2016 年 5 月 16 日

目录
Contents

第1章　概　　述 …… 1
1.1　信息系统 …… 1
1.1.1　信息 …… 2
1.1.2　系统 …… 3
1.1.3　信息系统 …… 3
1.1.4　新技术影响 …… 4
1.2　系统运维 …… 5
1.2.1　系统运维 …… 5
1.2.2　系统运维现状 …… 6
1.2.3　信息安全运维 …… 7
1.2.4　运维服务特点 …… 8
1.3　安全运维模型 …… 9
1.3.1　安全运维模型 …… 9
1.3.2　安全运维对象 …… 10
1.3.3　安全属性 …… 13
1.3.4　资源 …… 14
1.3.5　管理 …… 15
1.4　安全运维模式 …… 16
1.4.1　安全运维 …… 16
1.4.2　运维安全 …… 16

1.4.3 安全运维的内涵 …… 17
1.4.4 运维模式间关系 …… 18
第2章 安全运维体系 …… 20
2.1 安全运维 …… 22
2.1.1 安全运维主体 …… 22
2.1.2 安全运维对象 …… 24
2.1.3 安全运维流程 …… 26
2.1.4 安全运维支撑平台 …… 28
2.1.5 安全运维活动 …… 31
2.2 运维安全 …… 32
2.2.1 安全因素 …… 32
2.2.2 运维安全过程 …… 33
2.3 合规性要求 …… 34
2.4 评审及改进 …… 35
第3章 合规要求 …… 36
3.1 法律法规要求 …… 36
3.1.1 我国信息安全法律法规的建设历程 …… 36
3.1.2 与我国信息安全密切相关的法律法规 …… 39
3.2 信息安全标准 …… 42
3.2.1 我国信息安全标准发展历程 …… 42
3.2.2 信息安全相关标准 …… 43
3.3 运维服务标准 …… 50
3.3.1 ITIL …… 50
3.3.2 ISO/IEC 20000 …… 51
3.3.3 ISO/IEC 27001 …… 52
3.3.4 COBIT …… 52
3.3.5 各地软件服务业行业协会 …… 53
3.3.6 运维服务标准组 ITSS …… 53
3.3.7 运行维护标准 …… 55
3.3.8 服务安全标准 …… 57
第4章 安全策略 …… 58
4.1 安全策略概述 …… 58

4.1.1 安全策略的定义 …… 58
4.1.2 安全策略的作用 …… 59
4.1.3 安全策略的层次 …… 59
4.2 制定安全策略方法 …… 61
4.2.1 制定安全策略的原则 …… 61
4.2.2 制定安全策略的要素 …… 62
4.2.3 制定安全策略的组织 …… 62
4.2.4 制定安全策略的步骤 …… 63
4.3 安全策略内容 …… 65
4.3.1 决策层安全策略 …… 65
4.3.2 管理层安全策略 …… 67
4.3.3 执行层安全策略 …… 69
4.4 案例分析 …… 83
4.4.1 信息安全运维策略框架 …… 83
4.4.2 信息安全策略的执行和维护 …… 85
第5章 运维准备 …… 86
5.1 安全运维需求分析 …… 86
5.1.1 服务需求确认 …… 86
5.1.2 服务需求说明 …… 87
5.1.3 服务需求管理 …… 88
5.2 安全运维策划 …… 89
5.2.1 安全运维架构 …… 89
5.2.2 安全运维活动 …… 91
5.2.3 安全运维团队 …… 91
5.2.4 安全运维平台 …… 94
5.3 安全运维服务预算 …… 95
5.3.1 安全运维预算编制 …… 95
5.3.2 安全运维预算管理 …… 96
5.4 安全运维服务范围 …… 98
5.4.1 安全运维资产梳理 …… 98
5.4.2 安全运维业务梳理 …… 100
5.5 安全运维外包 …… 102

5.5.1 安全运维外包模式 …… 102
5.5.2 安全运维外包风险 …… 102
5.5.3 安全运维外包商的选择 …… 103
5.5.4 安全运维外包商管理 …… 104
5.6 案例分析 …… 104
5.6.1 运维服务用户需求 …… 104
5.6.2 安全运维预算管理 …… 105
5.6.3 安全运维组织 …… 107
5.6.4 运维服务商遴选方案 …… 109
5.6.5 安全运维外包服务要求 …… 116
5.6.6 运维服务范围及内容 …… 118
第6章 运维实施 …… 131
6.1 日常运维 …… 131
6.1.1 日常运维内容 …… 131
6.1.2 日常运维组织保障 …… 143
6.1.3 日常运维处理流程 …… 143
6.1.4 日常安全运维建议 …… 145
6.2 应急响应 …… 146
6.2.1 应急响应内容 …… 146
6.2.2 应急响应组织保障 …… 148
6.2.3 应急响应流程 …… 150
6.2.4 应急响应建议 …… 161
6.3 优化改善 …… 164
6.3.1 优化改善内容 …… 164
6.3.2 优化改善组织保障 …… 170
6.3.3 优化改善流程 …… 170
6.3.4 优化改善建议 …… 173
6.4 监管评估 …… 174
6.5 案例分析 …… 175
6.5.1 设备安全运维案例 …… 175
6.5.2 日常运维应用案例 …… 177
6.5.3 信息系统应急预案 …… 178

6.5.4 安全事件应急响应 …… 182
6.5.5 系统上线前安全测试管控点 …… 184
6.5.6 系统安全运维加固 …… 186
6.5.7 安全专项检查 …… 188
第7章 运维安全 …… 192
7.1 运维安全概述 …… 192
7.2 风险评估 …… 193
7.2.1 风险识别 …… 193
7.2.2 风险获取手段 …… 194
7.2.3 安全风险的提取和分析 …… 195
7.2.4 风险分析 …… 203
7.3 风险处置 …… 213
7.3.1 风险处置方式 …… 213
7.3.2 风险控制策略 …… 214
7.3.3 风险控制措施 …… 216
7.3.4 风险跟踪 …… 225
7.4 过程监控 …… 226
7.4.1 人员行为监控 …… 227
7.4.2 风险过程监控 …… 228
7.5 案例分析 …… 232
7.5.1 运维人员能力不足 …… 232
7.5.2 敏感信息非法窃取 …… 233
7.5.3 应急处置不当 …… 234
第8章 评审及改进 …… 236
8.1 过程有效性评估 …… 236
8.1.1 过程有效性评估概念 …… 236
8.1.2 过程有效性评估原则 …… 236
8.1.3 过程有效性评估特点 …… 237
8.2 过程有效性评估要点 …… 238
8.2.1 过程有效性评估要点设置 …… 238
8.2.2 准备阶段过程有效性评估要点 …… 240
8.2.3 实施阶段过程有效性评估要点 …… 241

8.3 过程有效性评估指标 …… 245
8.3.1 过程有效性评估指标量化管理 …… 245
8.3.2 过程有效性评估量化指标选择 …… 246
8.3.3 过程有效性评估量化指标应用 …… 247
8.4 持续改进 …… 248
8.4.1 日常运维改进 …… 248
8.4.2 应急体系完善 …… 250
8.5 案例分析 …… 252

第9章 信息系统安全运维服务资质认证实施规则概要 …… 253
9.1 通用评价要求 …… 253
9.1.1 三级评价要求 …… 253
9.1.2 二级评价要求 …… 255
9.1.3 一级评价要求 …… 256
9.2 专业评价要求 …… 257
9.2.1 三级要求 …… 257
9.2.2 二级要求 …… 259
9.2.3 一级要求 …… 260
9.3 认证程序 …… 262
9.3.1 自评估 …… 262
9.3.2 认证申请 …… 262
9.3.3 申请材料评审 …… 262
9.3.4 现场评审 …… 262
9.3.5 认证决定 …… 262
9.3.6 证书颁发 …… 263
9.3.7 证后监督 …… 263
9.3.8 认证证书管理 …… 263

第1章　概　述

随着信息技术的高速发展和信息化进程的不断加快，人们对信息系统的依赖程度日益增加，信息安全问题受到普遍关注。由于信息系统在开发设计、部署实施及运行维护等阶段对安全性考虑甚少，存在着不完善、不可靠、不稳定的因素，在信息系统运行过程中，信息系统运行失效、系统宕机、信息泄露、内容篡改等安全事件时有发生，保障信息系统安全运行成为系统运维人员必须首要考虑的大事。

在信息安全形势日益严峻的时代，大多数运维服务工作处于一个被动状态，主要表现在：安全设备的种类和数量越来越多，并未发挥应有的安全防护作用；运维人员技术水平参差不齐，在发生安全事件时往往茫然不知所措。

问题集中体现在以下几个方面。

(1) 众多安全设备缺乏有效的统一管理；

(2) 由于安全配置不当导致衍生安全风险；

(3) 安全运维能力不足，5×8 小时外的安全事件无暇顾及；

(4) 信息安全产品种类太多、更新太快；

(5) 缺乏专业的安全运维团队；

(6) 突发安全事件的应急处理能力不足；

(7) 异常操作行为无法及时预警；

(8) 信息管理部门的人员有限，员工的精力有限；

(9) 安全管理制度体系不完善，安全责任制落实不到位；

(10) 安全技术能力方面存在不足。

信息系统的稳定运行与信息安全密不可分，运维人员需要管理越来越庞大的 IT 系统，对系统进行定期检查和维护，减少安全事件发生的可能，保障信息系统稳定、高效运行。因此，安全运维不仅仅要保障安全措施足够全面，及时处置各类安全事件，还要保障安全处置不会给在运信息系统带来衍生安全风险。

1.1　信息系统

对信息系统的理解需要从信息和系统两个基本概念入手。

1.1.1 信息

长期以来，信息的定义一直是科学家讨论的话题。控制论创始人维纳（Norbert Wiener）认为：信息是人们在适应外部世界，并使这种适应反作用于外部世界的过程中，同外部世界进行互相交换的内容和名称。

我国国家标准 GB/T 4894—2009《信息与文献 术语》中定义信息为：物质存在的一种方式、形态或运动形态，也是事物的一种普遍属性，一般指数据、消息中所包含的意义，可以使消息中所描述事件中的不定性减少。

在现代科学中，信息指事物发出的消息、指令、数据、符号等所包含的内容。

本书对信息的定义采用香农（C. E. Shannon）博士 1948 年在《通信的数学理论》一文中，从数学的角度间接给出的“信息”的定义。他的定义可以描述为：信息是消除不确定性的东西。我们认为，信息通过一定数据形式展现，这些数据是寄生于一定的存储和传输载体中的。信息作为一种实体对象，和自然界其他事物一样，有产生、发展和消亡的过程，即生命周期。信息的生命周期包括信息的产生、存储、传输、处理和销毁等诸多环节。

信息具有以下特性。

1）承载性

信息要表达一定的意思，因此信息承载着意义；信息必须借助文字、图像、声音、光波等物质形式而存在或表现，因此信息必须被载体所承载。能用于记载信息的物质称为信息载体，人的大脑是最复杂的信息载体，各种数据均为信息载体。

2）传输性

信息可以由信息源通过载体传播到接收者。信息在传播过程中，其形式可能会发生变化，但其内容不会改变。信息传播的速度和效率取决于传播载体和传播手段。

3）层次性

信息所反映的意义具有不同的抽象层次。比如企业的信息可分为战略层的信息、策略层的信息和执行层的信息。

4）共享性

一个信息源可以到达多个信息接收者，被多个人所共享。它的共享性使得它获得广泛的应用。

5）加工性

加工是指对信息的整理、变换、压缩、分解、综合、排序等处理。通过对信息进行加工，可以使信息增值。加工的手段决定了人们对信息再利用的水平。

6）时效性

信息的利用往往滞后于信息的产生，但有一定的时限，超过了这个时限，信息就失效。

1.1.2 系统

关于系统，一般系统论创始人贝塔朗菲认为：系统是相互联系、相互作用的诸元素的综合体。

我国著名科学家钱学森认为：系统是由相互作用、相互依赖的若干组成部分结合而成的、具有特定功能的有机整体，而且这个有机整体又是它从属的更大系统的组成部分。

《辞海》对系统作为名词给出了这样的解释：同类事物按一定的秩序和内部联系组合而成的整体或由要素组成的有机整体。

GB/T 20261－2006《系统安全工程成熟度模型》中定义系统是：具有实物形式和规定目的的、可识别的离散实体；通过运维相互作用的部件构成，单独的每一个部件达不到所要求的总体目的。

《朗文当代英语词典》中定义系统为："A group of related parts that work together as whole for particular purpose."即：一组相互关联的部件，它们作为一个整体共同工作以完成特定功能。

可见系统具有如下几个基本特征。

1）有机组合

系统都是由若干要素组成的，是有机组合在一起的，即组成要素之间存在特定的联系和相互作用。一般地，组合后的系统所发挥的功能超过其组成要素的单一功能的总和。

2）整体性和独立性

组合后的系统是一个有机的整体。整体性说明系统各组成要素的分割将导致系统功能的丧失。整体性的另一个方面说明系统具有相对的独立性。

3）层次性和聚合性

系统的构成部件有时也是一个系统，我们称之为子系统。因而，系统和部件是一个相对概念，不是绝对的。这与我们认识自然具有一致性：复杂的事物通常由简单的事物构成；复杂的系统通常由若干个简单的子系统有机构成。

4）稳定性

在一段时间内，系统的组成是稳定的。这是符合事物从量变到质变的发展规律的。经历一段时间的运转，系统构成将发生一定的改变，这意味着原有系统的更新和升级，或者我们称之为进化。

1.1.3 信息系统

就信息系统而言，我国国家标准 CB/Z 20986—2007《信息安全技术 信息安全事件分级指南》中认为，信息系统是"由计算机及其相关的和配套的设备、设施（含网络）构成的，按照一定的应用目标和规则对信息进行采集、加工、存储、传输、检索等处理的人机系统”。从信息的角度来说，我们认为信息系统是为信息生命周期提供服务的各类软硬件资源的总称。

信息系统以信息作为其处理的本质对象，但其作为一种特定的系统，同样具备系统的基本特征。信息系统是信息在生命周期中的生存环境，即：信息是信息系统的处理对象，信息系统是信息赖以生存的环境。

（1）有机构成

信息系统通常由计算机软硬件系统、相关物理设备、网络设施等构成。各组成部分相互合作，以完成对信息的采集、加工、存储、传输、检索等处理。

（2）整体性和独立性

信息系统的组成部分有机组合构成一个完整的系统：脱离了网络设施将无法实现信息的传输；缺少了计算机软硬件系统将无法对信息进行加工、处理等操作；缺少了相应的设备将无法实现信息的输入、输出。

（3）层次性和聚合性

信息系统可作为子系统，从而构成功能更加强大、更加复杂的信息系统。而将若干信息子系统构成一个信息系统的过程，我们通常称为运维。这体现了信息系统的聚合性。

（4）稳定性

信息系统投入正式运行后，在一段时间内存在功能的稳定性。但由于用户需求的变化以及运维的发展，信息系统将面临不断的升级、更新和发展演化。

（5）安全属性

信息是信息系统处理的直接对象。信息的安全属性是通过信息系统来实现和提供的，这涉及信息的可用性、机密性、真实性、完整性、可控性、可靠性、可追溯性等若干安全属性。

1.1.4 新技术影响

云计算、移动互联和物联技术引爆的大数据时代使得运维的创新迅速，变革性地影响着人们的生活方式、企业的运作方式，影响着信息系统的建设和使用方式。新的IT 环境下，基础设施资源逐渐成为公共资源，任何基础设施都可以租用，信息系统建设内涵发生的变化也必然改变信息系统运维的职能。

云计算是一种基于互联网的计算方式，通过这种方式，共享的软硬件资源和信息可以按需提供给计算机和其他设备，具有资源配置动态化、需求服务自助化、网络访问便捷化、服务可计量化和资源虚拟化等特征。

移动互联网是一种通过智能移动终端，将移动无线通信技术与互联网技术、平台、商业模式和应用结合并实践的活动总称，先后出现了移动社交、移动广告、手机游戏、手机电视、移动定位服务、手机搜索、移动支付、移动电子商务等新型的业务模式，具有用户体验至上、整合社会资源、营销自动化、社交商务的特点。

物联网是指通过各种信息传感设备实时采集任何需要监控、连接、互动的物体或过程等的信息。物联网与互联网结合形成的一个巨大网络，实现了物与物、物与人，所有的物品与网络的连接。

云计算、移动互联网、物联网的融合衍生出的大数据技术具有数据体量大、数据类型多样、商业价值高、处理速度快等特点。新兴运维所带来的创新对信息系统的建设、使用和运维造成了新的影响，特别是数据在处理和使用过程中，涉及范围广、环节多、动态性强、危害程度高，对安全保障的需求会越来越高。

1.2 系统运维

1.2.1 系统运维

运维（operation and maintenance）是指对已经建立好的信息系统的运行和维护，一般大中型信息系统开发周期一般为1～3年，运行周期则可达5～10年，工控控制系统运行时间会更长，一般能达到15～20年。信息系统的运行维护是系统生存的重要条件。信息系统是一个复杂的人机系统，系统内外环境、各种因素都不断在变化着，可能会多次更新软件版本、优化硬件配置，以适应、改善运行环境和加强系统性能，因此，系统运行维护的另一重要作用是指信息系统交付使用后，还需要进行对系统漏洞的改进或满足新需要的升级改造。

从管理的视角看，系统运维是指组织采用相关的方法、手段、技术、制度、流程和文档等，对信息系统运行环境（如软硬件环境、网络环境等）、业务系统和运维人员进行的综合治理。

从服务的视角看，系统运维不再是纯技术工作，而是融合了系统管理、网络管理、系统开发管理等管理活动和变更管理、资产管理、问题管理等许多流程的服务，运维服务以客户需求为中心，以流程为导向，提升服务支持能力和水平。

按照国家标准GB/T 29264—2012《信息技术服务 分类与代码》，运维服务包括基础环境运维服务、硬件运维服务、软件运维服务、安全运维服务、运维服务管理等，但不包括硬件和软件产品保修期内的支持服务。

本书认为，系统运维是指：基于规范化流程，以基础设施和信息系统为对象，以日常操作、应急响应、优化改善和监管评估为重点，使得信息系统运行时更加安全、可靠、可用和可控，提升信息系统对组织业务的有效支撑，实现信息系统价值。

运维内容可分为日常操作、应急响应、优化改善和监管评估四个方面，具体如下。

（1）日常运维：运维方提供日常服务，及时获得运维对象的状态，发现并处理潜在的故障隐患，保障信息系统稳定、高效运行。

（2）应急响应：接到运维请求或故障报告后，消除系统故障，降低对系统正常运行的影响。

（3）优化改善：提供调优、改进等服务，达到提高运维对象性能或服务能力的目的。

（4）监管评估：结合业务需求，通过对运维对象及运维活动的调研和分析，提供运维状态的评估。

运维对象是运维服务的受体，主要包括基础设施、网络平台、主机设备、安全设备、基础软件、应用软件、信息数据等。

基础设施指为信息系统运行提供基础运行环境的相关设施，如安防系统、用电系统、弱电智能系统等。

网络平台指为信息系统提供安全网络环境相关的网络设备、电信设施，如路由器、交换机、负载均衡、通信线路等。

主机设备指构成信息系统的计算机设备，如服务器、存储设备等。

安全设备指保证网络及信息系统安全的防护设备，如防火墙、入侵检测、防病毒、安全审计、流量监控等。

基础软件指为应用运行提供运行环境的软件程序，如系统软件、中间件等。

应用软件指由相关运维组成、完成特定业务功能的系统，如OA、邮件系统等。

信息数据指系统支持业务运行过程中产生的数据和信息，如账务信息、交易记录等。

1.2.2　系统运维现状

随着信息系统建设的不断深入和完善，信息系统日益庞大和复杂，信息系统运行维护已经成为信息部门最重要的工作，据统计，系统运维服务占到信息部门工作量的80%左右。

（1）系统运维工作忙，话语权低

系统运维人员工作的一个普遍现象是“很忙碌，坐不下”，就像“救火员”在各个业务部门解决和处理问题，虽然如此忙碌，但业务人员还是经常抱怨“找不到人”、“解决问题太慢”等等，运维人员的工作很难得到业务部门的认可。运维部门作为业务支撑部门，在信息化规划和信息系统立项、建设中话语权较弱，更谈不上决策权，通常是在项目建成后才介入系统的管理和维护，因此，系统问题出现后，很难快速、准确地找到根本原因，等到发现问题时也很难及时修复和处理。

（2）信息系统复杂，依赖厂家

随着信息化的不断投入，硬件设施、软件系统不断增加，各类信息系统使用不同架构、使用不同品牌厂商设备、采用不同供应商进行开发等，系统的复杂性导致运维的难度增加。特别是对业务连续性要求较高的系统，一旦宕机，损失是巨大的，运维部门承受的压力可想而知。目前，系统运维依赖于信息系统开发商、设备厂商，由于厂商的纷杂这种方式容易导致出现安全问题后，厂商相互推诿很难快速定位问题点，也很难按照科学的、流程化的故障处理机制去实施处置。

（3）技术人员难培养，流动性大

大多数时候，运维人员都在进行简单重复的工作，可替代性强，自我认可度低，团队人员流动率较大。大多数单位的运维工作处于初级阶段，大多数运维人员技术层次低，处于技术探索和积累阶段，很多工作靠人力进行，没有体系化的运维理念、方法与技术。同时，运维技术的交流、借鉴和共享不够深入，一旦运维中坚力量离职，往往会造成客户满意度和运维质量相当长一段时间内出现波动。

（4）服务商难管理，监管机制不完善

系统运维服务商的技术水平参差不齐，往往会存在服务不及时、问题不能及时解决、运维服务的评价千差万别、服务商的工作难以量化、监管机制不完善的问题。具体表现在对系统运维服务外包供应商的管理不到位，如招标环节疏于审查、运维过程疏于监管以及事后评价环节疏于考核等。

（5）信息安全知识匮乏，没有安全运维规范

大多数信息系统已经部署相当多的安全设施，如防火墙、入侵检测、防病毒、远程访问设备等，众多的安全技术与安全设备的应用却加重了运维管理人员的负担。在当前安全形势下，安全事件时有发生，导致安全设备越用越多，而安全状况却不见好转，究其原因就是没有理想的安全运维机制以及对安全事件的关联性分析和评估分析，没有对安全事件处理的方法和流程。

从以上现象可以看出，系统运维服务所遇到问题的根源不是技术问题，而是管理问题，包括流程管理的问题、评价管理的问题、应急管理的问题等等。

1.2.3 信息安全运维

信息安全面临的最普遍三类风险是信息泄露、篡改和破坏，信息安全基本目标是信息保密性、完整性和可用性，这是信息安全的基本要素和安全建设应遵循的基本原则。

①保密性：确保信息在存储、使用、传输过程中不会泄露给非授权用户或实体。

②完整性：确保信息在存储、使用、传输过程中不会被非授权用户篡改，同时还要防止授权用户对系统及信息进行不恰当的篡改，保持信息内、外部表示的一致性。

③可用性：确保授权用户或实体对信息及资源的政策使用不会被异常拒绝，允许其可靠且及时地访问信息及资源。

除了上述三大基本目标外，信息安全还有一些其他目标和原则，包括信息可追溯性、抗抵赖性、真实性、可控性等。

信息安全目标的实现并非一日之功，也不是一蹴而就，而是一个持续运作、长治

久安的过程。实现信息系统的安全目标不能仅靠建设阶段的工作，更多地还要依靠系统的运维实施。在运维环节中，要保证系统资源安全运行，保护信息的安全，实现计算机系统功能的正常发挥，以维护计算机信息系统的安全运行。信息系统安全运行包括物理安全、运行安全、信息安全和人员安全几个部分。

（1）物理安全：保护计算设备、网络设施及其他载体免受地震、火灾、雷电、电子干扰、电磁泄漏等破坏。

（2）运行安全：其目标是保障系统能连续、稳定地运行。运行安全包括系统风险管理、审计跟踪、备份与恢复、应急响应等方面。

（3）信息安全：是指防止信息被故意或偶然的非法授权泄露、更改、破坏，或信息被非法辨别、控制，确保信息的可用性、完整性、保密性、可控性。针对信息系统中信息存在的形式和运行特点，信息安全包括操作系统安全、数据库安全、网络安全、病毒安全、访问控制、加密与鉴别7个部分。

（4）人员安全：是指计算机使用人员的安全意识、法律意识及安全技能等。

我国国家标准GB/T 29264—2012《信息技术服务 分类与代码》中定义安全运维服务为：对信息系统提供的安全巡检、安全加固、脆弱性检查、渗透性测试、安全风险评估、应急保障等服务。

本书认为，信息系统安全运维服务是以流程为导向、以客户为中心、以绩效评估为动力、以保障信息系统基础设施整体可用和为组织业务提供可靠服务为目标的管理体系。安全运维体系的要素包括运维对象、运维主体、运维管理制度体系和运维支撑平台等。其中：运维对象是指业务活动涉及的数据、载体、环境与边界4个实体对象；运维主体包括运维管理部门、运维实施单位；运维管理制度体系提供安全运维活动中的体系建设；运维支撑平台是将运维对象、职能及流程内嵌到一个统一的平台级系统中，支撑日常运维活动以及为运维人员的工作提供绩效考核的依据。

1.2.4 运维服务特点

（1）服务层次有待进一步提高

随着信息产业化和服务化趋势的日益显著，运维服务正迎来前所未有的发展良机，我国运维服务业发展迅速，产业规模不断增加。然而，运维服务水平还停留在较低层次，仍属于人力密集型的服务行业，企业间的合作力度不大，没有形成规模优势、成本优势和技术优势。

（2）服务产品化趋势日益明显

在硬件同质化、软件规模化的发展趋势下，服务将成为决定信息系统对业务支撑能力的关键因素。然而由于服务的无形性，对于服务的需求、服务的质量、服务的内容都缺少成熟标准，产品化将是运维服务发展的必由之路。运维服务产品化主要解决的是服务的内容、价值的认定、服务质量的衡量，以及服务定价等问题，其实最主要的挑战还是在服务商内部关于模式、流程、人员和文化的挑战。服务产品化颠覆了过去的服务生产模式，未来的服务将越来越成熟，用户的接受度也将大幅提高。

（3）新技术导致服务模式不断创新

随着IT软硬件新技术的不断出现，运维服务将出现越来越多的新业态。例如，云计算以共享基础架构的方法，将巨大的系统池连接在一起来提供各种运维服务，其应用与发展促使未来互联网应用上升到一个新的台阶，使得IT基础架构、存储、软件等IT应用都可以服务的形式提供给用户。新技术导致越来越多的安全问题，安全运维服务将获得越来越广泛的认可。

（4）运维服务多样性和外包化

网络的快速发展，包括互联网的泛化，为服务提供了新的实现手段，也赋予了服务更多的内涵，运维服务业走向多元化发展模式。同时，运维服务专业化程度的提高和运维服务产业的分工细化也引发了产业演进、延伸和调整，催生出日益庞大的服务外包市场。运维外包有助于业主方聚焦本身的核心业务，服务的供方与接受服务的需方间主要以签订服务协议或者契约的形式来确定相关事项，从而在双方间形成一种委托代理关系，法律和契约的依赖。

（5）高知识和高技术含量

信息运维服务的提供者在服务过程中多以技术资本、知识资本、人力资本为主要投入，产出中有密集的知识要素，所以运维服务业把日益专业化的技术、知识加入服务过程中，因此运维服务业具有人力资源、技术、知识密集的特点。运维服务业员工在日常工作中积累了丰富经验和知识，能弥补业主方的不足，帮助业主方制订、实施解决方案，这是运维服务业区别于其他服务业的一个显著特征，即根据需要向需方提供高素质人才，转移高度专业化的知识。

（6）服务非独立性

运维所提供的是满足需方信息化需求的解决方案，这往往涉及多个领域的知识，因此服务方除了自身具备的知识技术外，还会将其他机构的开发成果相互整合，这是运维服务业比较突出的特征。在信息安全运维活动中，服务对象涉及范围广，安全领域多，涉及各类安全产品，会遇到各种形态的安全事件，服务方需要与信息安全领域的研究机构、产品厂商、院校有广泛的相互合作。

1.3 安全运维模型

1.3.1 安全运维模型

信息系统安全运维在业界并没有一个统一的模型。本书在CISAW（Certification of Information Security Assurance Worker，信息安全保障人员认证）信息安全保障模型基础上，结合信息系统安全运维的“安全运维”和“运维安全”两种模式，给出如图1-1所示的信息系统安全运维模型。模型中的资源具体包括人、财务、信息、技术4

类资源，这些资源在管理的基础上服务于信息安全运维模型中的各个要素。

信息系统安全运维模型通过实现数据、载体、环境与边界 4 个实体对象全生命周期的可用性、完整性、真实性、机密性、不可否认性等若干安全属性来支撑业务的正常进行。安全运维活动通过对组织信息系统安全、稳定运行的保障工作来支撑业务的正常进行。安全运维分为“安全运维”和“运维安全”两类模式。在实现安全属性的过程中针对“安全运维”采取合规要求、安全策略、运维准备、运维实施、运维评审、持续改进的 6 个动态安全环节的技术手段与措施，在“运维安全”采取合规要求、风险评估、风险处置、过程监控、运维评审、持续改进的 6 个动态安全环节的技术手段和措施。模型中为实现上述对象的安全属性及环节需要充足的人力、财力、技术、信息资源提供保障，而以上的各类对象、环节、资源都必须进行综合有效的管理。

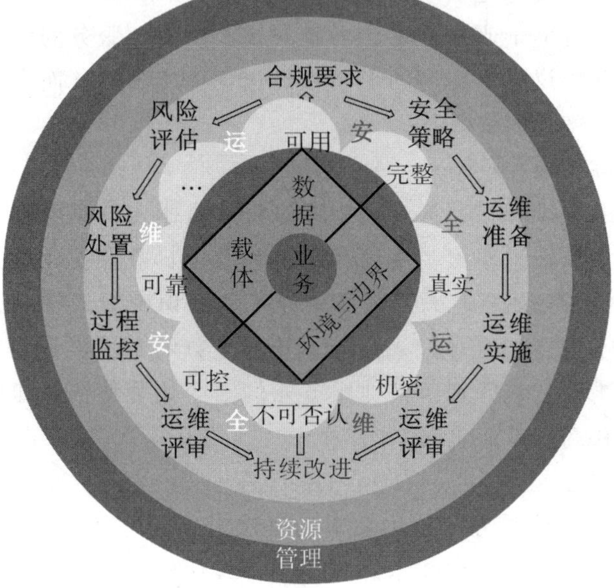

图 1-1 信息系统安全运维模型

1.3.2 安全运维对象

信息系统安全运维模型中，最本质的对象是业务，信息安全运维就是利用安全技术和措施，保障业务活动的稳定运行。

1.3.2.1 本质对象

业务是组织存在与生存的核心活动，是一个组织的本质工作，安全运维工作的本质是保障信息系统安全、稳定运行，保障业务连续、正常实施。本书中所关注的业务是信息系统支撑的业务活动，业务活动离不开数据、载体、环境与边界实体对象的运用，业务活动正常进行也是通过实体对象安全属性来实现；另一方面，业务活动的正常进行还需要投入人力、财力、信息和技术资源。

随着信息化水平的提高，业务活动对信息系统的依赖性越来越大，这对信息系统的安全性提出了严格的要求，对信息系统安全运维提出了更严格的要求。这一方面体现了社会发展对信息系统的依赖性，另一方面也体现了信息安全运维工作所面临的严峻挑战。

1.3.2.2 实体对象

信息系统安全运维模型中，业务对象涉及数据、载体、环境与边界 4 个实体对象。信息系统中信息通过数据来展现，数据通过载体来承载，而载体的存在依赖于一定的环境，环境存在一定的界限，即边界。业务安全属性的实现是通过直接对象安全属性的实现来提供和保障的。

（1）数据

数据是指在信息系统加工、处理、存储和传输的数值。

数据作为实体对象的一种，它通过载体以某种具体的形式来承载。这些形式在信息系统中可以具体到某种数字格式，如视频、声音、图形等，继而具体到数据的具体存储格式，即二进制字节、数据位。这样，保证了具体数据的安全也就确保了其所承载的信息的安全。

在运维过程中保障数据安全，需要考虑数据的产生、处理、加工、存储、使用、传输以及销毁过程的安全，通过对数据自身、载体和载体所处的环境及其边界的保护来确保数据的可用性、完整性、真实性、机密性和不可否认性。例如，考虑在加入安全保障措施和安全设备后，数据流的完整性、数据与数据之间的转换、数据的融合、数据的安全等级问题等。

（2）载体

数据本身不是有形实体，必须利用某种媒介进行存储和传输。

载体是一种数据存储和传输的媒介，是数据赖以附载的物质基础。它是用于记录、传输和存储数据的实体，包括运用声波、光波、电磁波传递数据的无形载体和运用纸张、胶卷、胶片、磁带、磁盘、光盘、U 盘等存储介质来传递和存储数据的有形载体，也包括数据所依存的程序代码等逻辑层面的载体。各种介质都是载体的一种形式。

载体是承载数据的具有生命周期的实体，在一定的环境中承载信息，并在边界得到控制。信息系统采用物理安全技术以确保介质的物理形式的安全，利用数据安全技术确保数据在介质内逻辑形式的安全。从某种角度来说，保护载体就是保护数据本身。数据与载体的关系极为紧密，载体的损毁将直接导致数据的消失。

在运维活动中保护载体的安全，是通过分别对载体自身及环境的保护来实现的，载体安全通过对自身和环境的保护确保载体的可用性、完整性和机密性等安全属性。例如，考虑在实施安全保障措施后，载体的互联性、载体之间的接口、载体的安全等级问题。

(3) 环境与边界

环境是指数据与载体的环境，即数据及承载数据的载体在整个生命周期中所依赖的外部条件。就环境的形式而言，环境可以分成逻辑环境和物理环境。在计算机领域，环境可以理解为软硬件资源的总称，这样，环境还可以扩展到软硬件资源所处的物理环境等更大的范畴。在逻辑环境中，数据在存储介质中存放、在应用信息系统中处理、在网络通信系统中传输。

在物理环境中，一方面需要保障数据载体的物理安全，另外一方面需要保障信息系统及网络系统硬件平台的安全。一个环境的边缘即是该环境与外部的边界，它表明了环境的相对独立性以及环境外部的差异性。环境在整个生命周期中都存在着边界及边界安全问题。这意味着环境之间的交互需遵循一定的规则，以确保环境安全及交互的正常有序进行。

此外，需要说明的是，环境具有一定的层次性和相对性。就物理环境而言，任何物理区域都是相对的，其都处于更大的一个区域之内，即处于更大的物理环境之内。例如：计算机及网络设备处于机房这个物理环境，而机房处于楼宇的物理环境内，楼宇则处于某个地理区域的外部环境内。

就逻辑环境而言，首先，逻辑环境也具有层次性。下层环境为上层环境提供服务。例如：操作系统是应用平台的环境；应用平台是应用程序的环境；应用程序是数据的计算环境等。其次，逻辑环境同时具有相对性。下层相对上层来说是一种环境，然而上层对下层来说，可以理解为是数据的逻辑载体。例如：相对于操作系统来说，应用平台可以理解为数据的逻辑载体；而相对于操作系统和应用平台来说，应用程序是数据的逻辑载体。

在运维过程中，关注的环境安全是指环境对象的安全，包括物理环境安全和逻辑环境安全。环境一方面是指环境自身的安全，另一方面也涉及其所承载的载体和数据的安全。边界是环境不可分割的部分，可分为物理边界和逻辑边界两类。物理边界安全和逻辑边界安全均为通过技术和管理手段，保护物理边界和逻辑边界不受非授权访问、损毁和破坏，保护边界安全。例如，需要解决物理边界非法闯入、边界被绕过或穿透、边界无法正常工作以及边界配置信息泄露等等安全保障。

1.3.2.3 对象之间的关系

数据由一定的载体承载，数据的安全依赖于载体的安全，同时也依赖于加工和处理数据的计算系统的物理环境和逻辑环境的安全。载体处于一定的环境中，载体的安全依赖于环境及其边界的安全。其相互关系如图 1-2 所示。

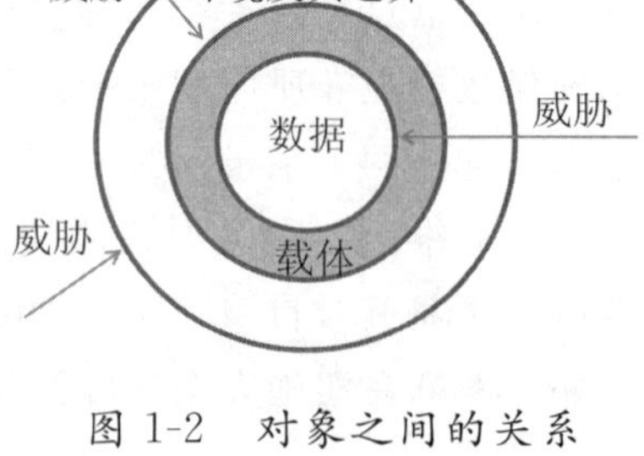

图 1-2 对象之间的关系

可见，环境的安全事件是载体和数据安全威胁的主要来源；对载体的安全事件是数据安全的主要威胁。换个角度来说，环境的安全事件可能导致载体的安全问题，进而破坏数据安全；载体的安全事件可能直接导致数据安全问题。

从对象之间的关系而言，我们还需要考虑边界对环境的保护、环境对载体和数据的保护、载体对数据的保护以及这些对象之间的关系问题。例如，网络边界采用什么安全设备为内网提供保护，主机采用什么安全软件或模块对应用系统及其数据进行保护，数据库采用哪些技术和措施对数据进行保护等。

1.3.2.4 对象的生命周期

自然界中的任何实体都存在着从其产生到灭亡的生命周期。本模型中的核心业务对象及数据、载体、环境与边界 4 个实体对象都存在着生命周期。数据的生命周期包括数据的采集、产生、传输、存储、使用、处理、归档、废弃及销毁等过程；载体的生命周期具体涉及载体的设计、发放、部署、使用、保存和销毁；环境与边界的生命周期包括其设计、部署、实施、访问、运行、更新、卸载和废弃。

在这些对象的生命周期中，不同阶段对对象的安全属性的要求是不同的。例如，数据在存储阶段主要注重的是数据的物理安全，而在其他阶段主要注重数据的逻辑安全。

从对象的生命周期的保护，我们可以得到信息安全保障是一个动态的过程，不同时期对资源、管理、技术措施等的需求具有不同特征。

1.3.3 安全属性

本模型中所述的安全属性与 CISAW 基本模型中的安全属性一致，主要包括可用性、完整性、真实性、机密性、不可否认性、可控性、可靠性、可追溯性等。

可用性要求包括信息、信息系统和系统服务都可以被授权实体在适合的时间、以要求的方式、及时和可靠地访问，甚至是在信息系统部分受损或需要降级使用时，仍能为授权用户提供有效服务。可用性与数据、载体及环境与边界的可用性有关。

完整性是指数据未受到非授权改变或破坏的性质。系统完整性还表达了信息系统的质量，它反映了操作系统的逻辑正确性和可靠性、实现保护机制的硬件和软件的逻辑完备性、数据结构和存储数据实例的一致性。

真实性是指能够核实和信赖在一个合法的传输中，消息或消息源的真实性的性质，以建立对其的信心。真实性要求对用户身份进行鉴别、对信息的来源进行验证。

机密性是指信息不能被未授权的个人、实体或过程利用或知悉的特性，它要求信息仅被授权者访问。此外，机密性要求存在等级的不同。

不可否认性也称为不可抵赖性，即所有参与者都不可能否认或抵赖曾经完成的操作和承诺。发送方不能否认已发送的信息，接收方也不能否认已收到的信息。信息的不可否认的安全属性是基于信息系统的各类业务得以正常开展的保障。

可控性是指对信息的传播及内容具有控制能力的特性，授权机构可以随时控制信息的机密性，能够对信息实施安全监控。

可靠性是指与预想的行为和结果相一致的特性。

可追溯性也是诸多安全属性的一个重要属性。将追溯性定义为通过记录标识的方法回溯某个实体的历史、用途和位置的能力。实体可理解为安全事件和威胁行为的相关实体。

不同的信息系统所要求提供的安全属性和优先顺序不尽相同。在运维过程中，必须要协调和平衡相关的资源，以期实现信息系统所要求的安全属性及其优先顺序。

1.3.4 资源

信息安全保障模型中的资源包括人力、财务、技术和信息，资源服务于信息系统安全运维的各个环节，服务于实体对象生命周期的各个安全环节，资源的安全性主要是资源管理的范畴。

1.3.4.1 人力资源

人力资源可理解为一定时期内组织中的人所拥有的、能够被组织所用的且对价值创造起贡献作用的教育、能力、技能、经验、体力等的总称。

人是具有能动性的实体，其通过自身的教育、能力、技能、经验、体力等作用于信息安全体系中的实体对象，实现这些对象在全生命周期的安全属性。

人力资源的开发和管理具有重要作用，它包括人力资源规划、招聘与配置、培训与开发、绩效管理、薪酬福利管理、劳动关系管理等方面。在具体的应用中，人力资源开发和管理工作通过员工工作的组织管理、绩效管理系统、员工的教育培训、职业发展、员工满意度、员工能力等诸多方面实现人员在知识、技能、经验等各方面综合素质的评价、选择、培养及开发。

1.3.4.2 财务资源

财务资源是信息系统安全运维的一个必不可少的重要资源。财务资源是保障信息系统安全运维的重要因素之一，确保信息系统安全运维过程中各个环节的人员、物资、知识、技术等各项费用支出。

财务资源管理是模型中所需要考虑的主要内容，它涉及财务规划与预算、成本费用控制、科学的管理制度等内容。有效的财务资源管理能够确保资金供给，提高资金周转率，是信息安全保障活动正常开展的保障。财务资源管理的最终目的同样是确保信息安全保障活动及组织业务的正常进行得以实现。

1.3.4.3 技术资源

技术资源指一个组织在开展安全运维过程中所采用的知识、技巧和积累的经验。

技术资源在管理的基础上，通过保障实体对象生命周期的安全属性作用于业务对象。

技术作为资源离不开有效的管理，技术只有在管理的基础上才能有效发挥保障要素的作用。组织需要确保所拥有技术的先进性和适用性，并通过技术管理进行积极的技术改进，或通过识别和引进先进技术等手段不断提高安全保障能力。

1.3.4.4 信息资源

信息资源是信息系统安全运维的另一个重要资源，是服务于安全运维中各个环节的各类信息的总和，如漏洞信息、病毒信息等。这些信息并不直接作用于组织的核心业务，但通过在实体对象的各个保障环节中、通过信息安全运维过程中发挥作用来服务于整个安全系统保障体系。

信息作为资源具有时效性和动态性等特征，同时还具有真实性、完整性、可用性、正确性、有效性等特性的要求，信息资源管理的主要任务就是围绕上述内容展开，组织通过配备必要的实施，为信息的获取、传递、分析和发布提供必要的保障。

1.3.5 管理

在本模型中，将管理作为整个模型的基础。

国际标准化组织（ISO）将信息安全管理定义为：在技术上和管理上为数据处理系统建立的安全保护，保护计算机系统硬件、软件和数据不因偶然的、恶意的原因而遭到破坏、更改和泄露。

通常，管理可以理解为社会组织结合人力、物力、财务、技术、信息等资源，利用计划、组织、协调、指挥、控制等手段，为达到组织目标，以人为中心所开展的活动和过程。

在模型中，人力、财务、技术和信息资源有效发挥作用离不开管理。此外，管理渗透到信息系统安全运维的各个环节。

因此，在这里我们可以将信息系统安全运维的管理理解为：组织为实现信息系统安全运维目标，结合人力、财务、技术和信息资源，利用管理手段所开展的各项活动及其过程。信息安全管理是一个内容丰富的领域，在信息系统安全运维模型中涉及业务管理、实体对象生命周期管理、运维过程中涉及事件管理、故障管理、配置管理、变更管理、运维流程管理等。

业务运维是对业务流的建立过程，确保业务流的完整性，利用信息和信息安全技术实现业务流程的优化，同时确保业务逻辑的完备性，使其不因部署安全保障措施和安全设备而造成破坏。

信息系统实现安全运维的过程，必须从整个系统的角度出发，制定统一的安全策略、安全组织、管理体系，依据相关标准（如 ISO 27001）全面建立统筹的信息安全管理体系。管理作为模型的基础，在信息安全运维工作中具有重要作用，完整的信息安全管理体系是信息安全运维管理的基石。

1.4 安全运维模式

信息系统安全运维有两种模式：安全运维和运维安全。

1.4.1 安全运维

安全运维是从面向业务的运维服务出发，依据安全需求对信息系统进行安全运维准备、安全运维实施，并对实施安全运维服务的有效性进行评审，从而进行持续性改进，全过程、全生命周期地为信息系统运行提供安全保障。安全运维，重点在于运维，是对信息系统现有的安全保障措施和安全设备进行运维，从而使已部署的安全保障措施和安全设备有效运行。通过开展日常维护、应急响应、优化改善和监管评估等服务，保障业务系统的持续、稳定运行。对于如何保障信息系统已采取的安全技术手段、安全管理措施和安全设备的有效性和合规性方面，应该通过确定安全运维策略、范围、组织和措施，充分考虑运维全生命周期各阶段的过程和环节中的安全因素，从而满足信息系统安全运行保障的需求。

安全运维模式的过程分为：运维准备、运维实施、运维评审与持续改进四个阶段。四个阶段具体细分为：合规要求、安全策略、运维准备、运维实施、运维评审与持续改进六个环节。

安全运维准备阶段包含了合规要求、安全策略、运维准备三个环节，该阶段主要完成信息系统安全运维策略制定和安全运维前期的准备工作。

运维实施阶段重点解决安全策略落实和运维服务的实施，即通过技术手段和方式开展运维服务工作，解决信息系统的业务流程、数据安全、载体安全、环境安全及边界安全问题。

运维评审与持续改进是后期阶段。运维评审主要是对安全运维服务的有效性进行评价，从质量控制、全生命周期过程管控、运维费用控制等方面衡量安全运维服务。持续改进则是实现自我纠错、逐步提升的过程。

安全运维活动必然是一个动态的循环系统，周而复始，不断提高和改进。

1.4.2 运维安全

运维安全是“基于运维活动提供风险管控服务”。运维安全是针对安全运维活动中可能影响业务系统正常运行的安全风险进行处置。在安全运维活动中，运维人员作为主体，需要对运维对象做各类操作，而这个过程中所带来的新的安全问题则属于运维安全的范畴。运维安全要做的是对处于安全运维的活动实施风险评估，对评估过程中发现的安全隐患进行处置，消除隐患、降低风险，从而避免因部署的安全保障措施不足、安全设备功能缺失或运维操作行为不当而带来的衍生安全风险，最终保障信息系统的安全稳定运行。

运维安全，重点在于安全，是研究在运维活动、运维组织、运维环境、运维工具及运维人员等环节中作用于业务系统的安全保障措施的安全性，识别整个运维过程可能面临的安全风险，并讨论如何避免这些风险。通过对信息系统运维的组织结构、人员、策略、工具、设施和活动等的风险识别、风险分析、风险评估、风险处置及风险预防与控制等活动，依据流程而展开监控、告警、响应、评估等运行维护活动。运维安全是保障信息系统安全运维工作的合规性、安全性和有效性的过程，其具体过程包括：合规要求、风险评估、风险处置、过程监控、运维评审与持续改进，共6个环节。

运维安全的整个过程是：从安全合规要求出发，对现有安全运维活动的组织结构、人员、策略、工具、设施活动以及过程中面临的风险进行风险评估，并根据风险评估的结果进行处置，将风险降到最低。它采用技术手段和管理措施相结合的方式来降低风险的威胁，提高信息系统运行的安全性，并通过对信息系统安全运行过程和安全事件的监控以及安全性评审来实现对运维过程安全的持续改进。

合规要求、风险评估是安全需求的主要来源。合规要求是指运维的安全需求对国家相关法律法规、规章制度、标准规范的符合性。风险评估主要是对运维过程中的问题，运维过程自身的脆弱性、所面临的威胁以及其可能带来的损失进行评估。

风险处置是运维安全的技术主体阶段，通过制定控制风险的计划并实施控制，降低风险发生的可能性并减少其对信息系统的不良影响。该阶段根据发现的安全风险提取出安全需求，盘点现有的安全技术手段和管理措施，并进行合理选择。针对所选择的技术手段和管理措施拟订风险处置计划，最后根据风险处置计划实施。

过程监控的主要工作是对运维过程人员操作行为、设备运行状况、安全事件监控和已实施的风险处置进行有效性监控，获取安全证据，保障系统安全。

运维评审是后期阶段。运维评审阶段的主要任务是依据安全论据及证据，对监控获取的运维状况进行安全运维服务实施有效性评价，从质量控制、全生命周期过程管控、运维费用控制等方面衡量当前安全运维服务。

持续改进环节是针对评审过程发现的问题进行修正和改进，调整风险处置的措施，对现有运维工作的全部或部分构成进行重新实施，形成一个周而复始、螺旋式上升式的过程。

运维安全活动是一个动态的循环系统，各个环节周而复始，不断改进和提高。

1.4.3 安全运维的内涵

随着信息技术应用的不断深入，新的应用模式不断涌现，但无论其形态和模式如何变化，安全运维必然成为新的服务业务模式。总体而言，安全运维服务的内涵就是“提供面向业务的安全运维服务”及“基于运维活动提供风险管控服务”。安全运维服务除了具备服务的基本特征，还具备以下几个方面的特征。

1. 本质特征

安全运维服务的关键要素包括技术、过程、管理和资源，其中资源包括人力、财务、技术和信息。安全运维服务的核心是信息安全技术；过程是信息安全运维服务的主导流程；管理贯穿于整个服务过程，提供制度保障；资源为运维服务的实现提供保障。同时，人是运维服务的主体，是运维服务发展的主导力量。

2. 专业性强

随着信息技术服务从许多产业内部独立出来，其服务趋势比较明显：

（1）服务能力多样，解决了原厂商服务技术覆盖面窄的问题；

（2）专业技术性强，解决了组织自身维护技术力量不足的问题，使组织的管理人员从技术复杂、整合难度高的运维活动中脱身，将更多的精力投入组织业务的发展；

（3）成本风险降低，专业性安全服务降低用户的服务费用，并使用户的 IT 系统风险转移到运维服务商。

3. 阶段特征

由于信息技术的发展，信息基础设施和经济、市场环境的变迁，安全运维服务的目标也是永无止境的。信息安全运维服务在计算机单机应用、网络应用、综合管理的逐步提升，具有连续不断可持续发展的特征。同时，信息安全技术措施的建设和投资不是一次性的，具有分阶段的特征。

4. 效益特征

安全运维服务的发展不同于以往对产品的技术改造，其效益的概念完全不同。后者通过对产品生产线的技术改造，提高质量，增加产量，是单方面的，效益容易显现；而前者则对运维服务进行深度开发和广泛利用，从整体上提高企业核心竞争力和管理水平，其效益是多方面的。

5. 关联性特征

安全运维服务不仅依赖于技术创新，更依赖于业务模式创新。保持技术创新和业务模式创新相互促进、有机融合，能够实现运维服务人才结构的优化，实现安全运维服务管理规范的健全，实现安全运维技术水平的提升，最终从机制上为安全运维服务的发展创造条件。

1.4.4 运维模式间关系

信息系统安全运维中的安全运维与运维安全两种模式存在着相互依存和相互促进的关系，彼此之间存在着共性。两者都是从信息安全合规要求出发，需要遵循和满足国家及行业的法律、法规、规章制度、标准规范等，通过运维评审方式对现有运维组织、运维人员、运维对象、运维策略、运维过程和运维手段进行安全运维服务有效性评价；从质量控制、全生命周期过程管控、运维费用控制等方面衡量安全运维服务，并针对评审过程发现的问题进行修正和改进，调整控制措施，对现有运维工作的全部或部分构成进行重新实施，形成一个周而复始、螺旋式上升的过程。信息系统安全运维服务是两种模式的总和，如图 1-3 所示。

1. 区别联系

两种模式的主要区别在于服务对象和服务目标不同。安全运维是从面向业务的运

第 2 章 安全运维体系

信息系统交付使用后进入运行维护阶段，信息系统运行维护阶段约占整个生命周期的 80%以上。安全运维的使命是最大限度保障其安全、稳定和可靠地运行，它不仅仅是技术问题，更是管理问题。本章以安全运维框架为基础，依次介绍安全运维体系中安全运维、运维安全、合规性要求和评审及改进等方面问题。其中，安全运维部分详述运维主体、对象、流程、支撑平台及活动等环节需要关注的内容，涵盖安全运维工作的各个方面。运维安全部分则从风险评估的角度分析安全运维过程中可能产生的衍生风险，介绍相应的风险处置和过程监控手段。

2.1 安全运维框架

信息系统安全运维框架主要由合规性要求、安全运维、运维安全和评审及改进组成。其中，安全运维和运维安全是两种安全运维的工作模式，合规性要求和评审及改进是共性要求。安全运维和运维安全这两种运维活动均依赖安全合规性要求进行实施，同时通过对安全运维和运维安全的服务实施有效性评审，进而进入持续性改进阶段，实现自我纠错、逐步提升。信息系统安全运维框架如图 2-1 所示。

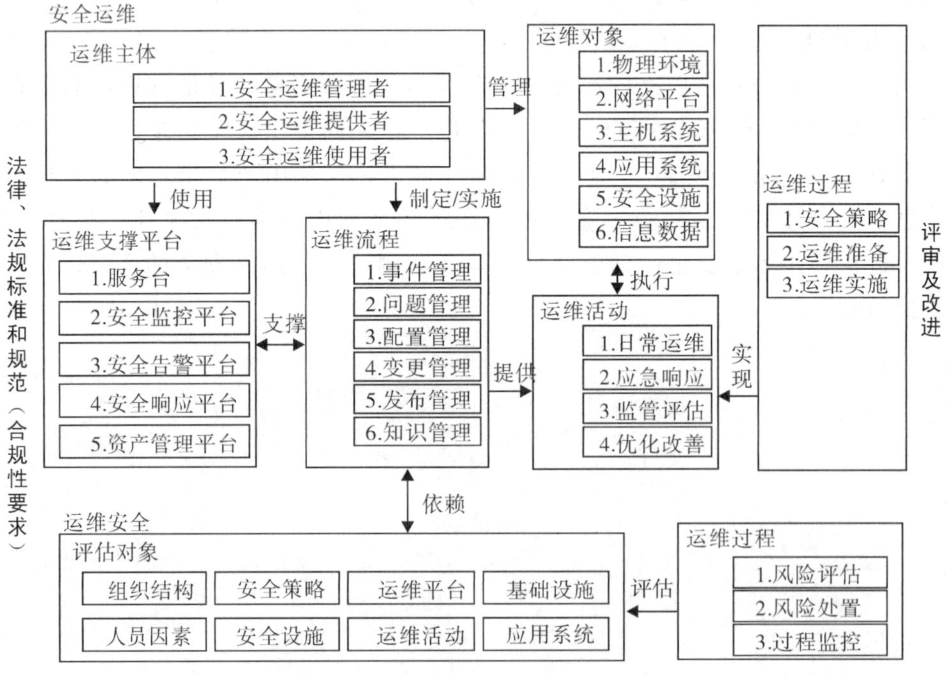

图 2-1 信息系统安全运维框架

安全运维是指面向业务提供安全运维服务，侧重于运维服务。信息系统运维主体依据国家及行业法律、法规、标准和规范，利用运维支撑工具，实施事件管理、问题管理、配置管理、变更管理、发布管理和知识管理等信息安全运维管理流程，对物理环境、网络平台、主机系统、应用系统、安全设施、信息数据进行运维综合管理，执行日常运维、应急响应、优化改善和监管评估等信息安全运维的管理职能，以实现安全运维的标准化和规范化，通过评审工作实施持续改进。

安全运维服务是由服务供方对需方信息系统进行运行维护，提供日常维护、安全应急处置、系统优化加固等服务，由驻场的一线运维工程师和非驻场的二线专家团队进行流程化、规范化协作支持，形成专业化和团队化的运维管理体系（人员、流程、工具、平台），以及以流程为导向、以客户为中心的信息系统运维服务。通常，安全运维服务由服务供方通过管理规范、工作流程及支撑平台等相关管理和技术手段向组织输出运维服务。

（1）安全运维管理规范

在信息系统安全运维活动中，需要建立一套科学的管理制度、管理标准和管理规范，如系统上线前测试规范、信息系统安全基线、日常运维管理规范、应急预案及通报制度，安全运维绩效考核办法等，以保障安全运维工作的标准化和规范化。完善的安全系统运维管理不仅能确保安全运维工作稳定实施，也能够减少运维中不确定因素，提升运维工作的质量和运维服务水平。

（2）安全运维工作流程

安全运维活动同信息系统运维工作一样需要工作流程的指引，需要制定工作流程，规范事件管理、问题管理、配置管理、变更管理、发布管理和知识管理等业务活动。

（3）安全运维支撑平台

安全运维活动采用工具将运维对象、职能以及流程通过统一集成的运维系统或一系列运维专用工具进行管理，实现对安全运维事件的全面采集、及时处理和合理分析。同时，在安全运维管理中也将纯粹人工操作变成一定程度的自动化管理，通过运维管理系统实现自动化运维管理，从而实现安全运维工作的智能化和高效化，持续提高运维服务支持的能力和水平。

运维安全是对运维活动提供风险管控服务，侧重于风险管控。运维安全是对安全运维过程中可能影响信息系统正常运行的安全因素实施风险评估，避免因部署的安全保障措施、安全设备及安全运维的操作行为而带来的衍生次生安全风险，对评估中发现的安全隐患进行相应处置，保障信息系统的安全稳定运行。运维安全主要分析在运维活动、运维组织、运维环境、运维工具及运维人员等方面存在的安全风险，介绍避免安全风险的处置方法、控制策略以及具体措施，从而避免因部署的安全保障措施不足、安全设备功能缺失或运维操作行为不当而带来的衍生安全风险，最终保障信息系统的安全稳定运行。运维安全更多内容详见第7章。

2.1 安全运维

2.1.1 安全运维主体

从事安全运维活动的单位、部门以及具体工作人员构成运维活动角色，从事运维活动的人员组成的各类组织形式是提供安全运维服务的重要保障。

2.1.1.1 安全运维角色

安全运维服务主要涉及3类角色：安全运维提供者、安全运维使用者以及安全运维管理者。在本书中重点关注安全运维服务提供者和安全运维管理者。安全运维服务中各类角色与运维方式关联性比较大，运维工作模式根据运维活动的外包情况分为自主运维模式、完全外包运维模式和混合运维模式，各种运维模式下，安全运维角色工作一致，但承担工作的人员因组织机构的不同而有所不同。

自主运维模式是指信息系统主管单位或部门负责对其拥有的信息资源进行运行维护工作。自主运维模式中安全运维服务提供者、安全运维服务使用者及安全运维服务管理者在同一个组织里，运维服务提供者容易管控，可根据自身需要进行能力培训，完成所需的各项相应工作。在自主运维模式下，对运维活动的规划和评估工作容易实施和落实，但该模式存在人员技术能力、人员数量不能满足需要的问题。

完全外包运维模式是指安全运维服务管理者通过与其他组织签署运维外包协议，将所拥有全部资源的安全运维服务外包给安全运维服务提供者，共同满足安全运维服务使用者的业务需求。完全外包运维模式的优势在于充分利用外部力量，能够快速提供组织所需的运维能力，同时，运维人员扩充较为容易，能够应对大规模的运维需求。安全运维服务提供者负责安全运维服务的设计、实施和改进，安全运维管理部门作为安全运维管理者负责对安全运维服务提供者的选择、使用和评估。完全外包运维模式也存在外部人员管控有难度、组织信息泄露风险高的问题。

混合运维模式是介于自主运维模式和完全外包运维模式之间的运维活动，是指安全运维服务管理者对所拥有的一部分资源自行运维，对于另一部分资源通过与其他单位签署运维外包协议实施外包服务。混合运维模式能够充分发挥自主运维和外包运维的优势，但由于存在两种运维人员，增加了运维工作管理的复杂度，延长了运维流程。

在安全运维活动中，运维服务提供者通常以运维项目组的形态存在。项目组负责人承担项目管理职责，组织运维工程师执行具体的安全运维服务工作，是运维服务质量的责任人。安全运维服务管理者通常由资产所有单位的信息管理部门承担，管理者主要承担服务监管的职责。负责制和监督制两者相辅相成，缺一不可，安全运维服务既要强调服务提供者的职责，也需要有服务管理者的监督管理和指导支持。

2.1.1.2 安全运维组织

在实际工作中，信息系统运维服务的组织形式是由服务项目的特点而决定的，需要综合考虑运维服务的规模、难度、复杂程度、项目结构、子项目的数量和特征、服务项目的紧迫性和重要性等因素。运维服务有很多种组织形式可以选择，为了更有效地实现服务目标，运维服务管理者必须设计和建立适合自己的运维服务结构。然而，任何一种组织结构都有它的优点和缺点，运维服务组织在其生命周期内为适应不同要求加以改变也是很自然的。

安全运维组织的构成要素与运维活动角色相对应，包括运维服务管理者、运维服务使用者和运维服务提供者。其中，安全运维服务管理者一般由单位的信息化主管部门的领导担任，安全运维使用者一般由业务部门和信息化部门具有决策权的领导或代表构成，运维服务提供者一般由信息化部门人员构成，如在外包模式下，还应包括运维服务的提供商。安全运维的组织结构应采用高效率、低成本的形式，能够使运维服务各相关方有效地沟通，各方责、权、利关系明确，项目控制简便、快速。

安全运维组织具有如下特点。

（1）目的性

安全运维组织是为了实施信息系统运维服务的任务而建立的，信息系统运维服务目标决定安全运维的组织结构和组织运行方式。大多数情况下，安全运维组织的成员来自不同的组织或部门，各自有独立的经济利益和权利，在运维组织中他们又各自承担一定的责任，并按照运维服务计划进行工作。要使信息系统运维服务项目的实施取得成功，在服务目标设计、实施和运行过程中必须承认和平衡不同利益关系。同时，运维服务组织的建立应能考虑到或反映出运维服务实施过程中各参加者之间的合作关系，明确组织中的任务和职责的层次，工作流、决策流和信息流，以及其他的特殊要求。

（2）临时性

由于每一个具体的信息系统运维服务项目的实施都有时间限制，都是暂时的，所以信息系统运维服务组织也是有时间限制的，具有临时性的特点。安全运维组织伴随着运维项目而组建，伴随该项目合同到期，即信息系统运维服务生命周期的结束而终结。组建运维服务组织的基本原则是因事设岗，根据运维服务的目标和任务设置机构，设岗用人，事毕及时调整，项目合同到期时组织解散，人员调整到其他有需要的运维组织。

（3）柔性

安全运维组织具有机动灵活的组织形式和用人机制，是一种柔性组织，有高度的弹性、可变性和灵活性。安全运维组织的柔性还表现在各个项目利益相关者之间的联系是有条件的、松散的，是通过合同、协议、法规以及其他各种社会关系结合起来的。

安全运维服务组织不像其他组织有明晰的组织边界，通常是项目利益相关者及其个别成员在某些运维活动中属于某项目组织，在另外的事务中又属于其他项目组织。此外，安全运维服务采用不同的组织策略和不同的实施计划就会具有不同的组织形式。

2.1.2　安全运维对象

目前，人们对信息系统的依赖越来越重，业务操作和流程管理依赖信息系统的支撑，信息系统中存放的关键业务数据越来越多，系统运行的任何失误都可能对业务造成巨大的经济损失。信息系统受到攻击的案例屡见不鲜，火灾、地震、设备故障、病毒、黑客攻击、人为操作失误等都对信息系统构成了极大的威胁，影响信息系统高效、稳定地运行。

信息系统安全运维模型中，业务对象涉及数据、载体、环境与边界 4 个实体对象。信息系统中信息通过数据来展现，数据通过载体来承载，而载体的存在依赖于一定的环境，环境存在一定的界限，即边界。环境是指数据与载体的环境，即数据及承载数据的载体在整个生命周期中所依赖的外部条件。业务安全属性的实现是通过直接对象安全属性的实现来提供的。

安全保障对象首要解决的是环境和边界的安全性问题，解决物理边界、网络边界非法闯入、边界被绕过或穿透、边界无法正常工作以及边界配置信息泄露等等，依次解决主机操作系统环境、应用平台环境、应用程序的环境以及数据安全性。在实际运维中，将上述 4 个实体对象安全防护做进一步分解，可以分解为物理环境、网络平台、主机系统、应用系统、安全设施和信息数据。

2.1.2.1　物理环境

运维活动中关注的物理环境是指机房和办公环境的安全，包括物理环境安全和逻辑环境安全。在计算机领域，环境可以理解为软硬件资源的总称，这样，环境还可以扩展软硬件资源所处的物理环境等更大的范畴，环境一方面是指环境自身的安全，另一方面也涉及其所承载的载体和数据的安全。环境安全保护的目的主要是使存放计算机、网络设备的机房、办公环境以及信息系统的设备和存储数据的介质等免受物理环境、自然灾难以及人为操作失误和恶意操作等各种威胁所产生的攻击。

物理环境主要涉及防火、防水、防雷击等物理环境安全，以及设备和介质的防盗窃防破坏等方面。具体包括：物理位置的选择、物理访问控制、防盗窃和防破坏、防雷击、防火、防水和防潮、防静电、温湿度控制、供应和电磁防护等。

2.1.2.2　网络平台

网络是信息系统安全运行的基础环境，网络平台是抵御外部攻击的防线。网络平台一方面对信息系统业务运行提供有效的网络服务，另一方面确保在网上传输数据的维服务出发，采用安全技术措施和产品，从安全管理的流程和角度为正在运行的信息系统提供全过程、全生命周期的安全保障，其重点在于运维过程。而运维安全，则是针对运维活动中可能影响业务系统正常运行的安全风险，采用技术手段和管理措施，避免因执行的安全保障措施不当和部署的安全设备失效而给系统带来潜在的安全风险，保障信息系统的安全运行，其重点在于风险管理。

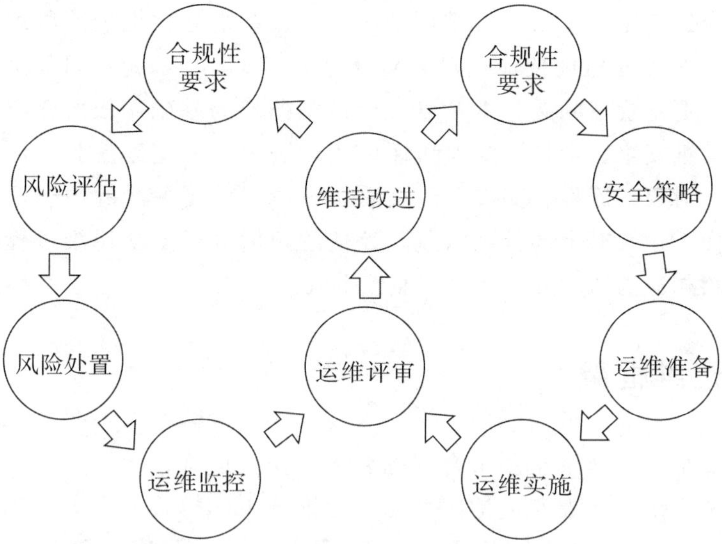

图 1-3　两种模式的关系

这两个过程是运维活动的两个必不可缺的组成部分，二者采用不同的形态、技术措施和服务流程为业务系统提供安全运维服务。

2. 依存促进

现实中，两者并非是孤立的，往往是并存的。即在安全运维活动中，既存在安全运维模式，也存在运维安全模式，二者相互作用，共同提供安全运维服务。在运维服务中，二者是融合在一起的，相互补充，相互促进，仅采用两种模式中的一种不足以保障信息系统整体的安全运行。安全运维在运维活动中所涉及的主体、对象、流程、工具以及过程均是运维安全活动的评估对象和起因，诱发运维安全的评估、处置以及过程监控活动。

保密性、完整性和可用性等。因此，网络安全主要关注两个方面，即共享和安全。利用网络环境的便利，既要保障各种资源之间的流动和共享，也要防止通过网络的各种恶意攻击，须在二者之间寻找恰当的平衡点。

网络平台主要关注网络结构、网络边界以及网络设备自身安全等，解决物理边界非法闯入、边界被绕过或穿透、边界无法正常工作以及边界配置信息泄露等方面的安全保障。具体包括：结构安全、访问控制、安全审计、边界完整性检查、入侵防范、恶意代码防范、网络设备防护。

2.1.2.3 主机系统

主机系统包括硬件和软件。硬件包括：环境服务器、终端/工作站、存储设备。软件包括：系统软件、操作系统、数据库系统、中间件、语言处理系统（包括编译程序、解释程序和汇编程序）等。主机系统安全是指包括服务器、终端/工作站等在内的计算机设备在操作系统及数据库系统层面的安全。在运维活动中保护载体的安全即保护主机的安全，是通过对数据载体自身和环境的保护来实现的，载体安全通过对自身和环境的保护确保载体的可用性、完整性和机密性等安全属性。主机系统是构成信息系统的主要部分，承载着各种应用，因此，主机系统安全保障是实现信息系统安全的中坚力量。

主机系统包括主机设备和基础软件安全、稳定运行，其中基础软件是指操作系统、数据库、中间件。主机系统安全包括：身份鉴别、访问控制、安全审计、剩余信息保护、入侵防范、恶意代码防范和资源控制。

2.1.2.4 应用系统

应用系统特指业务系统，是完成特定业务功能的系统，如：OFFICE办公软件、信息管理软件、辅助设计软件、实时控制软件和媒体播放软件以及财务、审计、税务、统计、金融、证券、通信、能源、工业控制、交通等应用系统。

应用系统的功能是满足特定业务的要求，对应用系统的安全保障即是保护系统的各种业务应用程序安全运行，保障应用程序使用过程和结果的安全。应用系统安全主要涉及身份鉴别、访问控制、安全审计、剩余信息保护、通信完整性、通信保密性、抗抵赖、软件容错、资源控制等。

2.1.2.5 安全设施

信息安全设备及安全设施用于保障信息系统运行，保证设备可用性和设备自身的安全，其目标是保证系统连续、正常地运行。信息安全设备或安全设施是用来保证网络及信息系统安全的防护设备，如防火墙、网络隔离设备、入侵检测系统、入侵防御系统、防病毒系统、安全审计、UTM、流量监控等。

为了安全设备或设施能正常稳定地运行，应制定详细操作规范及定期对设备巡检，检查并记录设备运行异常及告警信息，主要保证设备正常运行，免受威胁。同时，还需要通过风险评估、风险处置、过程监控、运维评审与持续改进等过程避免因使用安全设施而给系统带来新的安全威胁。

2.1.2.6 信息数据

信息系统处理的各种数据（用户数据、系统数据、业务数据等）在维持系统正常运行上起着至关重要的作用。一旦数据遭到破坏（泄漏、修改、毁坏），都会在不同程度上造成影响，从而危害到系统的正常运行。由于信息系统的各个层面（网络、主机、应用等）都对各类数据进行传输、存储和处理等，因此，对数据的保护需要物理环境、网络、数据库和操作系统、应用程序等提供支持。各个“关口”把好了，数据本身再具有一些防御和修复手段，必然将对数据造成的损害降至最小。

在运维过程中保障数据安全，需要考虑数据的产生、处理、加工、存储、使用、传输以及销毁过程的安全，通过对数据自身、载体和载体所处的环境及其边界的保护来确保数据的可用性、完整性、真实性、机密性和不可否认性。数据备份也是防止数据被破坏后无法恢复的重要手段，而硬件备份等更是保证系统可用的重要内容，在高级别的信息系统中采用异地实时备份会有效地防止灾难发生时可能对系统造成的损害。

2.1.3 安全运维流程

安全运维业务是为了达到信息系统安全稳定运行而由不同人员分别共同完成的一系列活动。安全运维管理是以业务流程为中心，持续提高组织业务绩效的方法。安全运维流程是建立一套最基础、规范的管理制度，帮助安全运维服务提供者、安全运维服务使用者以及安全运维服务管理者从人员、技术和管理 3 个方面提升运维管理能力，并在实践中逐步完善。

安全运维服务流程涉及事件管理、问题管理、配置管理、变更管理、发布管理、流程管理和知识管理等，随着安全运维活动地不断深入和持续改进，其他流程可能会逐步独立并规范。

2.1.3.1 事件管理

事件指系统服务中存在或可能存在的影响服务的因素。事件的发生不属于标准操作，往往导致客户不能获得正常、有效的服务。事件管理就是为消除或减少事件发生，和/或事件发生后能尽快处理而使客户能在最短时间内恢复需要的服务。

事件管理流程的主要目标是尽快恢复服务提供并减少其对业务的不利影响，尽可能保证最好的运维服务质量和可用性等级。事件管理流程通常涉及事件的侦测和记录、事件的分类和支持、事件的调查和诊断、事件的解决和恢复以及事件的关闭。

2.1.3.2 问题管理

通常，在执行完事件管理流程后，事件的根源未必能够发现并得以处理，问题管理解决了客户在事件发生时获得正常、有效服务或尽快恢复服务的要求。问题管理调查系统基础设施和所有获得的信息，并确定引起事件发生的真正的潜在原因以及服务中可能存在的隐患。

问题管理流程的主要目标是预防问题和事故的再次发生，并将未能解决的事件的影响降低到最小。问题管理流程包括诊断事件根本原因和确定问题解决方案所需要的活动，通过合适的控制过程，尤其是变更管理和发布管理，负责确保解决方案的实施。问题管理还可维护日常运维故障处理流程、应急预案和解决方案的信息。

2.1.3.3 配置管理

配置管理面向系统的基础设施，包括网络、主机、安全设施、应用系统等。配置管理有两个层次的功能：一是核查并证实系统基础设施所做的变更已经如实、准确地记录在案；二是监控系统中各组成部件的运行状态并保证配置管理准确反映现存基础设施的配置项与实际运行的版本吻合。

配置管理流程负责核实网络、主机、安全设施和应用系统中实施的变更以及配置项之间的关系是否已经被正确记录下来，并确保配置管理数据库能够准确地反映现存配置项的实际版本状态。

2.1.3.4 变更管理

信息系统的基础设施（网络、主机、安全设施等）和应用系统处于不断的调整、更新、变换、增减等变更状态。信息系统的运维服务也随市场变化而做相应的调整和更新。所有变更都必须准确管理，以避免因变更而导致服务不能有效提供甚至失效。变更管理就是管理变更的全过程，以使任何变更都不会导致错误和引发与变更有关的事件。

变更管理流程实现所有网络、主机、安全设施和应用系统的变更，变更管理记录并对所有要求的变更进行分类，评估变更请求的风险、影响和业务收益。其主要目标是以对服务最小的干扰实现有益的变更。

2.1.3.5 发布管理

发布管理流程负责对硬件、软件、文档等进行规划、设计、构建、配置和测试，以便为实际运行环境提供一系列的发布组件，并负责将新的或变更的组件迁移到运行环境中。

新增的配置项或变更后的配置项通过发布记录并在这些配置项经过测试验证后引

入实际的运行环境。发布管理关注变更管理的实施结果。发布管理的主要目标是保证运行环境的完整性被保护以及正确的组件被发布。

2.1.3.6 知识管理

知识管理主要包括安全运维相关的管理制度、流程、操作文档、网络拓扑、配置清单、发布管理文档等技术资料，针对不同问题和事件的解决方案，以及安全运维过程中产生的安全测试方案、技术方案、变更申请等。

根据知识与安全运维服务流程是否相关，可以把安全运维服务管理中的知识分为流程相关知识和非流程相关知识。例如：安全测试方案、技术方案是在变更管理流程中产生的知识，解决方案是在事件管理流程和问题管理流程中产生的知识，它们都属于流程相关知识；而安全运维服务相关的管理制度、网络拓扑图等则属于非流程相关知识。

应有效开展知识管理，建立知识库，实现知识的创建、储存、共享、应用，知识对安全运维服务管理产生的价值和作用主要体现在：创造知识价值；实现知识共享、降低运维成本；提高运维响应速度和质量；避免知识流失；挖掘、分析应用信息。

2.1.4 安全运维支撑平台

安全运维服务要提高效率、有效发挥服务功能，安全运维工具必不可少。根据在不同应用场景下实现的功能或功能组合的不同，安全运维支撑平台可划分为若干类别。例如：有的系统仅实现静态资产管理功能和综合统计分析功能；有的系统实现资产信息管理功能、支持信息化的管理流程，并具备综合统计分析和决策支持功能；也有的系统从资产、安全、监控、流程、综合统计分析和决策支持以及外包管理等方面为安全运维服务提供全方位信息化支持。在实际工作中，用户组织结构、规模以及管理体制不同，安全运维支撑平台的具体使用和部署方式也有所不同，不同的组织可选择使用不同的平台工具。

2.1.4.1 服务台

服务台是安全运维服务提供者和安全运维服务使用者之间的联系纽带。服务台是一个集中和专职的服务联系点，提供服务业务流程与服务管理基础架构。服务台的主要目标是协调用户和服务部门之间的联系，为服务运作提供支持，从而提高客户的满意度。

服务台是提供信息系统安全运维服务的前台，是为客户提供服务的节点、受理客户咨询的中心。同时，服务台也是服务综合管理的一个职能部门，为内部服务建立了响应联系。服务台支持安全运维的核心功能，与各个流程联系密切。所有管理流程都要通过服务台为用户提供单点联系，解答用户的相关问题和需求，或为用户寻求相应的支持人员。服务台直接与客户请求的事件管理和服务级别管理相关，在配置管理、发布管理、变更管理中起一定的作用。

热线电话也是服务台所提供的技术手段之一，通常运维服务部门提供 5×8 小时或 7×24 小时服务，接受用户对各应用系统使用中遇到的疑问、故障申告以及投诉，提供运维服务的需求。

在线支持系统是基于网站论坛模式的运行维护、技术支持与技术交流的工具，属于被动式运维手段。不同于热线电话，在线支持系统面向的不仅是运维服务使用人员，还面向运维服务人员。来自在线支持系统的运维事件以人员在信息系统使用与运维过程中的业务疑问和技术疑问为主，同时还会有一些不太紧急的信息系统故障申告。

2.1.4.2 安全监管平台

安全监管平台能够实现对信息系统运行动态快速掌握，对各类事件做出快速、准确的定位和展现。安全监管平台对关键业务、重要实施的业务可用性和业务连续性进行合理布控和监测，能够实现运行维护管理过程的事前预警、事发快速定位，帮助运维单位更好地实施安全运维操作。其主要内容包括以下几方面。

（1）集中监控：整合各类监控管理工具的监控信息，实现对信息资产的集中监视、查看和管理的智能化、可视化监控系统。监控的主要内容包括：物理环境、网络平台、通信线路、安全设施、主机系统、中间件、数据库和核心应用系统等。

（2）定位和预警：经过同构和归并的信息将依据预先配置的规则、事件知识库、关联关系进行快速的故障定位，并根据预警条件进行预警。

（3）综合展现：合理规划与布控，整合来自各种不同的监控管理工具和信息源，进行标准化、归一化的处理，并进行过滤和归并，实现集中、综合的展现。

2.1.4.3 安全告警平台

安全告警平台不同于安全监管平台，其更关注安全事件告警，提供多种告警响应方式，内置与事件处理的工单和问题处理接口，可依据事件关联和响应规则的定义触发相应的处理流程，实现运维管理过程中突发事件和问题处理的自动化和智能化。其主要功能包括以下几方面。

（1）事件基础库维护：是事件知识库的基础定义，内置大量的标准事件，按事件类型进行合理划分和维护管理，可基于事件名称和事件描述信息进行归一化处理的配置，定义了多源、异构信息的同构规则和过滤规则。

（2）智能关联分析：借助基于规则的分析算法，对获取的各类信息进行分析，找到信息之间的逻辑关系，结合安全事件产生的网络环境、资产重要程度，对安全事件进行深度分析，消除安全事件的误报和重复报警。

（3）告警响应和处理：提供了事件生成、过滤、短信告警、邮件告警、自动派发工单、启动预案等多种响应方式，内置监控界面的图形化告警方式；提供了与事件响应中心的智能接口，可基于事件关联响应规则自动生成工单并触发相应的预案工作流进行处理。

（4）综合查询和展现：实现了多种视角的故障告警信息和业务预警信息的查询和集中展现。

2.1.4.4 流程管理平台

借鉴并融合了ITIL（信息系统基础设施库）/ITSM（IT服务管理）的先进管理规范和最佳实践指南，借助工作流模型参考等标准，开发图形化、可配置的工作流程管理系统，将运维管理工作以任务和工作单传递的方式，通过科学的、符合组织运维管理规范的工作流程进行处置，在处理过程中实现电子化的自动流转，无须人工干预，缩短流程周期，减少人工错误，并实现对事件、问题处理过程中的各个环节的追踪、监督和审计。其中包括以下几方面。

（1）图形化的工作流建模工具：实现预案建模的图形化管理，简单易用的预案流程的创建和维护，简洁的工作流仿真和验证。

（2）可配置的预案流程：所有运维管理流程均可由用户自行配置定义，即可实现ITIL/ITSM的主要运维管理流程，又可根据用户的实际管理要求和规范，配置个性化的任务、事件处理流程。

（3）智能化的自动派单：智能的规则匹配和处理，基于用户管理规范的自动处理，降低事件、任务发起到处理的延时，以及人工派发的误差。

（4）全程的事件处理监控：实现对事件响应处理全过程的跟踪记录和监控，根据ITIL管理建议和用户运维要求，对事件处理的响应时限和处理时限进行监督和催办。

（5）事件处理经验的积累：实现对事件处理过程的备案和综合查询，帮助用户在处理事件时查找历史处理记录和流程，为运维管理工作积累经验。

2.1.4.5 资产管理平台

IT资产管理是全面实现信息系统安全运维管理的基础，提供了丰富的IT资产信息属性维护和备案管理，以及对业务应用系统的备案和配置管理。资产管理平台基于关键业务点配置关键业务的基础设施关联，通过资产对象信息配置丰富业务应用系统的运行维护内容，实现各类IT基础设施与用户关键业务的有机结合，以及全面的综合监控。其中包括以下几方面。

（1）系统采集管理：以对信息系统内各种基础设施资产及核心业务系统的监控管理为主线，采集相关异构监控系统的信息，通过对不同来源的信息数据的整合、同构、规格化处理、规则匹配，生成面向运维管理的事件数据，实现信息的共享和标准化。

（2）系统配置管理：从资产配置、系统容错、数据备份与恢复和运行监控等方面着手建立自身的运行维护体系，采用平台监测器实时监测、运行检测工具主动检查相结合的方式，构建一个安全稳定的系统。

(3) 综合运行态势：全面整合现有各类设备和系统的各类异构信息，包括网络设备、安全设备、应用系统和终端管理中各种事件，经过分析后的综合展现界面，注重对信息系统的运行状态、综合态势的宏观展示。

2.1.5　安全运维活动

2.1.5.1　日常运维

日常运维是指定期地对信息系统涉及物理环境、网络平台、主机系统、应用系统和安全设施进行日常维护，检查运行状况，检查相关告警信息，提前发现并消除网络、系统异常和潜在故障隐患，以确保设备始终处于稳定工作状态，并对出现的软/硬件故障进行统计记录，以减少故障修复时间。

围绕信息系统安全可靠运行和出现故障时能够快速恢复为目标，日常运维的主要思路为：通过积极主动的日常运维将故障隐患消除在萌芽状态；故障发生时，使用恰当的诊断机制和有效的故障排查方法及时恢复系统运行；故障处理后及时进行总结与改进，避免故障再次发生。

2.1.5.2　应急响应

应急响应处理是指在信息系统运行过程中发生安全事件时，按照既定的程序对安全事件进行处理的一系列过程。它通常在安全事件发生后，提供一种发现问题、解决问题的快速、有效的响应服务，以快速恢复系统的保密性、完整性和可用性，阻止和减小安全事件带来的影响为服务目标。

应急处置工作中应采取措施限制事件扩散和影响的范围，限制潜在的损失与破坏，同时要确保封锁方法对涉及相关业务影响最小。对事件进行抑制之后，通过对有关事件或行为的分析结果，找出事件根源，明确相应的补救措施并彻底清除根源。恢复安全事件所涉及的系统，并还原到正常状态，使业务能够正常进行。恢复工作应避免出现因误操作导致的数据丢失。

在应急响应过程中，日常应做好服务的准备工作，编写应急预案和实施应急演练，准备应急响应物资，熟悉应急事件处理流程，及时整理与安全事件相关的各种信息。应急响应服务按照准备、检测、抑制、根除、恢复、跟踪等一系列标准措施为用户提供服务。

2.1.5.3　监管评估

监管评估是对安全运维对象、安全运维活动以及安全运维流程在运维过程中依据法律、法规、标准和规范并结合业务需求，通过对安全运维对象及安全运维活动的调研和分析，提供运维状态的安全合规性评估。对安全运维的监管评估一般是通过检查、考核和惩戒来实现的。

安全检查主要依据规范，发现和查明各种危险和隐患并督促整改，检查也可称为合规性检查。检查可以分为自查、抽查和专项检查。考核是针对运维质量管控的有效措施，对运维人员、运维单位考核，是运维评价管理中最重要的环节。惩戒则是指运维人员违反安全管理规定和要求时的惩罚措施。

2.1.5.4 优化改善

优化改善是指对系统的各要素，如网络基本架构、网络和安全设备、系统服务器及操作系统、数据库和应用软件等的调整，主要涉及设备的增减、配置的改变和系统的升级等情况。

优化改善是协调和控制 IT 基础设施自身变化的过程，对系统进行优化改善的来源可以来自突发事件管理、检查中发现的问题、服务级别管理、可用性管理、能力管理及客户要求等。对于所有对系统优化的请求，管理者需要过滤，并根据优先级判断需要尽快处理的请求，对紧急的、影响范围大的优化改善内容做优先处理。

2.2 运维安全

2.2.1 安全因素

运维安全中考虑的安全因素是在安全运维过程中催生而出的。它是可能影响信息系统正常运行的安全因素，也是安全运维过程中重要的评估对象，主要包括安全策略、组织结构、人员因素、基础设施、应用系统、安全设施、运维活动和运维平台。

(1) 安全策略：关注安全策略制定、宣传、贯彻、执行、改进整体过程带来的安全风险。

(2) 组织结构：关注现有运维组织架构的合理性、岗位设置是否合理、人员配备是否充足、部门协调机制是否完善、资金保障是否到位等带来的安全风险。

(3) 人员因素：关注人员录用、离岗、考核、培训、技能、安全意识和操作行为等带来的安全风险。

(4) 基础设施：关注物理环境、网络平台、主机系统和信息数据在运维过程中面临的安全风险。

(5) 应用系统：关注系统本身的身份鉴别、访问控制、日志审计、保密性、完整性、抗抵赖以及系统设计开发缺陷和漏洞等带来的安全风险。

(6) 安全设施：关注现有安全设施应用的有效性、策略配置的合理性和安全设施本身的健壮性等。

(7) 运维活动：关注日常运维、应急响应、监管评估和优化改善4个活动业务流程的合理性、管理措施的有效性、运维产物的完备性和操作过程带来的安全风险。

(8) 运维平台：关注运维平台的利用率、实用性和本身的健壮性以及与系统和设备的兼容性等带来的安全风险。

2.2.2 运维安全过程

运维安全过程是从风险管理的角度对运维安全评估对象可能影响系统安全、稳定运行的威胁和脆弱性进行识别，并对脆弱性遭到威胁利用的可能性、影响程度和带来的风险进行分析评价，并结合安全事件所涉及的资产价值来判断安全风险一旦发生将对系统造成的影响，提出具有针对性的风险处置方案和抵御威胁的措施，将风险控制在可接受的范围内，从而达到保证系统持续、稳定运行的目的。同时，它也为保障信息系统的安全运维的有效性提供技术参考。

2.2.2.1 风险评估

从信息安全运维的角度来讲，风险评估是对运维过程中组织结构、人员行为、安全策略、安全设施、运维平台和运维活动等涉及的资产所面临的威胁、存在的弱点、造成的影响，以及综合作用所带来风险的可能性进行评估。作为风险管理的基础，风险评估是组织确定信息安全需求的一个重要途径。

主要任务包括：

①识别评估对象面临的各种风险；

②评估风险概率和可能带来的负面影响；

③确定组织承受风险的能力；

④确定风险消减和控制的优先等级；

⑤推荐风险消减对策。

风险评估包括风险辨识、风险分析、风险评价3个步骤。

(1) 风险识别是指查找和梳理企业运维过程中组织结构、人员行为、安全策略、安全设施、运维平台和运维活动等有无安全风险、有哪些安全风险及威胁。

(2) 风险分析是对识别出的风险及其特征进行明确的定义描述，分析和描述风险发生可能性的高低、风险发生的条件。

(3) 风险评价是评估风险对企业实现安全运维目标的影响程度、风险的价值等。

在风险评估过程中，可以采用多种操作方法，包括基于知识的分析方法、基于模型的分析方法、定性分析和定量分析，无论何种方法，共同的目标都是找出组织信息资产面临的风险及其影响，以及目前安全运维水平与组织安全需求之间的差距。

2.2.2.2 风险处置

风险处置是指针对不同类型、不同规模、不同概率的风险，采取相应的对策、措施或方法，制订并实施控制风险的计划，确定降低风险发生的可能性并减少其不良影响的方法。其目的是使风险损失对企业信息系统安全运行的影响降到最小限度。

风险处置的方法主要有风险缓解和风险预防等。

1. 风险缓解

风险缓解是指通过风险控制措施来降低风险的损失频率或影响程度。风险缓解的作用是降低了运维过程中安全风险发生时的实际损失，从而可以弥补运维过程中的不足和缺点，减少运维过程的安全风险。

2. 风险预防

在损失发生前为了消除或减少可能引发损失的各种因素而采取的一种风险处理方式。风险预防是指采取预防措施，以减小损失发生的可能性及损失程度。

2.2.2.3 过程监控

过程监控实际是监控运维过程中各种运维人员的操作行为和对运维过程已处置安全风险的有效性进行风险跟踪的过程。

其一是对安全运维主体行为全过程的监控。

其二是运维评估对象在运维过程中对安全风险的发展与变化情况进行全程监督，并根据需要进行风险处置的调整。因为安全风险是随着运维过程所处环境的变化而变化的，运维评估对象在运维过程中可能会增大或者衰退乃至消失，也可能由于环境的变化又生成新的安全风险。通过对风险规划、识别、估计、评价、应对及对其全过程进行监视和控制，从而保证安全风险评估能达到预期的目标，它是运维过程中的一项重要工作。

2.3 合规性要求

安全运维的合规性要求是指所有安全运维工作应该符合法律法规、标准规范、安全管理制度及监管等的要求。作为安全运维的一部分，信息安全的合规要求占有举足轻重的地位，为安全运维工作提出基本规范，是安全运维活动的基石。目前，专门针对安全运维的法律法规较少，安全运维要符合信息安全法律法规的要求，也要遵循安全服务的标准以及组织内的安全管理制度和监管部门的监管要求。

2.4　评审及改进

评审和改进是安全运维模型的最后两个环节，包括运维评审和持续改进。其中运维评审的主要目的是对安全运维的过程进行有效性评估。过程有效性评估是一个系统过程，贯穿安全运维全过程，安全运维单位的过程有效性评估主要是安全运维实施过程的有效性以及运维实施结果与服务的有效性评估。过程有效性评估就是运维管理人员采取有效的措施，监督运维事件的实施过程以及具体的实施结果，判断是否符合相关标准，并确定消除产生不良结果的方法。安全运维有效性的提高要以对安全运维有效性客观评估为基础。

持续改进是对运维评审后发现问题进行改进的过程，也是再次运维的需求来源之一和促进再次运维的主要原因之一。改进是持续无止境的，这符合事物螺旋式发展的基本规律。

第3章 合规要求

安全运维的合规要求指的是所有安全运维活动应该符合的法律、法规、标准的要求及监管要求等。目前，针对安全运维的法律法规较少，安全运维服务既要符合信息安全法律法规的要求，同时也要遵循安全服务的标准。本章首先介绍安全运维服务必须符合的相关法律法规和标准规范，其次介绍安全运维相关的服务标准。

3.1 法律法规要求

法律法规对安全运维起着重要的保障和规范作用，是安全运维的必要条件，也是安全运维必须符合的要求。法律法规对信息法律关系主体在保证信息安全方面的权利和义务做出规定，还对信息法律关系主体的权利和义务所指向的对象做出规定，以便主体和执法部门能有的放矢地实施保护义务和职责。法律法规能够保护国家信息主权和社会公共利益、规范信息主体的信息活动、保护信息主体的信息权利、惩治信息空间的违法行为。本节介绍我国信息安全法律法规的发展历程，总结与安全运维密切相关的法律法规，并介绍几个适用的相关法律法规。

3.1.1 我国信息安全法律法规的建设历程

20 世纪 80 年代初，相关部门着手制定有关计算机安全方面的法规。1994 年 2 月 18 日，国务院颁布了第一部有关信息网络安全的行政法规——《中华人民共和国计算机信息系统安全保护条例》，从根本上改变了我国信息安全法规的空白局面。该条例规定了计算机信息系统安全保护的主管机关、安全保护制度、安全监管职权等，明确对计算机信息系统实行等级保护，同时规定对信息安全产品，如杀毒软件、安全设备、入侵检测软件等，实行销售许可制度。

1994 年以后，随着运维特别是互联网技术的飞速发展，我国在信息网络安全领域的法制建设工作取得了令人瞩目的成绩。与信息网络及其安全有关的包括法律、行政法规、部门规章及规范性政策文件在内的法律政策体系逐渐形成，公安部、国家安全部、工业和信息化部、国家保密局、国家密码管理局、国家质量监督检验检疫总局、文化部、国家工商行政管理总局、国务院新闻办公室、国家版权局等部门在各自的领域发挥了重要作用，一大批相关法律法规先后出台，如《计算机信息网络国际联网安全保护管理办法》(公安部 1997 年)、《计算机信息系统安全专用产品检测和销售许可证管理办法》（公安部 1997 年）、《计算机信息系统保密管理暂行规定》（国家保密局 1998 年）、《金融机构计算机信息安全保护工作暂行规定》（公安部、中国人民银行 1998 年）、《商用密码管理条例》（国家密码管理局 1999 年）和《计算机信息系统国际联网保密管理规定》（国家保密局 2000 年）等。

2000 年 12 月 28 日，全国人民代表大会常务委员会颁布《关于维护互联网安全的决定》，规定了一系列禁止利用互联网从事的危害国家、单位和个人合法权益的活动，显示了我国更加重视网络及互联网的安全，也更加重视信息内容的安全，标志着我国以法律规范网络的开始。围绕互联网管理，国务院出台了《互联网信息服务管理办法》，国务院新闻办公室和信息产业部联合发布了《互联网站从事登载新闻业务管理暂行办法》等相关法律法规。

2003 年《国家加强信息安全保障的管理意见》的出台标志着我国信息安全法制建设进一步深化和发展，把信息安全提到了促进经济发展、维护社会稳定、保障国家安全、加强精神文明建设的高度。它明确指出：要重点保护基础信息网络和关系国家安全、经济命脉、社会稳定等方面的重要信息系统，抓紧建立信息安全等级保护制度，制定信息安全等级保护的管理办法和技术指南。

2004 年公安部、国家保密局、国家密码管理委员会办公室、国务院信息化工作办公室联合颁布《关于信息安全等级保护工作的实施意见》，明确信息安全等级保护制度及其相应工作要求。2006 年上述部门联合颁布《信息安全等级保护管理办法（试行）》，开始具体构建信息安全等级保护制度。

以上这些法律法规文件构成了我国信息安全等级保护的基本法律框架。

2004 年，《互联网新闻信息服务自律公约》《互联网站禁止传播淫秽、色情等违法和不良信息自律规范》《互联网搜索引擎服务商抵制淫秽、色情等违法和不良信息自律规范》发布，进一步规范了互联网信息服务。2004 年 8 月 28 日，第十届全国人民代表大会第十一次会议通过了《中华人民共和国电子签名法》，并于 2005 年 4 月 1 日起实施，标志着我国信息安全建设的法制化进程向前迈出了重要一步。2004 年 12 月 11 日，国家密码管理局发布《商用密码科研管理规定》《商用密码产品生产管理规定》和《商用密码产品销售管理规定》，对商用密码进行管理，以保护公民和组织的合法权益，维护国家信息安全和利益。

2005 年，为适应形势发展的需要，有关部委出台了一批涉及信息安全的部门规章。信息产业部发布《电子认证服务管理办法》《非经营性互联网信息服务备案管理办法》和《互联网 IP 地址备案管理》；国家密码管理局制定了《电子认证服务密码管理办法》；国家版权局、信息产业部发布了《互联网著作权行政保护办法》；国务院新闻办、信息产业部发布了《互联网新闻信息服务管理规定》；公安部发布了《互联网安全保护技术措施规定》，2006 年 3 月 1 日起实施，与《计算机信息网络国际联网安全保护管理办法》相配套，从保障和促进我国互联网发展出发，对互联网服务机构和联网单位落实安全保护技术措施提出了明确的要求，对提高互联网的安全防护能力具有重要意义。

2006年2月20日，信息产业部颁布《互联网电子邮件服务管理办法》，于同年3月30日起施行。该办法规定公民使用互联网电子邮件服务的通信秘密受法律保护。2006年5月10日，国务院第135次常务会议通过了《信息网络传播权保护条例》，同年7月1日起施行，该条例以著作权法为立法依据，首次对我国网络合理使用与法定许可做出了明确规定，进一步完善、健全了对信息网络传播权的保护制度。

为加快推进信息安全工作，国务院信息化办公室负责牵头组织起草工作，《信息安全条例》的研究和起草工作正式启动。2006年12月，形成了《信息安全条例》（送审稿），送交国务院审查。《信息安全条例》的制定有利于推动信息安全法律法规建设，特别是对信息安全法的研究制定发挥了积极作用，对构筑国家信息安全法律法规体系具有重要意义。2006年以后，信息安全法律法规出台较少，但针对性越来越强，同时也从以往法律法规出发，根据新要求做了修订。

2007年3月，为了规范商用密码产品使用行为，国家密码管理局发布《商用密码产品使用管理规定》和《境外组织和个人在华使用密码产品管理办法》。2007年6月，为加快推进信息安全等级保护，规范信息安全等级保护管理，提高信息安全保障能力和水平，维护国家安全、社会稳定和公共利益，保障和促进信息化建设，公安部、国家保密局、国家密码管理局、国务院信息工作办公室联合发布《信息安全等级保护管理办法》。2009年，第十一届全国人民代表大会常务委员会第七次会议表决通过了《中华人民共和国刑法修正案》（七），修正了新型计算机犯罪行为的界定和内容描述，对于惩治网络“黑客”的违法犯罪行为增加了相关条款。

2010年1月，为了加强对通信网络安全的管理，提高通信网络安全防护能力，保障通信网络安全畅通，工业和信息化部发布了《通信网络安全防护管理办法》。2010年3月，国务院国有资产监督管理委员会发布《中央企业商业秘密保护暂行规定》，为中央企业商业秘密保护提供了重要法律依据。2010年10月1日开始实施的《中华人民共和国保守国家秘密法》，经过了第14次修订，总结了多年以来保密工作和立法工作的经验，为适应信息化时代的需要，提出了许多具体而且可操作性强的要求。根据其规定，国务院发布了《中华人民共和国保守国家秘密法实施条例》，自2014年3月1日起施行。

2012年12月28日，第十一届全国人民代表大会常务委员会第十三次会议通过并实施《全国人民代表大会常务委员会关于加强网络信息保护的决定》，目的是为了保护信息安全，保障公民、法人和其他组织的合法权益，维护国家安全和社会公共利益。2013年1月，国务院修订并发布了《计算机软件保护条例》和《信息网络传播权保护条例》。自“棱镜门”事件的催化及中央网络安全和信息化小组成立，网络信息安全已上升成为国家战略，我国即将推出网络安全审查制度，对关系国家安全和公共利益的系统使用的重要技术产品和服务进行网络安全审查。

2015年7月1日，我国正式颁布《国家安全法》，其中要求：国家加强自主创新能力建设，加快发展自主可控的战略高新技术和重要领域核心关键技术，加强知识产权的运用、保护和科技保密能力建设，保障重大技术和工程的安全；国家建设网络与信息安全保障体系，提升网络与信息安全保护能力，加强网络和运维的创新研究和开发应用，实现网络和信息核心技术、关键基础设施和重要领域信息系统及数据的安全可控。2015年推出的《网络安全法》征求意见稿从保障网络产品和服务安全，保障网络运行安全、数据安全、信息安全等方面进行具体的规范要求。

3.1.2　与我国信息安全密切相关的法律法规

经过二十多年的发展，我国现行法律法规中，与信息安全有关的已有近百部，它们涉及网络与信息系统安全、信息内容安全、信息安全系统与产品、保密及密码管理、计算机病毒与危害性程序防治、金融等特定领域的信息安全、信息安全犯罪制裁等多个领域。在文件形式上，有法律、有关法律问题的决定、司法解释及相关文件、行政法规、法规性文件、部门规章及相关文件、地方性法规与地方政府规章及相关文件多个层次。

以下汇总适用于安全服务相关信息安全法律法规，从不同侧重点介绍与我国安全服务密切相关的法律法规。

1. 全面规范信息安全的法律法规

包括《中华人民共和国计算机信息系统安全保护条例》(1994)、《信息安全等级保护管理办法》(2007)等法规；也包括《广东省计算机信息系统安全保护管理规定》(2003)、《重庆市计算机信息系统安全保护条例》(2006)等地方法规。

其中，1994年2月发布实施的《中华人民共和国计算机信息系统安全保护条例》是我国第一部涉及计算机信息系统安全的行政法规，它确定了公安部主管全国计算机信息系统安全保护工作的职能，其规定的计算机信息系统的建设和使用、安全防护、计算机机房及其环境管理、国际联网备案、计算机信息系统使用单位的安全报告、有害数据的防治管理、安全专用产品销售许可证管理等计算机信息系统安全保护的9项制度，是公安机关从20世纪80年代初期开始在全社会开展计算机安全宣传、管理、查处等多年工作经验的总结。

2. 侧重于互联网安全的法律法规

包括《中华人民共和国计算机信息网络国际联网管理暂行规定》(1996)、《全国人民代表大会常务委员会关于维护互联网安全的决定》(2000)、《全国人民代表大会常务委员会关于加强网络信息保护的决定》（2012）；也包括《计算机信息网络国际联网安全保护管理办法》（1997）、《电信网间互联管理暂行规定》（1999）、《关于互联网中文域名管理的通告》（2000）、《互联网站从事登载新闻业务管理暂行规定》（2000）、《互联网安全保护技术措施规定》（2005）、《通信网络安全防护管理办法》（2010）、《信息网络传播权保护条例》（2013）等部门规章；还有地方法规如《南宁市电子政务信息及网络安全管理办法（试行）》（2005）等。

1997 年 12 月由国务院批准、公安部颁布的《计算机信息网络国际联网安全保护管理办法》是我国第一部全面调整互联网安全的行政法规。它所规定的计算机信息网络国际联网安全保护 4 条禁则和 6 项安全保护责任，不仅在我国互联网迅速发展初期起到了重要的保障作用，而且对后续有关信息网络安全的法规或规章的出台起到了重要的指导作用。

2000 年 12 月，全国人大常委会通过的《关于维护互联网安全的决定》，系统总结了网络违法和犯罪的典型行为。对于保障互联网的运行安全，维护国家安全和社会稳定，维护社会主义市场经济秩序和社会管理秩序，保护公民、企业和其他组织的合法权益具有重大意义，是中国网络安全立法的标志性法规。

3. 侧重于信息安全系统与产品的法律法规

包括《中华人民共和国产品质量认证管理条例》（2003）、《计算机信息系统安全专用产品检测和销售许可证管理办法》（1997）、《软件产品管理办法》（2009）、《计算机软件保护条例》（2013）等。

4. 侧重于保密的法律法规

包括《中华人民共和国保守国家秘密法》（2010）、《中华人民共和国保守国家秘密法实施条例》（2010）等法律；也包括《计算机信息系统保密暂行规定》（1998）、《计算机信息系统国际联网保密规定》（2000）、《农业部计算机信息网络系统安全保密管理暂行规定》（1997）、《关于加强新技术产品使用保密管理的通知》（2010）等部门规章。

5. 侧重于密码管理及电子认证的法律法规

包括《商用密码管理条例》（1999）、《中华人民共和国电子签名法》（2004）等法规；也包括《商用密码产品销售管理规定》（2005）、《电子认证服务管理办法》（2005）、《电子认证服务密码管理办法》（2005）、《商用密码产品使用管理规定》（2005）、《境外组织和个人在华使用密码产品管理办法》（2005）等部门规章；还包括《海南省数字证书认证管理试行办法》（2001）、《上海市数字认证管理办法》（2002）、《玉林市电子政务系统密钥管理办法（试行）》（2005）等地方法规或规章。

2004 年公布的《中华人民共和国电子签名法（草案）》（以下简称《电子签名法》），

于 2005 年 4 月 1 日起施行，共 5 章 36 条。该法的目的是“为了规范电子签名行为，确立电子签名的法律效力，维护有关方面的合法权益”，并对法律所涉及的“电子签名”做出明确规定：数据电文中以电子形式所含、所附用于识别签名人身份并标明签名人认可其中内容的数据。电子政务的发展首先离不开网络信任，《电子签名法》的颁布使网络信任方面的问题得到根本上的改善。

6. 侧重于计算机病毒与危害性程序防治的法律法规

包括《计算机病毒防治管理办法》（2000）等部门规章；也包括《北京市计算机信息系统病毒预防和控制管理办法》（1994）、《天津市预防和控制计算机病毒办法》（2002）等地方法规或规章。

7. 侧重于特定领域信息安全的法律法规

包括《金融机构计算机信息安全保护工作暂行规定》（1998）、《铁路计算机信息系统安全保护办法》（2003）、《证券期货业信息安全保障管理暂行办法》（2005）等部门规章；也包括《广东省电子政务信息安全管理暂行办法》（2003）等地方法规或规章。

8. 侧重于信息服务的法律法规

包括《互联网信息服务管理办法》（2000）、《互联网电子公告服务管理规定》（2000）、《互联网出版管理暂行规定》（2002）、《政府信息公开条例》（2007）；也包括有关域名管理方面的法规如《互联网络域名注册实施细则》（1997）、《中国互联网络域名管理办法》（2004）、《中国互联网络信息中心域名争议解决办法》（2006）等。

2000 年 9 月，原信息产业部发布的《互联网信息服务管理办法》对互取网信息服务进行了明确分类，确定了相关重要部门的监管职责及违规者的法律责任。2001 年 10 月，原信息产业部发布的《互联网电子公告服务管理规定》界定了电子公告的内容，规范了公告信息发布行为，以及电子公告服务提供者的义务和法律责任；2002 年 8 月生效的《互联网出版管理暂行规定》规定如果网络登载的信息不真实、不公平或侵害个人或组织的合法权利，信息发布人须承担相应的法律责任。

《政府信息公开条例》（以下简称《条例》）于 2008 年 5 月 1 日起施行。《条例》制定的目的是为了保障公民、法人和其他组织依法获取政府信息，提高政府工作透明度，促进依法行政，充分发挥政府信息对人民群众生产、生活和经济社会活动的服务作用。《条例》分总则、公开的范围、公开的方式和程序、监督等。

9. 侧重于信息安全监管的法律法规

包括《上海市信息系统安全测评管理办法》（2004）等地方法规或规章。

10. 侧重于信息安全犯罪处罚的法律法规

主要是我国刑法第二百八十五条、二百八十六条、二百八十七条等相关规定。

3.2 信息安全标准

标准是为了在一定范围内获得最佳秩序，对活动或其结果规定共同的和重复使用的规则、导则或特性的文件，该文件经协商一致并由一个公认的机构批准。安全标准是确保有关信息安全的产品和系统在设计、研发、生产、建设、使用、测评中解决其一致性、可靠性、可控性、先进性和符合性的技术规范、技术依据。安全标准对于解决信息安全问题有重要的支撑作用，也是保护国家利益、促进产业发展的一种重要手段，对信息安全工作的开展、信息安全策略的实施以及信息安全产品的研究都具有指导作用。

3.2.1 我国信息安全标准发展历程

我国信息安全标准化工作最早可追溯到 20 世纪 80 年代。回顾我国三十多年的信息安全标准化发展经历，可以简单分为两个阶段。第一个阶段是从最开始到 2002 年，这期间信息安全还没有引起人们的高度重视，标准化工作都是由各部门和行业根据行业业务需求分别制定，没有统筹规划和统一管理，各部门相互之间缺少沟通和交流。第二个阶段是 2002 年以后我国成立全国信息安全标准化技术委员会，全面规划和管理我国信息安全国家标准。

早在 1984 年 7 月，我国就组建了数据加密标准化技术委员会，并于 1985 年发布第一个有关信息安全方面的标准。1997 年 8 月，数据加密标准化技术委员会改组成全国信息技术标准化技术委员会的信息技术安全分技术委员会，负责制定信息安全的国家标准，本着积极采用国际标准的原则，转化了一批国际信息安全基础技术标准，为我国信息安全标准化工作奠定了初步基础。在其推动下，公安部、安全部、国家保密局、国家密码管理委员会（现国家密码管理局）和军队有关部门等参与制定了一批信息安全的国家或行业标准，为推动我国信息安全技术在各行业的应用和普及发挥了积极作用。其标准系列编号主要有 GB、GB/T、GJB、GA、YD、BMB 等。我国国家标准的代码中，GB 表示国家强制标准，GB/T 表示国家推荐标准，GB/Z 表示国家标准化指导性技术文件，GA 表示由公安部科技司制定的公共安全行业标准，GJB 表示国家军用标准，YD 表示通信行业标准，BMB 表示国家保密标准。

2002 年 4 月，国家标准化管理委员会发文，在全国信息技术标准化技术委员会的信息技术安全分技术委员会的基础上，成立全国信息安全标准化技术委员会（以下简称“信息安全标委会”，委员会编号为 TC260），信息安全标委会的成立标志着我国信息安全标准化工作进入“统筹规划，协调发展”的新时期。信息安全标委会作为国标委直属委员会，是专门从事信息安全标准化的技术工作组织，负责全国信息安全技术、安全机制、安全管理、安全评估等领域的标准化工作。信息安全标委会制定的相关国家标准基本形成了我国信息安全标准体系，为我国信息安全保障体系建设提供了强有力支持。

3.2.2 信息安全相关标准

在 CISAW《信息系统安全运维服务》人员认证中，参照的相关信息安全标准主要有：

《信息技术 服务管理 第 1 部分：服务管理体系要求》(ISO/IEC 20000—1:2011)

《信息技术 服务管理 第 2 部分：服务管理系统的应用指南》(ISO/IEC 20000—2:2012)

《信息技术 安全技术 信息技术安全性评估检测》(GB/T 18336—2008)

《信息安全技术 信息系统通用安全技术要求》(GB/T 20271—2006)

《信息安全技术 信息系统安全管理要求》(GB/T 20269—2006)

《信息安全技术 信息安全风险评估规范》(GB/T 20984—2007)

《信息安全事件分类分级指南》(GB/Z 20986—2007)

《信息技术 安全技术 信息安全管理实用规则》(GB/T 22081—2008)

《信息技术 安全技术 信息安全管理体系要求》(GB/T 22080—2008)

3.2.2.1 基础标准

基础标准是运维安全标准体系在开发过程中所需要用到的最基本的标准及技术规范，主要包括术语、体系、模型、框架、密码技术等标准，为电子政务安全提供通用的语言和抽象系统构架。表 3-1 列出了主要安全基础标准。在国际标准代码中，ISO 是由国际标准组织制定的国际标准，IEC 是由国际电工委员会制定的标准，CISPR 是由国际无线电干扰特别委员会制定的标准。

表 3-1 安全基础标准

类别	标准编号	标准名称	对应的国际标准
术语	GB/T 5271.8—2001	信息技术词汇第 8 部分：安全	ISO/IEC 2382—8
术语	GB/T 25069—2010	信息安全技术 术语	
体系	GB/T 9387.2—1995	信息处理系统 开放系统互连 基本参考模型 第 2 部分：安全体系结构	ISO 7498—2:1989
模型	GB/T 17965—2000	信息技术 开放系统互连高层安全模型	ISO/IEC 10745：1995
模型	GB/T 18237.1—2000	信息技术 开放系统互连通用高层安全 第 1 部分：概述、模型和记法	ISO/IEC 115861：1996
模型	GB/T 18237.2—2000	信息技术开放系统互连通用高层安全 第 2 部分：安全交换服务元素(SESE) 服务定义	ISO/IEC 11586—2：1996

续表

类别	标准编号	标准名称	对应的国际标准
模型	GB/T 18237.3—2000	信息技术 开放系统互连 通用高层安全 第3部分 交换服务元素协议规范	ISO/IEC 11586—3:1996
模型	GB/T 18237.4—2003	信息技术 开放系统互连 通用高层安全 第4部分 保护传送语法规范	ISO/IEC 11586—4:1996
模型	GB/T 18231—2000	信息技术 低层安全模型	ISO/IEC 13594：1996
模型	GB/T 17963—2000	信息技术 开放系统互连网络层安全协议	ISO/IEC 11577：1995
模型	GB/Z19717—2005	基于多用途互联网邮件扩展(MIME)的安全报文交换	
模型	GA/T 709—2007	信息安全技术信息系统安全等级保护基本模型	
框架	GB/T 16264.8—2005	信息技术 开放系统互连 目录第8部分：公钥和属性证书框架	ISO/IEC 9594—8
框架	GB/T 18794.4—2003	信息技术 开放系统互连 开放系统安全框架 第4部分:抗抵赖框架	ISO/IEC 10181—4:1997
框架	GB/T 18794.6—2003	信息技术 开放系统互连 开放系统安全框架 第5部分：机密性框架	ISO/IEC 10181—5:1996
框架	GB/T18794.7—2003	信息技术 开放系统互连 开放系统安全框架 第6部分：完整性框架	ISO/IEC 10181—6:1996
框架	GB/T 18794.5—2003	信息技术 开放系统互连 开放系统安全框架 第7部分：安全审计和报警框架	ISO/IEC 10181—7:1996
框架	GA/T 708—2007	信息安全技术 信息系统安全等级保护体系框架	
密码技术	GB/T 17964—2008	信息安全技术 分组密码算法的工作模式	ISO/IEC 10116:1997
密码技术	GB/T 18238.1—2000	信息技术 安全技术 散列函数 第1部分:概述	ISO/IEC 10118:1994

3.2.2.2 技术与机制标准

技术与机制标准包括标示、鉴别、授权、电子签名、物理安全技术等方面的标准。其中，标示、鉴别与授权构成一条技术线索，是安全系统不可或缺的部分。与这条主线相关的标准还包括基础设施标准——PKI/PMI系列标准、电子签名标准等，这些标准与标识、鉴别与授权标准体系互相依存，表3-2列出了其主要安全技术与机制标准。

表 3-2 安全技术与机制标准

类别	标准编号	标准名称	对应国际标准
数字签名	GB/T 15851—1995	信息技术 安全技术 带消息回复的数字签名方案	ISO/IEC 9796:199
数字签名	GB/T 17902.1—1999	信息技术 安全技术 带附录的数字签名 第1部分:概述	ISO/IEC 14888—1:1998
数字签名	GB/T 17902.2—2005	信息技术 安全技术 带附录的数字签名 第2部分:基于身份的机制	ISO/IEC 14888—2:1999
数字签名	GB/T 17902.3—2005	信息技术 安全技术 带附录的数字签名 第3部分:基于证书的机制	ISO/IEC 14888—3:1998
数字签名	GB/T 25061—2010	信息技术 安全技术 公钥基础设施 XML 数字签名语法与处理规范	
数字签名	GB/T 25064—2010	信息安全技术 公钥基础设施电子签名格式规范	
实体鉴别技术	GB/T 15843.1—2008	信息技术 安全技术 实体鉴别 第1部分:概述	ISO/IEC 9798—1:1997
实体鉴别技术	GB/T 15843.2—2008	信息技术 安全技术 实体鉴别 第2部分:采用对称加密算法的机制	ISO/IEC 9798—2:1999
实体鉴别技术	GB/T 15843.3—2008	信息技术 安全技术 实体鉴别 第3部分:用非对称签名技术的机制	ISO/IEC 9798—3:1998
实体鉴别技术	GB/T 15843.4—2008	信息技术 安全技术 实体鉴别 第4部分:采用密码校验函数的机制	ISO/IEC 9798—4:1999
实体鉴别技术	GB/T 15843.5—2005	信息技术 安全技术 实体鉴别 第5部分:使用零知识技术的机制	ISO/IEC 9798—5:1999
实体鉴别技术	GB/T 25062—2010	信息技术 安全技术 鉴别与授权基于角色的访问控制模型与管理规范	
完整性技术	GB15852.1—2008	信息技术 安全技术 消息鉴别码 第1部分:采用分组密码的机制	ISO/IEC 9797—1:1999
抗抵赖技术	GB/T 17903.1—2008	信息技术 安全技术 抗抵赖 第1部分:概述	ISO/IEC 13888—1:2004
抗抵赖技术	GB/T 17903.2—2008	信息技术 安全技术 抗抵赖 第2部分:使用对称技术的机制	ISO/IEC 13888—2:1998
抗抵赖技术	GB/T 17903.3—2008	信息技术 安全技术 抗抵赖 第3部分:使用非对称技术的机制	ISO/IEC 13888—3:1997
物理安全技术	GB/T 9361—2011	计算机场地安全要求	
物理安全技术	GB/T 2887—2011	计算机场地通用规范	
物理安全技术	GB 50174—2008	电子信息系统机房设计规范	

续表

类别	标准编号	标准名称	对应国际标准
物理安全技术	GB 50462—2008	电子信息系统机房施工及验收规范	
物理安全技术	GB 9254—2008	信息技术设备的无线电干扰限值和测量方法	CISPR 22:1997
物理安全技术	GB/T 17618—2015	信息技术设备抗扰度限值和测量方法	CISPR 24:1997
物理安全技术	GB 4943.1—2011	信息技术设备安全第1部分:通用要求	IEC 950:2005
物理安全技术	GB 4793.1—2007	测量、控制和实验室用电气设备的安全要求　第1部分:通用要求	IEC 6100—1:2001
物理安全技术	GB/T 17625.1—2012	电磁兼容限值谐波电流发射限值(设备没相输入电流16A)	IEC 6100—3—2:2001
物理安全技术	GB 17625.2—2007	电磁兼容限值对没相额定电流≤16A且无条件接入的设备在公用低压供电系统中产生的电压变化、电压波动和闪烁的限制	IEC 6100—3—3:2005
物理安全技术	GB/T 17625.3—2000	电磁兼容限值对额定电流大于16A的设备在低压供电系统中产生的电压波动和闪烁的限制	IEC 6100—3—5:1994
物理安全技术	GB/T 17626.11—2008	电磁兼容试验和测量技术电压暂降、短时中断和电压变化的抗扰度试验	IEC 6100—4—11:2004
物理安全技术	GB/T 21052—2007	信息技术安全技术信息系统物理安全技术要求	
PKI/PMI	GB/T 19713—2005	信息技术安全技术公钥基础设施在线证书状态协议	
PKI/PMI	GB/T 25059—2010	信息技术技术安全技术公钥基础设施简易在线证书状态协议	
PKI/PMI	GB/T 19714—2005	信息技术安全技术公钥基础设施PKI　组件最小互操作规范	
PKI/PMI	GB/T 19771—2005	信息技术安全技术公钥基础设施数字证书格式	
PKI/PMI	GB/T 20518—2006	信息技术安全技术公钥基础设施证书管理协议	
PKI/PMI	GB/T 20520—2006	信息技术安全技术公钥基础设施时间戳规范	
PKI/PMI	GB/T 25055—2010	信息技术安全技术公钥基础设施安全支撑平台技术框架	
PKI/PMI	GB/T 20519—2006	信息技术安全技术权限管理中心技术规范	
PKI/PMI	GB/T 26855—2011	信息技术安全技术公钥基础设施证书策略与认证业务声明框架	

3.2.2.3 管理标准

管理标准就是针对管理方面的规范工作。它主要应用于组织层面,规范组织的信息安全制度,规范治理机制和治理结构,保证信息安全战略与组织业务目标一致,包括管理基础标准、管理要素标准、管理支撑技术标准和工程与服务管理标准。主要的安全管理标准如表 3-3 所示。

表 3-3 安全管理标准

标准编号	标准名称	对应国际级标准
GB/T 17143.7—1997	信息技术 开放系统互连 系统管理第 7 部分:安全报警报告功能	ISO/IEC 10164—7:1992
GB/T 17143.8—1997	信息技术 开放系统互连 系统管理第 8 部分:安全审计跟踪功能	ISO/IEC 10164—8:1993
GB 17859—1999	计算机信息系统安全保护等级划分准则	
GB/T 22239—2008	信息安全技术 信息系统安全等级保护基本要求	
GB/T 22240—2008	信息安全技术 信息系统安全保护等级定级指南	
GB/T 25028—2010	信息安全技术 信息系统安全等级保护实施指南	
GB/T 19715.1—2005	信息技术 信息技术安全管理指南 第 1 部分:信息技术安全概念和模型	ISO/IEC TR 13335—1:1996
GB/T 19715.2—2005	信息技术 信息技术安全管理指南 第 2 部分:管理和规划信息技术安全	ISO/IE CTR 13335—1:1996
GB/T 19716—2005	信息技术 信息安全管理使用规则	ISP/IEC 17799:2000
GB/T 20269—2006	信息安全技术 信息系统安全管理要求	
GB/T 20282—2006	信息安全技术 信息系统工程管理要求	
GB/T 22080—2008	信息技术 安全技术 信息安全管理体系要求	ISO/IEC 27001:2005
GB/T 22081—2008	信息技术 安全技术 信息安全管理使用规则	ISO/IEC 27002:2005
GB/T 20984—2007	信息安全技术 信息安全风险评估规范	
GB/T 20988—2007	信息安全技术 信息系统灾难恢复规范	
GB/Z 20986—2007	信息安全技术 信息安全事件分类分级指南	
GB/T 20285—2007	信息技术 安全技术 信息安全事件管理指南	

3.2.2.4 应用标准

应用类标准主要是指运维中各个领域中的具体安全标准,这部分标准在整个运维安全标准体系中占有非常重要的地位,其主要内容包括安全测试评估类标准、应用产品与应用系统安全标准及保密标准,如表 3-4 所示。

表 3-4　安全应用类标准

类别	标准编号	标准名称	对应的国际标准
测试评估	GB/T 18336.1—2008	信息技术 安全技术 信息技术安全性评估准则　第1部分:简介和一般模型	ISO/IEC 15048.1:2005
测试评估	GB/T 18336.2—2008	信息技术 安全技术 信息技术安全性评估准则　第2部分:安全功能要求	ISO/IEC 15048.2:2005
测试评估	GB/T 18336.3—2008	信息技术 安全技术 信息技术安全性评估准则　第3部分:安全保证要求	ISO/IEC 15048.3:2005
测试评估	GB/T 20274.1—2006	信息技术 安全技术 信息系统安全保障评估框架　第1部分:简介和一般模型	
测试评估	GB/T 20274.2—2008	信息技术 安全技术 信息系统安全保障评估框架　第2部分:技术保障	
测试评估	GB/T 20274.3—2008	信息技术 安全技术 信息系统安全保障评估框架　第3部分:管理保障	
测试评估	GB/T 20274.4—2008	信息技术 安全技术 信息系统安全保障评估框架　第4部分:工程保障	
测试评估	GB/T 28448—2012	信息安全技术 信息系统安全等级保护测评要求	
测试评估	GB/T 30270—2013	信息技术 安全技术 信息技术安全性评估方法	ISO/IEC 18045:2005
产品/系统	GB/T 17900—1999	网络代理服务器的安全技术要求	
产品/系统	GB/T 18019—1999	信息技术 包过滤安全设备安全技术要求	
产品/系统	GB/T 18020—1999	信息技术 应用及安全设备安全技术要求	
产品/系统	GB/T 18018—2007	信息安全技术路由器安全技术要求	
产品/系统	GA/T 681—2007	信息安全技术网关安全技术要求	
产品/系统	GA/T 683—2007	信息安全技术防火墙安全技术要求	
产品/系统	GA/T 684—2007	信息安全技术交换机安全技术要求	
产品/系统	GB/T 20008—2005	信息安全技术操作系统安全评估准则	
产品/系统	GB/T 20009—2006	信息安全技术 数据库管理系统安全评估准则	
产品/系统	GB/T 20011—2005	信息安全技术 路由器安全评估准则	
产品/系统	GB/T 20010—2005	信息安全技术 包过滤防火墙评估准则	
产品/系统	GB/Z 20283—2006	信息安全技术 保护轮廓和安全目标的产生指南	
产品/系统	GB/T 20271—2006	信息安全技术 信息系统通用安全技术要求	
产品/系统	GB/T 20273—2006	信息安全技术 数据库管理系统安全技术要求	

表 3-4（续 1）

类别	标准编号	标准名称	对应的国际标准
产品/系统	GB/T 20270—2006	信息安全技术 网络基础安全技术要求	
产品/系统	GB/T 20276—2006	信息安全技术 智能卡嵌入式软件安全技术要求(EAL4 增强级)	
产品/系统	GB/T 20278—2013	信息安全技术 网络脆弱性扫描产品安全技术要求	
产品/系统	GB/T 20280—2006	信息安全技术 网络脆弱性扫描产品测试评价方法	
产品/系统	GB/T 20275—2013	信息安全技术 网络入侵检测系统技术要求和测试评价方法	
产品/系统	GB/T 20281—2015	信息安全技术 防火墙安全技术要求和测试评价方法	
保密	BMB2—1998	使用现场的信息设备电磁泄漏发射检查测试方法和安全判据	
保密	BMB5—2000	涉密信息设备使用现场的电磁泄漏发射防护要求	
保密	BMB3—1999	处理涉密信息的电磁屏蔽室的技术要求和测试方法	
保密	BMB4—1999	电磁干扰器技术要求和测试方法	
保密	BMB6—2001	密码设备电磁泄漏发射限值	
保密	BMB7—2001	密码设备电磁泄漏发射测试方法(总则)	
保密	BMB7.1—2001	电话密码机电磁泄漏发射测试方法	
保密	BMB10—2004	涉及国家秘密的计算机网络安全隔离设备的技术要求和测试方法	
保密	BMB11—2004	涉及国家秘密的计算机信息系统防火墙安全技术要求	
保密	BMB12—2004	涉及国家秘密的计算机信息系统漏洞扫描产品技术要求	
保密	BMB13—2004	涉及国家秘密的计算机信息系统入侵检测产品技术要求	
保密	BMB15—2004	涉及国家秘密的信息系统安全审计产品技术要求	
保密	BMB16—2004	涉及国家秘密的信息系统安全隔离与信息交换产品技术要求	
保密	BMB17—2006	涉及国家秘密的信息系统分级保护技术要求	

表 3-4（续 2）

类别	标准编号	标准名称	对应的国际标准
保密	BMB18—2006	涉及国家秘密的信息系统工程监理规范	
保密	BMB20—2007	涉及国家秘密的信息系统分级保护管理规范	
保密	BMB22—2007	涉及国家秘密的计算机信息系统分级保护测评指南	
保密	BMB23—2008	涉及国家秘密的信息系统分级保护方案设计指南	

3.3 运维服务标准

3.3.1 ITIL

图 3-1 ITIL v3 框架

ITIL（Information Technology Infrastructure Library，IT 基础架构库）从复杂的 IT 管理活动中梳理出各组织所共有的最佳实践（如事件管理、问题管理、变更管理、配置管理、服务水平管理、可用性管理等），然后将这些流程规范化、标准化，明确定义各个流程的目标、范围、职能和责任、成本和效益、规划和实施过程、主要活动、主要角色、关键成功因素、绩效评价指标以及其他流程的相互关系等。自 1980 年至今，ITIL 经历了 3 个主要的版本，基于服务生命周期的 ITIL v3 整合了 v1 和 v2 的精华，并与时俱进地融入了 IT 服务管理领域当前的最佳实践，如图 3-1 所示。

3.3.2 ISO/IEC 20000

ITIL 自发布以来，一直被业界认为是 IT 服务管理领域事实上的管理标准，直到 2000 年 11 月，英国标准协会(BSI)正式发布了以 ITIL 为核心的国家标准 BS15000；随后，2005 年 5 月，ISO 从快速通道的方式批准通过了 ISO/IEC 20000 的标准决议，并于 12 月 15 日正式发布了 ISO/IEC 20000 标准。

ISO/IEC 20000:2005 作为从 ITIL 演变而来的国际标准，是当前国际 IT 服务管理最佳实践经验的重要成果(如图 3-2 所示)。该标准对于企业或组织的 IT 服务管理有重要的指导作用，可以帮助企业或组织以最快的速度接近或达到国际先进管理水平。ISO/IEC 20000 具体规定了 IT 服务管理行业向企业及其客户有效地提供服务的、一体化的管理过程以及过程建立的相关要求，帮助识别和管理 IT 服务的关键过程，保证提供有效的 IT 服务以满足客户和业务的需求。它着重于通过“IT 服务标准化”来管理 IT 问题，即将 IT 问题归类，识别问题的内在联系，然后依据服务级别协议进行计划、管理和监控，并强调与客户的沟通。ISO/IEC 20000:2005 在其正式推出的短短几年时间里，已经被来自全世界各地的企业和组织接受和认可，通过这一认证成为越来越多的企业和组织证明自己 IT 服务管理水平的重要标志。

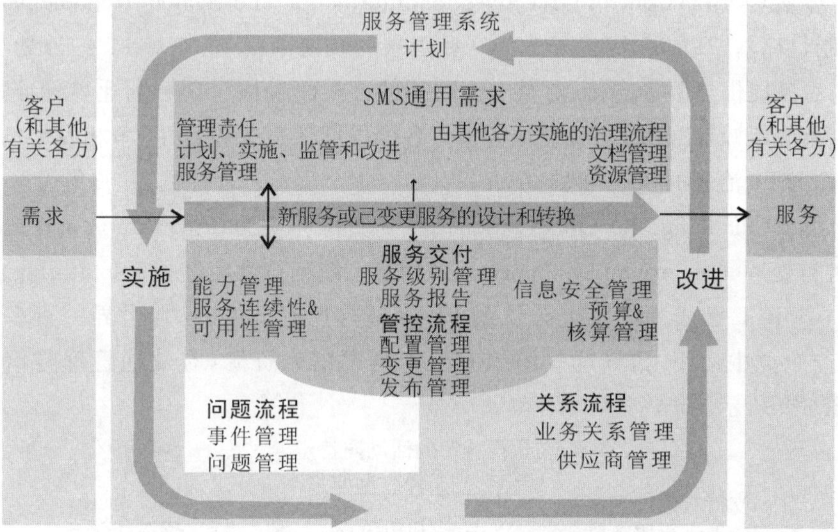

图 3-2 ISO/IEC 20000 框架

在我国，目前已以等同采用的方式，正式发布了两项 ISO/IEC 20000 标准，分别为以下 2 种：

GB/T 24405.1:2009 信息技术 服务管理 第 1 部分：规范

GB/T 24405.2:2010 信息技术 服务管理 第 2 部分：实践导则

3.3.3 ISO/IEC 27001

信息安全管理体系要求 ISO/IEC 27001 的前身为英国的 BS 7799 标准，由英国标准协会(BSI)为了系统、全面、高效地解决网络与信息安全问题于 1995 年制定了《信息安全管理体系标准》，并于 1999 年进行了修订改版，2000 年 12 月，经包括中国在内的国际标准组织成员国投票表决，目前该标准的第一部分已正式转化成为国际标准，目前的最新标准为 ISO 27001:2013，是目前是国际上具有代表性的信息安全管理体系标准和国内进行信息安全管理体系贯标的主要体系标准。具体来说，该标准内容包括：信息安全政策、信息安全组织、信息资产分类与管理、个人信息安全、物理和环境安全、通信和操作安全管理、存取控制、信息系统的开发和维护、持续运营管理等。

按照 ISO 27001 标准建立信息安全管理体系，会有一定的人力、设备和资金的投入，并需要对相关业务流程进行调整规范，如通过认证机关的审核并获得认证，企业通过认证将可以向其客户、竞争对手、供应商、员工和投资方展示信息化和信息安全相关标准化能力。

3.3.4 COBIT

成立于 1969 年的美国信息系统审计与控制协会(ISACA)，于 1996 推出了用于"IT 审计"的知识体系 COBIT(Control OBjectives for Information and related Technology，信息系统和技术控制目标)。"IT 审计"已经成为众多国家的政府部门、企业对 IT 的计划与组织、采购与实施、服务提供与服务支持、监督与控制等进行全面考核与认可的业界标准。相应地，"注册信息系统审计师"(CISA)日益成为世界各国发展信息化过程中，争相发展的新兴职业和领域。作为 IT 治理的核心模型，COBIT 包含 34 个运维过程控制，并归集为 4 个控制域：IT 规划和组织(Planning and Organization)、系统获得和实施(Acquisition and Implementation)、交付与支持(Delivery and Support)以及信息系统运行性能监控(Monitoring)。

目前，COBIT 已成为国际上公认的 IT 管理与控制框架，已在世界一百多个国家的重要组织与企业中运用，指导这些组织有效地利用信息资源，有效地管理与信息相关的风险，如图 3-3 所示。

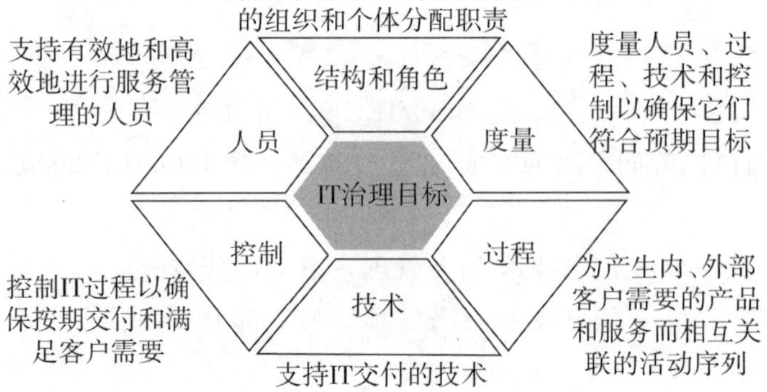

图 3-3 COBIT 框架

COBIT 是企业战略目标和运维战略目标的桥梁，使得运维目标和企业战略目标之间实现互动，该框架的意义在于：COBIT 实现了企业目标与 IT 治理目标之间的桥梁作用。

COBIT 采用成熟度模型，可以定位自己企业的 IT 管理目前在业界所处的位置，以及未来努力的方向，通俗地说就是给 IT 管理“打分”。COBIT 还提供了目前最佳案例和关键成功因素(CSF)，供企业和组织借鉴。

3.3.5 各地软件服务业行业协会

在信息化主管部门的指导下，各地软件及信息服务业相关的行业协会根据各自的运维服务产业发展现状和区域特征，制定了运维服务相关的地方标准和规范。例如，由北京信息化协会牵头，组织业内有重要影响的 IT 服务企业及本领域内有重要影响的专家，对北京市电子政务运维工作有特点的部门进行了重点调研，对本行业主流 IT 运维服务产品进行了比较分析，对行业发展方向进行了深入研讨，并在此基础上，制定了“北京市电子政务 IT 运维服务支撑系统系列规范”。

3.3.6 运维服务标准组 ITSS

为了进一步推进我国运维服务业的发展，在工业和信息化部的领导下成立了运维服务标准工作组，负责研究并建立运维服务标准(Information Technology Service Standards, ITSS)体系，制定运维服务领域的相关标准。ITSS 包括服务规划、部署实施、服务运营、持续改进和监督管理等一系列全生命周期阶段应遵循的标准，为信息系统建设、运维维护、服务管理、治理及外包等服务领域提供了重要指引。

ITSS 不同于 ISO/IEC 20000 标准和 ITIL，该标准为需方、供方、服务方提供了必要的参考与实践指南，其核心内容充分借鉴了质量管理原理和过程改进方法的精髓，是一套以运维服务标准为核心、针对运维服务的保障体系，各标准之间相互关联、相互支持，是供、需双方之间就运维服务质量和成本达成一致的标准。

3.3.6.1 基础标准

基础标准是运维服务的共性的抽象，也是整个标准体系的基础和根本如表 3-5 所示。其中：《信息技术服务分类与代码》提出了信息技术服务的定义、范围和活动类型，为 ITSS 标准体系的建立提供了范围基础；《信息技术服务指南》建立了信息技术服务的核心要素模型，诠释了 ITSS 的原理和本质特征，可以指导 ITSS 标准体系的建设和各标准的编制；《信息技术服务质量评价指标体系》及《信息技术服务从业人员能力规范》结合 ITSS 的原理和本质特征，分别提出了信息技术服务的质量管理要求及人员能力要求。

表 3-5 拟制定的基础标准

序号	标准名称	标准内容	用途
1	信息技术服务分类与代码	规定了信息技术服务的分类与代码	适用于信息技术服务的分类、管理和编目；也适用于信息技术服务的信息管理、信息交换及统一核算，供科研、规划、统计等工作使用，作为各类信息技术服务信息系统进行信息交换的准则
2	信息技术服务指南	提出信息技术服务的组成要素和生命周期，以及信息技术服务的实施方法	适用于所有从事信息技术服务工作、并计划实施 ITSS 的各类组织
3	信息技术服务从业人员能力规范	通过规定信息技术服务供方在人员方面应具备的条件，促进所有从事信息技术服务工作的企业、机构、部门向需方提供高质量的服务，适用于选择信息技术服务的需方、内部或外部服务供方(包括咨询人员)和信息技术审计人员	通过借鉴国际标准 ISO/IEC 20000 以及 ITIL 等服务管理方法论的相关思想，规范 IT 服务过程中涉及的关键人员角色(包括职责、胜任力和工作规范)，给出 IT 服务中通用的人员要求，提出可以满足业务中对人员所需的基本条件和度量方法
4	信息技术服务质量评价指标体系	建立了信息技术服务质量模型，规定了适用于各类信息技术服务的质量评价指标体系及评价方法	为信息技术服务相关方评价信息技术服务质量提供一致的、公正的方法或依据

3.3.6.2 IT 服务管控标准

IT 服务管控是指通过对 IT 服务的治理、管理和监理活动确保 IT 服务的经济有效。IT 治理制定了 IT 服务管理的目标要求，IT 服务监理对 IT 服务的服务行为和 IT 服务管理的管理行为进行监理，并将监理结果输出给 IT 治理，如表 3-6 所示。

表 3-6 IT 服务管控标准列表

序号	标准名称	标准内容	用途
1	信息技术服务服务管理第 1 部分：通用要求	通过借鉴国际标准 ISO/IEC 20000 以及 ITIL 等服务管理方法论的相关思想，规范 IT 服务过程中涉及的 5 个关键组成部分，包括人员、流程、工具、IT 服务工程监理和实施指南，给出通用的 IT 服务管理要求，提出满足客户业务需求的服务达成所需的基本条件和度量方法	通过规定 IT 服务供方在人员、工具、流程、IT 服务工程监理方面应具备的条件，促进所有从事运维服务工作的企业、机构、部门向需方提供高品质的 IT 服务

续表

序号	标准名称	标准内容	用途
2	信息技术服务服务管理第2部分：实施指南	规定IT服务管理成熟度评价模型，并从方法论角度给出IT服务管理项目实施过程中各个实施阶段（即理念导入、现状评估、流程设计、工具实施、上线推广、持续改进等）的工作目的、工作任务等实施要求	
3	信息技术服务服务管理第3部分：技术要求	给出通用的ITSM工具功能及技术要求，提出满足客户业务需求的IT服务管理所需的ITSM工具的基本功能、高级功能等。主要提出包括对服务台、事件管理、问题管理、配置管理、变更管理、发布管理、服务级别管理、可用性管理、能力管理、连续性管理等具体的功能要求，并包含ITSM工具的体系结构、功能要求、接口要求、技术要求等规范，重点对客户所需的ITSM各流程的基本功能、高级功能、可选功能要求进行说明	
4	信息技术服务治理通用要求	定义了IT服务治理的模型，规定了模型中所需要的技术、过程、人员和资源等要求	
5	信息技术服务治理规范	定义了IT服务关键利益相关方，界定了IT服务关键利益相关方之间的决策机制以及为支撑这些决策所需要的审计要素和指标	
6	信息技术服务监理规范	规定了IT服务中监理工作的目标、主要内容和监理要点，以提高信息技术服务监理水平，为运维服务质量提供保障	适用于运维服务过程中的监理工作，包括咨询设计、集成实施、运行维护、运营或者任何会交付运维服务的其他活动
7	信息技术服务监理技术要求	规定了IT服务监理工具的体系结构、功能要求、接口要求、技术要求等规范	

3.3.7　运行维护标准

按照GB/T 22032—2008的规定，信息技术运行维护（简称IT运维）是信息系统全生命周期中的重要阶段，对系统主要提供维护和技术支持以及其他相关的支持和服务。运维阶段包括对系统和服务的咨询评估、例行操作、响应支持和优化改善以及性能监视、事件和问题识别和分类，并报告系统和服务的运行情况。

通用要求是针对供方运行维护服务能力的基础要求；交付规范和应急响应规范是针对供方运行维护服务过程的规范要求；数据中心服务规范、桌面及外围设备服务规范和应用系统服务规范等是针对供方不同领域运行维护服务的规范要求。

各子标准的关系为：供方在不同的运行维护服务领域应遵循服务过程规范，不同的服务过程规范应覆盖运行维护服务领域，两部分之间是相互依赖、相互支撑的；而通用要求是对不同服务领域、不同服务过程核心能力要素的提取，最终通过关键指标对供方服务能力进行评价。计划制定的运行维护领域标准如表 3-7 所示。

表 3-7　运维领域拟制定的标准

序号	标准名称	标准内容	用途
1	信息技术服务运行维护第 1 部分：通用要求	本标准为运行维护服务组织提供了一个公共框架，规定了运行维护服务组织在人员、资源、技术和过程方面应具备的条件和能力。同时还规定了评价或选择运行维护服务供方的要求和关键指标	适用于从事运维运行维护的各类组织、需方选择和评价供方及第三方
2	信息技术服务运行维护第 2 部分：交付规范	给出了运行维护服务供需双方在服务级别协议（SLA）签署后到 SLA 结束的过程中，对交付管理的策划、实施、检查和改进方面提供原则框架，并对交付内容、交付方式和交付成果给出指导建议	除了为需方和供方提供服务交付的参考依据外，还可以为运行维护服务质量的评估、审计人员提供指南
3	信息技术服务运行维护第 3 部分：应急响应规范	规定了应急响应的基本过程和管理方法，包括应急准备、监测与预警、应急处置和总结改进等内容	适用于指导在经济建设、社会管理、公共服务以及生产经营等领域重要信息系统运行维护服务中的应急响应实施和管理，同时适用于组织为满足应急响应实施需要而开展的信息系统完善和升级改造工作
4	信息技术服务运行维护第 4 部分：数据中心规范	规定了数据中心运维服务的对象、类型、服务策略、服务内容等要求	适用于规范数据中心运维服务供方的行为，也可供需方参考使用
5	信息技术服务运行维护第 5 部分：桌面及外围设备规范	规定了桌面及外设运维服务的对象、类型、服务策略、服务内容和服务交付成果等要求	适用于规范桌面及外设运维服务供方的行为，也可供需方参考进行需求规划和成本计量
6	信息技术服务运行维护第 6 部分：应用系统服务规范	规定了应用系统服务的内容类型、服务策略、服务内容等要求	适用于规范应用系统运行维护服务供方的行为，也可供需方参考进行应用系统运行维护服务规划和管理

续表

序号	标准名称	标准内容	用途
7	信息技术服务运行维护第 7 部分：安全管控规范	规定了信息技术运行维护服务过程中需管控的要素，包括事前预防、事中监督、事后审计和持续改进等四个阶段，以保证服务的安全性	适用于服务方管理其运行维护服务过程以保证服务的安全性，也可适用于甲方或第三方对服务提供商的服务进行管控

3.3.8 服务安全标准

服务安全标准重点规定在信息技术服务提供过程中的各个阶段的安全管理要求，即事前如何预防、事中如何控制、事后如何审计服务安全，以及整个过程如何持续改进，并提出组织的服务安全治理规范，以及第三方安全审计指南，以确保信息技术服务安全可控。该领域计划重点研究制定的标准如表 3-8 所示。

表 3-8 计划研究制定的服务安全标准

序号	标准名称	标准内容	用途
1	信息技术服务运行维护第 7 部分：安全管控规范	规定了信息技术运行维护服务过程中需管控的要素，包括事前预防、事中监督、事后审计和持续改进 4 个阶段，以保证服务的安全性	适用于服务方管理其运行维护服务过程以保证服务的安全性，也可适用于甲方或第三方对服务提供商的服务进行管控
2	信息技术服务安全审计指南	为信息技术服务审计人员在安全服务的审计方面提供原则框架，规定了信息技术服务审计人员关于服务安全审计方面的要求，给出了服务安全审计的关键指标	使用者是信息技术服务安全审计人员，也为实施信息技术服务的人员、客户和信息技术服务供应商(包括咨询人员)提供指南
3	信息技术服务安全治理指南	规定了信息技术服务安全治理的基本框架，明确了安全治理的决策范围，给出了计划、构造和管理 3 个主要的组成部分和安全治理的流程质量评价指标	本标准为组织的服务安全治理提供指南

第4章 安全策略

安全运维策略定义了安全运维要实现的安全目标以及实现这些安全目标的途径和规则，是组织经过领导层批准并正式发布和实施的纲领性文件。安全策略是实现安全运维技术手段和管理措施的前提，其目标在于避免信息安全事故的发生，或将信息安全事故的影响与损失降到最低。本章首先介绍信息安全策略的相关知识，使读者对安全策略有一个基本的认识，随后详细讲述安全运维策略制定方法及安全策略的内容。

4.1 安全策略概述

安全策略是一个组织解决信息安全问题最重要的部分，它反映出组织对于现实和未来安全风险的认识水平，以及对于组织内部业务人员和技术人员安全风险的假定与处理。无论是国际上公认的信息安全保障体系模型，还是我国信息安全领域的标准，都是将信息安全策略置于核心地位。确定信息安全策略是有效实施信息安全技术手段和管理措施的前提。

通俗地说，安全策略是描述组织具有哪些重要信息资产，并说明这些信息资产如何被保护。安全策略明确组织中的最重要的信息系统资源、如何处理敏感信息、如何采用安全技术产品、用户在使用信息时应当承担什么样的责任，并对员工应具备的信息安全意识与技能进行详细描述，列出被组织禁止的行为。安全策略由组织管理层批准，在组织范围内公布，并要求相关人员能够透彻理解，是组织安全管理体系有效运作的根本保证。

4.1.1 安全策略的定义

国家标准 GB/T 22081—2008 定义“策略”是管理者正式发布的总的宗旨和方向。国家标准 GB/T 25069—2010《信息安全技术术语》对于安全策略的定义是：安全策略（Security Policy）是用于治理组织及其系统内在安全上如何管理、保护和分发资产（包括敏感信息）的一组规则、指导和实践，特别是那些对系统安全及相关元素具有影响的资产。

安全运维策略同组织的安全策略是一致的，安全策略明确了安全运维活动要实现的安全目标和实现这些安全目标的途径，是经过领导层批准、正式发布和实施的纲领性文件。安全策略为组织提供了基本的规则、指南、定义，在组织中建立一套信息资源保障标准，防止不安全行为引入风险。安全策略就像是一份工程管理计划书，描述了应该做什么，而不是如何去做，隐藏了执行的细节，是进一步制定控制规则、安全程序的基础。任何组织，无论大小都应该有信息安全策略，并有相应的监督管理措施保证安全策略能够被执行。

具体而言,安全策略为安全运维活动提供了一个框架、一个总体规划,明确了安全保护的对象范围,提供了管理安全的方法,规定组织内部的行为规范及应负的责任,保证后续的控制措施被合理执行,对安全产品的选择及安全管理实践起到指导和约束作用。遵循安全策略的各类安全保障措施将会形成一个统一的安全管理体系,使安全运维活动有切实的依据。

4.1.2 安全策略的作用

安全策略是一种对安全问题处置策略的描述。策略需要对每一个安全主题进行描述,探讨其必要性和重要性,解释清楚什么该做,什么不该做。如果组织中没有关于信息安全问题的策略,组织的成员在使用信息资源或者处理信息安全问题的时候会缺乏正确的引导,很容易造成信息的滥用,也容易被用心不良的人钻空子。对此,我们可以通过下面的例子来理解。

某公司网络信息系统规模较大,且制定了信息系统安全管理规范等规章制度。在实施某个信息系统上线调试时,由于工期进度紧,项目组人员经常需要紧急开放端口进行调试。紧急开放端口的行为往往不通过流程审批,直接口头要求安全管理员对防火墙某端口进行开放,使得项目组可以本地或者远程进行系统技改升级等检修操作,并且在整个过程中,相关操作没有安全监控和审计措施。项目如期上线后,防火墙的相应端口也停留在调试状态,非常容易导致系统敏感信息被非授权访问或者感染病毒等信息安全事件。

类似的例子很多,这说明在一个组织,如政府机关、企业、公司等组织中,信息安全事故的起因很可能来自内部安全限制的缺失,如果没有明确的安全策略,组织内部人员很容易绕过内部的各种信息安全限制。一个全面的、专业的安全策略可以避免很多上面所提到的信息安全事件的发生。如果能够在信息安全事件发生之前,制定完善的安全策略,对信息资源和信息安全设备进行管理和保护,告诉组织成员在日常的工作中什么是可以做的,什么是必须做的,什么是不能做的,哪里是安全区,哪里是敏感区,那么多数的信息安全事件是能够避免的。

安全策略的制定与正确实施对组织的安全有着非常重要的作用,不仅能促进全体员工参与到保障组织信息安全的行动中来,而且能有效地降低由于人为因素所造成的信息安全事故。信息安全策略能够保护信息资产,能够将安全责任分配到相关人员,增加全员安全意识,并指导信息安全保障工作的具体实施。

4.1.3 安全策略的层次

一个合理的安全策略可以设计成 3 个层次:顶层决策层安全策略、中层管理层安全策略和底层执行层安全策略。3 个层次的信息安全策略相辅相成、相互配合,构成完整的信息安全策略体系。

决策层安全策略是遵照相关的法律、规定，结合信息系统面临的威胁和风险。该层信息安全策略由组织中网络安全与信息化领导小组办公室牵头，汇集本组织、所属部门、相关主管单位的领导，与信息安全专家一起，根据国家相关法律法规，结合系统安全工作的实际需要共同制定，并由组织中网络安全与信息化领导小组或制度管理委员会批准发布。决策层信息安全策略主要阐明了组织对于信息安全的看法和立场、信息安全的目标和战略、信息安全所涉及的范围、管理组织构架和责任认定以及对于信息资产的管理办法等内容。

1)纲领性的安全策略：陈述本策略的目的、适用范围、信息安全的管理意图、支持目标以及指导原则，信息安全各个方面所应遵守的原则和指导性策略，制定系统信息安全目标。

2)各类管理规定、管理办法和实施规定：从纲领性的安全策略中规定的安全各个方面所应遵守的原则和指导性策略引出的具体管理规定、管理办法和实施办法。

管理层安全策略是决策层安全策略的子集和细化。管理层安全策略由组织中网络安全与信息化领导小组办公室牵头，汇集组织、所属部门信息系统相关主管部门，与专业安全管理人员一起，在分析决策层安全策略基础上，结合本系统的安全执行机制提供的安全功能，编写管理层信息安全策略。管理安全策略需要有严格的审批流程，由组织网络安全与信息化领导小组或制度管理委员会批准发布。管理层信息安全策略是信息安全策略体系的重点，阐述了组织对于特定安全问题的声明、立场、适用办法、强制要求角色、责任、认定等内容。管理层安全策略内容分为以下6类。

1)鉴别服务类策略：区分实体身份和数据来源的安全服务，系统的鉴别服务类策略。

2)访问控制服务类策略：防止对信息资源的非授权使用，系统信息资源的访问控制服务类策略。

3)保密性服务类策略：防止信息未授权的泄露，系统的数据保密性服务类策略。

4)完整性服务类策略：防止信息未授权的修改，系统的数据完整性服务类策略。

5)可用性服务类策略：信息资源可被授权实体访问和使用，系统信息资源的可用性服务类策略。

6)不可否认服务类策略：防止实体拒绝承认其参与和实施的行为，系统信息资源的不可否认服务类策略。

执行层安全策略是对管理层安全策略的翻译，依照决策层和管理层信息安全策略的具体要求落实安全技术、资源保障和管理要求。执行层安全策略与具体信息系统（设备）相关，分布在网络平台、主机系统和应用系统中，是系统各个信息网络、信息安全设备和安全事件的具体操作规则，包括系统（设备）的安全运行管理措施、设备资产使用规则、信息系统安全巡检、维护管理细则等。以下为执行层部分安全策略。

1)安全运维管理策略：包括对组织信息系统运行体系中的运行、维护部分做出相关规定，通过运行监测、巡视巡检、接入管理、权限管理、设备管理、缺陷管理、检修计划管理、检修执行管理、信息系统检测、检修分析等工作，实现对信息系统及其运行环境的管控。

2)资源设备使用策略：包括对资源使用管理的职责分工、资源使用、资源变更、资源停退、资源质量管理与统计、检查考核等工作内容做出规定。

3)应急管理策略：包括对应急预案管理、应急培训与演练、应急处置及应急资源管理等工作做出明确规定。

4)物理安全策略：包括环境安全、设备安全、媒体安全、人员的访问控制、审计记录、异常情况的追查等。

5)网络安全策略：包括网络拓扑结构、网络设备的管理、访问控制措施、安全扫描、远程访问、认证机制等。

4.2 制定安全策略方法

在理想情况下，制定策略的最佳时间应当是系统设计规划时期，与系统同步建设，在系统运维期间定期修订安全策略。实际情况下，在系统生命周期中尽早制定安全策略有利于安全管理员了解什么需要保护，以及可以采取什么措施。安全策略的制定需要明确的目的，同时还需要遵循相应的原则和要求，在制定安全策略的过程中需要强有力的组织保障和科学的操作步骤。

4.2.1 制定安全策略的原则

在制定安全策略时应遵循一些原则，主要包括如下内容。

(1) 适应性原则

安全策略是在一定条件下采取的安全措施，必须和组织的实际业务环境相结合。因此，信息安全策略的制定应充分考虑组织的实际需求。

(2) 动态性原则

安全策略是在一定时期采取的安全措施，而安全措施是防范性的、持续不断的，所以制定的信息安全策略必须能随着信息系统安全风险以及安全需求的变化而变化，应容易修改和升级。

(3) 系统性原则

安全管理是一个系统化的工作，必须考虑到组织的方方面面，因此，在制定信息安全策略时，应全面考虑信息系统的用户、设备、软件、数据以及各种情况，有计划有准备地采取相应的策略。任何一点疏漏都会造成整个信息系统安全性的降低。

(4) 最小授权原则

从信息安全的角度考虑，开放的服务越多，出现安全漏洞的可能性就会越大。因此，在设置信息安全策略时应考虑信息系统中账号设置、服务配置、主机间信任关系为信息系统正常运行所需的最小限度。

(5) 日志审计原则

为便于管理员在发生安全事件后进行追溯，通过分析及时发现安全事件源头、安全事件类型、影响范围等，在设置信息安全策略时须启用相关审计策略。

4.2.2 制定安全策略的要素

制定的安全策略应达到下述6个方面的要求。

1)安全策略应该目的明确、内容清楚、语言简明

安全策略目的明确，才能广泛地被组织成员接受与遵守，才能易于实现、易于理解。安全策略文档尽可能简洁、重点突出、阐述清楚、组织有逻辑性和界面整洁，尽量不要用一些专业术语，从而使其更具有可读性。此外，安全策略必须保证其确定性、完整性和有效性。

2)安全策略应该具有指导性

安全策略不是技术解决方案，而是一个组织描述保证信息安全途径的指导性文件，对于整个组织的信息安全工作提供全局性指导。

3)安全策略是原则性的，不涉及具体技术细节

安全策略对于整个组织提供全局性指导，为具体的安全措施和规定提供一个全局性框架，不涉及具体细节。策略不规定使用的具体技术，也不描述技术配置参数。

4)安全策略中不包含具体的执行程序

程序是执行的详细步骤，而安全策略是对程序应该实现目标的声明。有些策略会有更细化的执行说明或相关的文件资料，但是这些执行细节不应该出现在策略之中。

5)安全策略要有足够的灵活性、适应性、动态性

安全策略既要符合现实业务状态，又要能包容未来一段时间内的业务发展要求，能涵盖较大范围内的各种数据、活动和资源。同时，信息安全是动态变化的，安全技术也是不断发展的，因此信息安全策略应具有明确的时效，并要随着业务及技术等的发展进行修改和补充。

6)安全策略要可以被审核和评价

安全策略一经发布就要求被遵守，因此应能够对组织内各个部门安全策略遵守程度给出评价，通过整改环节逐步提升。

4.2.3 制定安全策略的组织

首先，制定安全策略需要得到组织领导层的明确支持与承诺，以使制定的信息安全策略与组织的业务目标一致。使制定的安全方针、政策和控制措施可以在组织的上上下下得到有效的贯彻。

其次，要在组织内组建安全策略制定小组。制定安全策略的人员必须了解组织的目标及文化，了解行业、地区和国家的有关规定和相关法律法规，熟悉信息安全技术和相关标准，了解信息安全能力和技术解决方案的限制，熟悉组织的业务和安全需求等。对于小型组织，安全策略制定小组是组织内的技术负责人和相关领导；对于大型组织则可能是由多方人员组成的工作小组，包括各级管理人员、信息安全管理员、信息安全技术人员、负责安全策略执行的管理人员、用户部门业务代表、人力资源部相关人员、法律代表等，这个小组还要负责后续的策略推进、实施、评估和修订的工作。其中管理人员应该指定一个职位足够高的人负责，是核心管理层成员，这样安全策略在组织中的实施阻力就会变小。

对于一个组织，安全策略主要有 4 个来源：

1)来自信息安全风险分析，通过分析确定安全威胁、威胁发生的可能性和潜在影响；

2)来自有关法律、法令、规定、合同等方面的信息安全需求；

3)来自贸易伙伴、合同商和服务提供商的信息安全需求；

4)来自组织信息处理的选定原则、目标和需求。

所以，安全策略小组应该覆盖理解以上安全需求的人员，这样才能保证制定的安全策略覆盖范围更广泛。

4.2.4　制定安全策略的步骤

制定安全策略的目的是保证组织信息安全，保护工作的整体性、计划性及规范性，保证各项措施和管理手段的正确实施，使信息系统及信息数据的机密性、完整性及可用性受到全面、可靠的保护。制定安全策略一般包括安全策略创建、发布、执行和维护 4 个步骤。

4.2.4.1　安全策略创建

1. 合规分析

需要围绕现行的法律法规及相应的标准，分析组织安全保障所必须遵循的法律、法规、标准、监管机构的合规要求，还要分析相应的安全保障合同及合作方的安全要求。

2. 业务分析

1)进行组织的业务分析

需要进行组织的业务分析。充分了解组织业务特征是设计信息安全策略的前提，对组织业务的了解包括对业务内容、性质、目标及其价值进行分析。确定内部信息对外开放的种类及发布方式和访问方式，确定哪些业务部分是孤立的，哪些部分是相互连接的，内部信息对外开放的种类及发布方式，系统内部人员采用什么通信方式，各个部门采用什么业务运作方式，组织成员如何访问到内部和外部信息等。

2)确定组织安全目标

首先要做的是确定要保护什么以及为什么要保护它们。通过防止和最小化安全事件的影响，保证业务持续性，使业务损失最小化，并为业务目标的实现提供保障，从而制定组织的安全目标。

3)确定安全策略范围

需要根据组织实际情况确定信息安全策略涉及的范围，安全策略可以覆盖整个组织范围内，也可以在个别部门或领域制定信息安全策略。信息安全策略应当包括的范围内容有组织的所有信息资源、设施、硬件、软件、信息、人员。要分析在所要管理的系统和网络中有哪些资源，其中哪些资源是重要的，比如硬件、软件、数据、访问、用户、连接、网络、通信等，哪些人可以使用这些资源，哪些人可能会对资源构成威胁以及如何保护这些资源。

4)进行风险评估

确定安全策略的范围后，就需要针对可能对安全策略资源构成威胁的因素进行界定，以确定可能造成信息丢失和破坏的潜在因素，确定威胁的类型。只有了解了对资源安全构成威胁的来源与类型，才能针对这些问题提出保护方法。确定针对潜在风险采取的安全保护措施的主要构成方面，制定安全存取、访问规则，明确安全控制的办法。

3. 安全策略制定

在制定安全策略之前，可以收集类似组织的安全策略、安全标准和安全管理经验，特别是安全策略执行相对成功的组织的经验，搜集经典的实践案例，以便制定出来的安全策略达到业界较好的水平。

最终，还是要按照制定安全策略的原则，依据组织自身安全策略的目标制定安全策略。安全策略的内容应该包括目标、范围、策略内容、角色责任、执行纪律、专业术语、版本历史等。安全策略要尽可能地涵盖所有的风险和控制要求，没有涉及的内容要说明原因，并阐述如何根据具体的风险和控制来决定制定什么样的安全策略。

4.2.4.2 安全策略的发布

当安全策略创建后，应当通过有效机制确保安全策略被有效发布和执行。安全策略发布除了要得到组织内各级管理层的大力支持和推动外，还必须要有合适的、可行的发布和推动手段，同时在发布前对相关人员和部门做充分培训和制度宣讲，保证每个人员都知道和了解与其相关部分的内容。

实施安全策略是一个长期、艰苦的工作，需要付出艰苦的努力，由于牵扯到信息系统使用和维护部门和绝大多数人员，可能需要改变现有的工作方式和流程，所以推行起来的阻力会相当大；同时安全策略本身可能存在缺陷，包括不切实可行、太过复杂和烦琐、部分规定有缺欠等等，这些都会导致整体策略难以落实。

4.2.4.3 安全策略的执行

当安全策略编写和批准发布之后，应当建立保障手段确保信息安全策略被有效遵守和执行，检查、考核和惩戒是最重要的保障手段。应该明确违反安全策略的行为将要承担的责任，接受哪些责任追究。

应采用监视和控制机制，对安全策略的贯彻和执行情况进行监督检查，以发现违反信息安全策略的操作行为，包括监控系统、日志审计等。一旦发现违规行为，若后果轻微，可以按照组织内部的惩戒制度进行处理；若后果严重，则需要向相关管理机构进行安全事故报告，违法人员将承担相关的行政或刑事法律责任。

4.2.4.4 安全策略的维护

随着运维日新月异的发展，对于信息和网络系统的了解和认知是不断深化的，同时一个组织的业务范围在不断扩大，目标也在不断变化，因此，没有完美无缺的安全策略，而且策略文档不能一成不变，必须接受定期审查和修订，对其中存在不足或需要改进的内容进行修订，以保证安全策略与组织信息安全目标的一致。

安全策略维护周期通常为1年，或者当发生重大安全事故、出现新的安全漏洞、组织基础结构及技术基础结构发生变更时，应对安全策略进行检查、审核和修订。审查过程中最重要部分内容的信息从风险评估或日志分析中所获得，其他业务信息及来自系统管理员和网络管理员则是从网络安全与信息化领导小组得到或系统管理员和网络管理员反馈。

安全策略的检查、审核可能会反映出原有策略的不合理之处，这就需要继续进行后续的修订和更新的过程。经过修订和更新的信息安全策略，必须经过组织内部网络安全与信息化领导小组的批准和公布，与其有关的其他文档都需要进行适当的调整，以与安全策略保持一致。

4.3 安全策略内容

安全策略就是为组织制定信息安全目标，为组织信息系统和信息安全工作提供安全基线，保障组织信息系统的安全稳定运行。本节阐述的安全策略内容是以安全运维为对象，根据安全运维所涉及的运维主体、运维活动、运维对象、运维流程及相应的安全属性来制定安全运维工作需要达到的信息安全目标。将安全运维策略划分为决策层安全策略、管理层安全策略和执行层安全策略，每层策略是相互关联和相互依存的。下面对安全运维策略内容进行逐层阐述。

4.3.1 决策层安全策略

决策层安全策略主要阐明了组织对于安全运维的看法和立场、安全运维的目标和战略、安全运维所涉及的范围、管理组织构架和责任认定以及对于信息资产的管理办法等内容，给安全运维工作提供清晰的指导方向，提高组织信息系统整体安全防护水平，实现信息安全的可控、能控、在控,保证各类信息系统的安全运营,满足国家和行业有关法律、法规的要求。安全运维决策层策略是为安全运维工作制定大方向的目标和原则,与组织的业务流程、发展战略相融合。

决策层安全策略一般有以下几点。

(1) 应根据各业务系统的重要程度以及面临的风险大小等因素决定各类信息的安全保护级别,分级保护,合理投资。

(2) 实行同步规划、同步建设、同步运行的“三同”原则,安全建设应与业务系统同步规划、同步建设、同步运行,在任何一个环节的疏忽都可能给业务系统带来危害。

(3) 实行“三分技术、七分管理”,网络与信息安全不是单纯的技术问题,需要在采用安全技术和产品的同时,重视安全管理,不断完善各类安全管理规章制度和操作规程,全面提高安全管理水平。

(4) 实行内外并重的原则,安全工作需要做到内外并重,在防范外部威胁的同时,加强规范内部人员行为和审计机制。

(5) 实行风险管理的原则,进行安全风险管理,确认可能影响信息系统的安全风险,并以较低的成本将其降低到可接受的水平,从全局上恰当地平衡安全投入与效果;同时定期开展风险评估工作,及时进行风险整改。

(6) 坚持“加强领导、明确职责、组织驱动,有效运作”的信息安全工作开展方针,加强信息安全组织体系建设。

(7) 依照“分区、分级、分域、重点控制”总体安全防护策略。合理划分安全区域和综合采用多种有效措施;针对各类信息系统及其机房、设备和软件等进行全面分级管理;进行多层和多重保护,重点防护关键性信息系统。

(8) 坚持自行保护和国家监管结合原则,对信息系统安全实行自行保护和国家保护相结合。各组织根据“谁主管、谁负责,谁运营、谁负责”的原则对信息系统安全保护负责,并接受和配合各级政府部门对信息系统的安全指导、监督和检查,形成自管、自查、自评和国家监管相结合的管理模式,提高信息系统的安全保护能力和水平,保障公司和国家信息安全。

(9) 依照“横向合作,集中力量”的原则,构建各级信息安全专家力量。集中信息安全技术能力,实现人员资源共享,提升信息安全工作水平。

(10) 加强内部人员安全管理,依据最小特权原则清晰划分岗位,在所有岗位职责中明确信息安全责任,要害工作岗位实现职责分离,关键事务双人临岗,重要岗位要有人员备份,定期进行人员的安全审查。

(11) 完善监控和重视通报及应急处理工作。构建监控、通报、安全预案和应急处理体系,实现安全信息的及时上传下达,提高信息安全事件的应急处理效率,快速消除安全隐患和风险。

(12) 坚持成熟度原则,进行国产化和适度的自主化战略。成熟的技术具有较好的可靠性和稳定性，采用新技术时要重视其成熟的程度，并应首先局部试点然后逐步推广，以减少或避免可能出现的失误；在同等技术条件下，优先选择国产产品和技术，优先选择技术可控的解决方案，优先选择可自主化的技术，提高信息安全的可控性。

4.3.2　管理层安全策略

管理层安全策略是信息安全策略的重点，阐述了组织对于安全问题的声明、立场、适用办法、强制要求角色、责任、认定等内容。管理层安全策略根据安全运维涉及的安全属性可划分为物理安全、网络安全、主机安全、应用安全、数据安全和应急响应等若干方面。

一、物理安全策略

(1) 计算机机房的建设必须遵循国家在计算机机房场地选择、环境安全、布线施工方面的标准，保证物理环境安全。

(2) 关键信息系统的服务器、主要的网络设备必须放置于计算机机房内部的适当位置，通过物理访问控制机制保证这些设备自身的安全性。

(3) 应当建立人员出入访问控制机制，严格控制人员出入计算机机房和其他重要安全区域，访问控制机制还需要能够提供审计功能，便于检查和分析。

(4) 应当指定专门的部门和人员，负责计算机机房的建设和管理工作，建立 24 小时值班制度。

(5) 建立计算机机房管理制度，对设备安全管理、介质安全管理、人员出入访问控制管理等做出详细的规定。

(6) 应当定期对计算机机房各项安全措施和安全管理制度的有效性和实施状况进行检查，发现问题，进行改进。

二、网络安全策略

(1) 必须对网络和信息系统进行安全域划分，建立隔离保护机制，并且在各安全域之间建立访问控制机制，杜绝发生未授权的非法访问现象，特别地，必须对生产网和办公网进行划分和隔离。

(2) 应当部署网络管理系统，管理网络资源和设备，实施监控网络系统的运行状态，降低网络故障带来的安全风险。

(3) 应当对关键的通信线路、网络设备提供冗余设计，防止关键线路和设备的单点故障造成通信服务中断。

(4) 应当在各安全域的边界综合部署网络安全访问措施，包括防火墙、入侵检测、VPN，建立多层次的、立体的网络安全防护体系。

(5) 应当建立网络弱点分析机制，发现和弥补网络中存在的安全漏洞，及时进行自我完善。

(6) 应当建立远程访问机制，实现安全的远程办公和移动办公。

(7) 应当指定专门的部门和人员，负责网络安全系统的规划、建设、管理维护。

(8) 应当建立网络安全系统的建设标准和相关的运营维护管理规范，在范围内指导实际的系统建设和维护管理。

(9) 管理机构应当定期对网络安全措施和安全管理制度的有效性和实施状况进行检查，发现问题，进行改进。

三、主机安全策略

(1) 应当对关键服务器主机设备提供冗余设计，防止单点故障造成网络服务中断。

(2) 应当建立主机弱点分析机制，发现和弥补系统软件中存在的不当配置和安全漏洞，及时进行自我完善。

(3) 应当建立主机系统软件版本维护机制，及时升级系统版本和补丁程序版本，保持系统软件的最新状态。

(4) 应当建立主机系统软件备份和恢复机制，在灾难事件发生之后，能够快速实现系统恢复。

(5) 可以建立主机入侵检测机制，发现主机系统中的异常操作行为，以及对主机发起的攻击行为，并及时向管理员报警。

(6) 应当指定专门的部门和人员，负责主机系统的管理维护。

(7) 应当建立主机系统管理规范，包括系统软件版本管理、主机弱点分析、主机审计日志检查和分析以及系统软件的备份和恢复等内容。

(8) 应当建立桌面系统使用管理规范，约束和指导用户使用桌面系统，并对其进行正确有效的配置和管理。

(9) 应当定期对各项系统安全管理制度的有效性和实施状况进行检查，发现问题，进行改进。

(10) 所有内部网络上的主机在联入内部网络之前，都应当安装和配置杀毒软件，并且通过管理中心进行更新，任何用户不能禁用病毒扫描和查杀功能。

(11) 所有内部网络上的操作系统都应当定期进行完整的系统扫描。

(12) 从外部介质安装数据和程序之前，或安装下载的数据和程序之前，必须对其进行病毒扫描，以防止存在病毒感染操作系统和应用程序。

(13) 第三方数据和程序在安装到内部网络的系统之前，必须在隔离受控的模拟系统上进行病毒扫描测试。

(14) 应当指定专门的部门和人员，负责网络病毒防治系统的管理维护。

(15) 应当建立桌面系统病毒防治管理规范，约束和指导用户在桌面系统上的操作行为。

(16) 应当定期对与病毒查杀有关安全管理制度的有效性和实施状况进行检查，发现问题，进行改进。

四、应用安全策略

(1) 每个内部员工具有范围内唯一的身份标识，用户在访问应用系统之前，必须提交身份标识，并对其进行认证；员工离职时，要撤销其在信息系统内部的合法身份。

（2）应当对现有的应用系统进行技术改造，使用身份管理基础设施的安全服务。

（3）每个内部员工在信息系统内部的操作行为必须被限定在合法授权的范围之内；员工离职时，要撤销其在信息系统内部的所有访问权限。

（4）应当对现有的应用系统进行技术改造，使用授权与访问控制系统提供的安全服务。

（5）应当建立专门岗位，负责用户权限管理，以及授权和访问控制系统的建设、运行、维护。

五、数据安全策略

（1）加密技术的采用和加密机制的建立应该符合国家有关的法律和规定。

（2）应当建立密钥管理体制，保证密钥在产生、使用、存储、传输等环节中的安全性。

（3）加密机制应当使用国内通过密码管理委员会审批的专用算法，其中对称密码算法的密钥长度不得低于128比特，公钥密码算法的密钥长度不得低于1024比特。

（4）应当在物理上保证所有的硬件加密设备和软件加密程序，以及存储涉密数据的介质载体的安全。

（5）在应用系统主要应用服务器中采用硬件冗余技术，避免硬件的单点故障导致服务中断。

（6）综合考虑性能和管理等因素，采用先进的系统和数据备份技术，在范围内建立统一的系统和数据备份机制，防止数据出现逻辑损坏。

（7）对应用系统采取适当的异地备份机制，使得数据备份计划具备一定的容灾能力。

（8）建立日常数据备份管理制度，对备份周期和介质保管进行统一规定。

六、应急响应策略

（1）应当建立应急响应中心，负责制定范围内的信息安全策略、完成信息系统安全事件的紧急响应、及时发布安全漏洞和补丁修补程序等安全公告、进行安全系统审计数据分析以及提供安全教育和培训。

（2）应当制订详细的安全事件的应急响应计划，包括安全事件的检测、报告、分析、追查和系统恢复等内容。

4.3.3 执行层安全策略

执行层安全策略是安全运维工作具体要求和实现的可行性目标，是指导和规范安全运维工作开展的依据。执行层安全策略根据安全运维所涉及的运维主体、运维活动、运维对象和运维流程可分为物理环境安全策略、网络平台安全策略、主机系统安全策略、应用系统安全策略、安全设施安全策略和信息数据安全策略以及应急响应安全策略、运行管理安全策略等。具体安全策略内容包括机房选择、机房环境、网络边界防护、访问控制、安全接入、设备安全、口令策略及数据备份、数据保密等。

4.3.3.1 物理环境安全策略

物理环境安全是指信息系统所处的物理环境的安全。物理安全策略的目的是:保护信息系统的网络设备、安全设备、主机系统等硬件实体和通信链路免受自然灾害、人为破坏和搭线攻击;验证用户的身份和使用权限、防止用户越权操作;确保信息系统有一个良好的电磁兼容工作环境;建立完备的安全管理制度,防止非法进入计算机控制室和各种偷窃、破坏活动的发生;保证计算机网络设备硬件自身的安全和信息系统相关硬件的安全稳定运行。虽然物理安全在信息安全控制中相对简单且容易理解,但其往往是内部人员恶意入侵的攻击链中很重要的起始环节,是内部安全控制中不可或缺的重要内容。

物理环境安全的防护目标是防止内部或外部人员通过破坏业务系统的外部物理特性以达到使系统停止服务的目的,或通过物理接触业务系统相关的硬件设施以对系统进行入侵。物理安全防护要求在信息安全事件发生时能够执行对设备物理接触行为的审核追查。

信息系统相关的硬件服务器及网络、安全设备必须存放于专用的物理机房中进行管理,以确保这些设备处于特定的物理安全防护措施的保护之下。物理环境安全策略主要包含以下内容。

一、机房场地选择

(1) 基本要求:按一般建筑物的要求进行机房场地选择。

(2) 防火要求:避开易发生火灾和危险程度高的地区,如油库和其他易燃物附近的区域。

(3) 防污染要求:避开尘埃、有毒气体、腐蚀性气体、盐雾腐蚀等环境污染的区域。

(4) 防潮及防雷要求:避开低洼、潮湿及落雷区域。

(5) 防震动和噪声要求:避开强震动源和强噪声源区域。

(6) 防强电场、磁场要求:避开强电场和强磁场区域。

(7) 防地震、水灾要求:避开有地震、水灾危害的区域。

(8) 位置要求:避免在建筑物的高层以及用水设备的下层或隔壁。

(9) 防公众干扰要求:避免靠近公共区域,如运输邮件通道、停车场或餐厅等。

二、防盗窃和破坏

(1) 将主要服务器、网络设备和安全设备放置在物理访问受限的机房范围内。

(2) 应对硬件设备或主要部件进行固定,并设置明显的、不易除去的标记。

(3) 应将通信线缆铺设在隐蔽处,如铺设在地下或管道中等。

(4) 设备或存储介质携带出工作环境时,应受到监控和内容加密。

(5) 应利用光、电等技术设置机房的防盗报警系统,以防进入机房的盗窃和破坏行为。

三、访问控制

(1) 机房各出入口应安排专人值守并配置电子门禁系统,控制、鉴别和记录人员的进出情况。

(2) 没有机房管理人员的明确准许，任何记录介质、文件材料及各种被保护品均不准带出机房，磁铁、私人电子计算机或电设备、食品及饮料、香烟、吸烟用具等均不准带入机房。

(3) 严格控制进入机房的人员，并根据其访问级别授予访问权限，进入机房的来访人员应经过申请和审批流程，并限制和监控其活动范围。

(4) 应对机房划分区域进行管理，一般分为主机区、数据处理操作区、辅助区等，应根据每个工作人员的实际工作需要确定其能进入的区域。区域和区域之间设置物理隔离装置，在重要区域前设置交付或安装等过渡区域。

(5) 对外部人员或者没有访问权限的内部员工，如需进入机房，需要执行审批流程，并进行备案。

(6) 在机房内部关键位置部署监控摄像头，观察区应覆盖到全部区域，如不能，至少应包括进入机房的走道、关键业务服务器的物理控制台、应急通道等。

四、防火防水

(1) 机房及相关的工作房间和辅助房应使用符合 TJ16—1974 中规定的二级耐火等级的建筑材料；

(2) 机房应采取区域隔离防火措施，防止外部火灾进入机房，特别是在重要设备区域安装防火门、使用阻燃材料装修等。

(3) 要求设置火灾自动报警系统，包括火灾自动探测器、区域报警器、集中报警器和控制器等，能对火灾发生的部位以声、光或电的形式发出报警信号，并启动自动灭火设备、切断电源、关闭空调设备等。

(4) 机房内应当正确安装烟感和温感探测报警装置。烟雾探测器应部署在所有的关键机房内，包括部署服务器、UPS、应急发电机、空调的区域。

(5) 机房应当使用本地消防部门推荐的防火设备，包括防毒面具、小型灭火器。对于大型机房，应该根据实际需求部署大型的防火系统。

(6) 对机房工作人员进行灭火设施的使用培训，并定期进行消防演习，熟悉火灾处理流程和人员责任。

(7) 应采取措施防止机房内水蒸气结露和地下积水的转移与渗透，所有机房都应备有防水遮盖材料(如塑料布)，以便在天花板漏水的情况下保护设备。

(8) 水管安装不得穿过机房屋顶和活动地板下部，计算机设备应远离供水管道并远离供水管道的下方，以防止水管爆裂对设备造成损害。

(9) 应安装对水敏感的检测仪表或元件，对机房进行防水检测和报警。

(10) 应对机房窗户进行密封处理，防止雨水渗透。

五、空调和供应

(1) 机房供电系统应将计算机系统供电与其他供电分开，并配备应急照明装置。

（2）应在机房供电线路上配置稳压器和过电压防护设备，防止故障（电涌、高压脉冲等）对计算机设备造成破坏。

（3）机房应配备精密空调系统，以保持机房恒湿、恒温的工作环境，使机房温、湿度的变化在设备运行所允许的范围之内。

（4）机房应配置 UPS 备用电源系统，电池续航时间不少于 2 小时，以保证主要设备在断电状态下的正常运行。

（5）应设置双路市电接入，采用双路自动切换供电方式。

（6）设置冗余或并行的电缆线路为计算机系统供电。

（7）应建立备用供电系统（如备用发电机、应急供电车），以备常用供电系统停电时启用。

六、接地与防雷击

（1）应采用地桩、水平栅网、金属板、建筑物基础钢筋构建接地系统等，确保接地体良好地接地。

（2）应设置信号地与直流电源地，注意不造成额外耦合，保障去耦、滤波等的良好效果。

（3）应设置避雷针，以深埋地下、与大地良好相通的金属板作为接地点，避雷针的引线则应采用粗大的紫铜条，或者使整个建筑的钢筋自地基以下焊连成钢筋网作为“大地”与避雷针相连。

（4）应设置安全防护地与屏蔽地，采用阻抗尽可能小的良导体的粗线，以减小各种地之间的电位差。

（5）应设置交流电源地线，交流供电线应有规范连接位置的三芯线，即相线、中线和地线，并将该“地线”连通机房的地线网，以确保其安全保护作用。

七、防静电和电磁防护

（1）机房应设置交流电源地线，关键设备应采用必要的接地防静电措施，机房应采用防静电地板。

（2）应采用接地等方式防止外界电磁干扰和设备寄生耦合干扰。

（3）应采用屏蔽方法减少外部电器设备对计算机的瞬间干扰。

（4）电源线和通信线缆应隔离，避免互相干扰。

（5）在适度保护的指导思想下，对关键设备和磁介质实施电磁屏蔽。

（6）对磁带、磁盘等磁介质设备的保管存放，应注意电磁感应的影响，如使用铁制柜存放。

4.3.3.2　网络平台安全策略

网络平台面向信息系统整体支撑性网络，以及为各安全域提供网络支撑平台的网络环境设施，网络平台环境具体包括网络中提供网络连接及数据交换功能的路由、交换设备、网络基础服务设施、网络边界及网络环境等。进行网络平台安全防护的目标是防范恶意人员通过网络对信息系统进行攻击,同时阻止恶意人员对网络设备发动攻击。在安全事件发生前可以通过集中的日志审计、入侵检测事件分析等手段发现攻击意图,在安全事件发生后可以通过集中的事件审计系统及入侵检测系统进行事件追踪、事件源定位以发现实施恶意行为的人员位置或及时完善相应的安全策略防止事件再次发生。网络平台安全策略主要包含以下内容。

一、网络边界安全策略

网络边界安全防护关注如何对进出该边界的数据流进行有效的检测和控制,有效的检测机制包括基于网络的入侵检测(IDS)、对流经边界的信息进行内容过滤,有效的控制措施包括网络访问控制、入侵防护、虚拟专用网(VPN)以及对于远程用户的标识与认证等访问控制措施。

进行网络边界安全防护的目标是:使边界的内部不受来自外部的攻击,同时也用于防止恶意的内部人员跨越边界对外实施攻击,或外部人员通过开放接口、隐通道进入内部网络。在发生安全事件前期能够通过对安全日志及入侵检测事件的分析发现攻击企图,安全事件发生后可以提供入侵事件记录以进行审计追踪。

1. 网络边界访问控制

(1)应当在网络边界部署边界网络访问控制措施,并制定严格的访问控制规则;

(2)对于边界防护设备的策略违背行为应当进行日志记录,并定期进行分析处理;

(3)对于下级单位与互联网存在接口的情况,应在上级单位层面对防火墙策略进行统一集中管理;

(4)应在互联网边界防护设备上控制网络最大流量及并发连接数。

2. 远程安全接入

(1)对于远程办公及信息系统远程维护所需要建立的远程连接,应当采用 IPSes 或 SSL、VPN 等安全接入方式;

(2)对于远程接入主机应当采用网络准入控制系统等机制进行安全状态检查(如是否安装了防病毒软件、病毒特征码是否更新、是否安装了主机防火墙、是否安装了必要的操作系统补丁),满足准入控制安全要求后方可接入网络或访问资源,不满足安全要求的远程接入终端必须进行安全处理后方可允许接入;

(3)如果采用拨号方式进行远程接入,在建立拨号连接后,应当附加采用 IPSes 或 SSL 等安全机制进行信息访问;

(4)远程接入应当进行身份认证,应当在采用用户名/口令认证的基础上附加采用数字证书、动态口令等强认证机制进行身份认证;应当对口令长度、复杂度、生存周期等进行强制要求;应当制定用户登录错误锁定及会话超时断开等安全策略以保证远程接入安全;

(5)仅对必要的用户赋予远程接入权限,对于接入用户的权限应当进行严格限制,由相关负责人审批后方可开通，并依据其业务访问需求制定访问控制策略；

(6)对于第三方远程系统维护，禁止建立永久专用线路，应当采用 VPN 等按需方式进行系统连接，并进行定期审核、严格管理；

(7)应当对远程用户访问行为进行日志记录，并定期进行日志分析处理。

3.信息入侵检测

(1)应当采用入侵检测系统对流经边界的信息流进行入侵检测，入侵检测系统应当对主要的攻击行为进行检测，防止使用常用端口传输恶意信息，防止对服务器发动应用层攻击；

(2)当检测到攻击行为时，入侵检测系统应当记录攻击源 IP、攻击类型、攻击目的、攻击时间，在发生入侵事件时应能提供及时的报警信息。

4.防御隐性边界

应采用管理手段结合专用技术措施(如采用专用的防非法外联系统、采用桌面终端安全管理系统)防止内部主机非法外联，并对其行为进行定位、阻断。

二、网络设备安全策略

网络设备安全包括在基础网络及各安全域中提供网络运营支撑的路由器、交换机、无线设备等自身的安全防护，对于为各域均提供网络支撑服务的设备，按满足等级保护三级基本要求进行安全防护，各域的网络设备按该域中信息系统所属的最高等级进行安全防护。

1.安全接入控制

(1)实现对于服务器、桌面终端等进行接入控制，建议采用 802.1x 等网络准入控制手段进行认证后方可允许接入网络。

(2)应当采用 IP 与 MAC 地址绑定等手段以防止网络地址欺骗。

(3)应当制定相应的申请、审批流程以配合实现主机接入控制。

2.设备安全管理

(1)本地或远程进行设备配置管理应当以用户名/口令等方式进行身份认证，同时应当依据允许进行远程管理的 IP 地址列表进行 IP 地址认证，禁止多个管理员共享用户名/口令。

(2)应制定登录错误锁定、会话超时退出等安全策略。

(3)应实现特权用户的权限分离，如配置管理员不应拥有更改或删除操作日志的权限。

(4)应使用安全的口令策略，制定口令长度、复杂度及生存周期等规则。

(5)应采用 HTTPS、SSH 等安全远程管理方式，而不应采用 HTTP、TELNET 等非安全协议进行远程管理。

(6)如网络设备采用基于 SNMP 的网络管理系统进行监控及管理，建议使用 SNMP V3 版本。网络管理系统的 Community 不应使用 Public、Private 等默认字段。

3. 设备安全加固

网络设备可能默认存在不安全的配置，应当对配置信息根据具体情况进行安全配置修改及安全加固，如升级存在漏洞的设备操作系统文件、禁止不必要的协议响应、禁止ARP转发、设定安全的口令策略、制定会话超时自动结束策略等。

4. 安全弱点扫描

应当对网络设备定期进行弱点扫描，以发现网络设备中存在的系统漏洞及配置弱点并及时进行修补，扫描应制订相应的回退计划并在非关键业务时段进行。

5. 安全事件审计

应当采用集中日志服务器对网络设备的运行状况、异常流量、用户行为等事件进行记录。

6. 配置文件备份

应当每次更新网络设备配置信息后，定期进行配置文件备份，防止配置意外更改或丢失。

7. 处理能力

(1)应保证关键网络设备的业务处理能力具备冗余空间，保证网络带宽满足业务高峰期需要。

(2)应按照业务服务的重要次序来指定带宽分配优先级别，通过在网络设备上设定QoS策略等手段保证在网络发生拥堵的时候优先保证重要业务信息流传输畅通。

8. 设备链路冗余

应当采用硬件双机等方式保证关键网络设备、通信线路在发生故障或安全事件时的冗余可用。

4.3.3.3 主机系统安全策略

主机系统安全防护包括对服务器及桌面终端操作系统、数据库的安全防护。服务器包括业务应用服务器、网络服务器、Web服务器、文件与通信等；桌面终端是作为终端用户工作站的台式机与笔记本计算机。

保护主机系统安全的目标是采用信息保障技术确保业务数据在进入、离开或驻留服务器时保持可用性、完整性和保密性，采用相应的身份认证、访问控制等手段阻止未授权访问，采用主机防火墙、入侵检测等技术确保主机系统的安全，进行事件日志审核以发现入侵企图，在安全事件发生后通过对事件日志的分析进行审计追踪，确认事件对主机的影响以进行后续处理。主机系统安全策略主要包含以下内容。

一、服务器安全策略

信息系统服务器承载着信息系统及业务数据，对信息系统服务器的安全应当从操作系统安全和数据库安全两个层面进行分析。

操作系统安全：操作系统是承载业务应用、数据库应用的基础载体，是业务应用安全的主要防线，操作系统的安全性一旦出现问题，将对业务系统及业务数据安全造成严重威胁。关于操作系统安全，主要考虑如下安全策略。

1. 操作系统安全策略

(1)对于外网重要应用服务器可考虑采用安全操作系统。

(2)应当在操作系统层面依据操作系统厂商或专业安全组织所提供的安全列表对服务器操作系统进行安全加固。

(3)操作系统应遵循最小安装的原则，仅安装需要的组件和应用程序。

(4)应采用主机防火墙等组件进行主机网络层面的访问控制，采用主机入侵检测或入侵防护手段检测对服务器的入侵行为，入侵检测/防护系统应当能够记录入侵的源 IP、攻击类型、攻击的时间，并在发生入侵事件时进行及时报警或阻断攻击。

(5)应当在采用 Windows 系统的主机层面安装病毒防护系统，可采用集中管理的网络版病毒防护系统或服务器专用的服务器版防病毒软件。

(6)应当采用主机入侵检测系统组件或专用安全软件定期对重要操作系统文件及业务系统应用程序以数字签名检查的方式进行完整性检查，以避免系统被植入木马或设置后门程序。

(7)应当使用弱点扫描工具定期对系统漏洞及配置弱点进行扫描，漏洞库应当及时更新，扫描应当在非关键业务时段进行并制订详细的回退计划，对于扫描发现的漏洞及配置弱点应及时进行处理。

(8)应当及时更新厂商发布的核心安全补丁，更新补丁之前应当在测试系统中进行测试，并制订详细的回退计划。

(9)进行远程系统管理维护应当采取加密、散列等措施对经网络传输的认证信息进行处理，禁止明文传送敏感信息。

2. 身份认证及账号管理

(1)应当制定安全策略实现账号及权限申请、审批、变更、撤销流程，定义用户口令管理策略以限定用户口令的长度、复杂度、生存周期等。

(2)禁止多个用户共享账号，应当制定用户登录错误锁定、会话超时退出等安全策略。

(3)应当限制管理员权限使用，一般日常操作中，应当使用一般权限用户，仅在必要时切换至管理员账号进行操作。

(4)应根据管理用户的角色分配权限，实现管理用户的权限分离，仅授予管理用户执行业务操作所必需的最小权限，操作系统特权用户不得同时作为数据库管理员。

(5)应严格限定默认账号的访问权限，重命名系统默认账号，修改账号的初始口令，及时删除不用的、过期的账号。

3. 访问控制

应当对系统资源启用访问控制功能，依据安全策略严格限定用户对敏感资源的访问。

4. **安全审计**

(1)应当以系统日志方式对用户行为、系统资源异常访问等重要安全事件进行审计。

(2)审计记录应包括事件的日期、时间、类型、主客体标识和事件结果等。

(3)加强对日志记录的保护,避免被意外删除、修改或覆盖。

(4)审计范围应当覆盖到服务器每个操作系统用户和数据库用户。

5. **资源控制**

(1)应采用网管系统或其他方式对重要服务器的CPU、硬盘、内存、网络等资源的使用状况进行监测,服务水平降低到预定的最小值应当进行报警。

(2)进行操作系统远程管理维护时,应以终端接入方式(如RDP、SSH)网络地址范围等条件限制终端登录。

(3)应采用磁盘限额等方式限制单个用户对系统资源的最大使用限度。

6. **系统备份**

(1)应当定期对操作系统及运行于操作系统之上的业务应用系统、数据库系统程序进行备份。

(2)应当定期或在操作系统环境、数据库、应用系统发生变更时进行备份恢复测试。

二、数据库安全防护

数据库是业务系统数据的承载体,通常都保存着重要信息,如员工个人资料以及敏感的业务数据(如交易记录、商业事务和用户数据)。

保证数据库安全,应当从以下一些方面考虑:

(1)对于数据库连接账号应当使用安全的口令策略,制定口令长度、复杂度及生存周期等规则,应当制定管理用户登录错误锁定、会话超时退出等安全策略;

(2)应当采用最小授权原则,授予用户执行业务操作所需的最小数据访问权限;

(3)在对数据库性能不造成重大影响的前提下,进行数据库事件审计,并定期检查数据库审核记录,应加强对日志记录的保护,避免被意外删除、修改或覆盖;

(4)应当对权限较敏感的存储过程加强管理,如删除不必要的敏感存储过程;

(5)对经网络跨安全域传输的数据进行加密保护;

(6)应当对远程数据库调用进行地址限制;

(7)及时更新经过安全测试的数据库管理系统补丁,更新应在非关键业务时段进行并制订详细的回退计划;

(8)应当定期对存储于数据库中的业务数据进行备份,并定期或在系统环境发生变化时进行备份恢复测试。

三、桌面终端安全防护

企业级用户的员工每天使用个人PC、笔记本电脑等终端设备进行办公。由于终端设备有流动性大、位置分散、数量众多、难于管理等特点,除了需要安装防病毒软件进行计算机病毒防护外，还需要进行终端级的防火墙控制、入侵检测、补丁管理，以更好地保障桌面终端的安全。有效地保障个人办公桌面终端的安全，也在很大程度上降低了整个信息系统所面临的安全风险。

保障桌面终端安全应当部署基于主机的安全措施，并从以下几个方面进行相关安全防护。

1. 桌面终端病毒防护

(1)桌面终端必须安装网络版防病毒系统并集中进行管理，及时更新病毒定义代码及防病毒引擎，设定防病毒策略，定期进行病毒查杀。

(2)应集中监测防病毒软件事件报告，了解网络中的病毒感染及处理情况。

2. 恶意代码防护

(1)应当选择采用防病毒套件的防恶意代码模块或专用的防恶意代码系统进行恶意代码防护；

(2)应当定期更新软件特征码，以保证特征码及时有效更新。

(3)制定严格的安全策略，禁止用户自行下载安装不明的软件。

3. 补丁管理

(1)应当及时更新操作系统及核心应用安全补丁，采用集中补丁分发系统。

(2)应当监测各桌面终端安全补丁更新情况，发现问题后应及时进行处理。

4. 桌面终端安全管理

结合采用终端准入控制措施对主机的安全状态进行检查，只有桌面终端的安全状态(如是否为安全防病毒软件、病毒特征码是否更新、是否安装主机防火墙)满足要求，并进行身份认证后方允许接入网络(有线连接、无线连接、拨号以及 VPN 接入)或访问资源。

4.3.3.4 应用系统安全策略

应用安全防护包括对应用系统本身的防护、用户接口安全防护和对系统间数据接口的安全防护。

应用安全防护的目标是：通过采取身份认证、访问控制等安全措施，保证应用系统自身的安全性，以及与其他系统进行数据交互时所传输数据的安全性；采取审计措施在安全事件发生前发现入侵企图或在安全事件发生后进行审计追踪。应用系统安全策略主要包含以下内容。

一、应用系统安全策略

应用安全策略的目的是防止对应用系统本身的攻击，以及防止攻击导致的应用系统中数据的错误、遗失、篡改和误用。

应用系统为实现数据共享、提供决策支持等需求而持续不断更新的同时，也引入了新的信息安全风险，这要求不仅应当在边界、网络及操作系统、数据库层面进行安全防护，还应当对应用安全考虑如下安全策略。

1. **应用系统安全**

(1)对于 Oracle、Apache 等通用组件系统，应当依据厂商或第三方安全机构提供的安全配置加固列表进行安全设置，在厂商推出安全修补程序后应及时进行安全补丁更新。

(2)应当定期对采用通用程序(如 Apache，Websphere 等)的应用系统进行弱点扫描，并及时解决所发现的问题；扫描应当在非关键业务时段进行，并制订详细的回退计划。

(3)应当对应用系统所传输的数据流进行入侵检测，并根据具体的应用服务类型、传输对象定制入侵检测规则库。

2. **对外发布服务安全**

(1)对于跨越互联网边界所提供的对外服务，应当于边界访问控制设备上强化访问控制列表，限制由应用服务器发起的外发连接，在 IP 地址、协议、端口等层次细化访问控制策略。

(2)(应基于对外提供服务的类别(如 HTTP、DNS)进行入侵防护，对所传输协议内容进行监控，防止通过公用协议传输攻击代码，发现入侵行为应及时阻断并进行报警及日志记录。

(3)采用网页防篡改系统或其他方式保证对外发布的 web 服务页面文件不被恶意篡改或安全事件发生后能够及时恢复。

(4)应当采用专用的防 DoS(拒绝服务)攻击系统或在防火墙等边界防护设备上采用技术手段防止 DoS 攻击。

3. **身份认证机制**

(1)应用系统应当提供用户登录身份认证功能，采用用户名/口令进行认证时，应当对口令长度、复杂度、生存周期进行强制要求，系统应提供用户身份标识唯一和鉴别信息复杂度检查功能，禁止口令在系统中以明文存储。

(2)系统应当提供制定用户登录错误锁定、会话超时退出等安全策略的功能。

4. **用户权限及访问控制**

(1)应当对权限的赋予、变更、撤销制定严格的审核、批准、操作流程，权限变动经相关人员审核批准后方可执行或生效。

(2)应当依据权限最小化原则对用户赋予适当的权限，执行角色分离，禁止多人共用账号，并定期进行权限复核。

(3)应用系统应支持访问控制功能，制定访问控制策略以管理访问相关主体、客体及访问类型、访问权限。

5. **应用安全审计**

(1)应用系统应当对每个用户及应用系统相关的安全事件进行日志记录，并提供对日志进程及日志记录的保护，避免进程被意外停止，日志记录被意外删除、修改或覆盖等，此外，安全运维人员应及时对日志记录进行审计分析，并将应用日志定期归档保存。

（2）应用系统审计记录的内容应至少包括事件的时间、日期、发起者相关信息、访问类型、访问描述和访问结果。

（3）应用系统应当提供对审计记录进行统计、查询、分析及生成审计报表的功能。

6. 资源控制

（1）当系统间进行交互时，通信双方中的一方在一段时间内未做任何响应，另一方应能够自动结束会话。

（2）应能够对系统的最大并发会话连接数进行限制。

（3）系统应能够对单个账号的多重并发会话进行限制。

二、用户接口安全策略

用户远程连接应用系统需进行身份认证，制定数据加密、访问控制等安全措施，并采用密码技术保证通信过程中数据的完整性。

1. 用户认证安全

（1）对于用户认证登录应制定安全控制措施，包括认证错误锁定、认证时间超出强制退出，应当对认证情况进行日志记录。

（2）用户认证成功登录系统后空闲一段时间无操作后应当锁定登录状态并重新进行认证。

（3）系统应当对口令长度、复杂度、生存周期等进行强制要求。

三、系统数据接口安全策略

1. 系统间直接数据接口交换

（1）应当在接口数据连接建立之前进行认证，认证方式可采用共享口令、用户名/口令等方式。

（2）采用共享口令或用户名/口令认证时，应当对口令长度、复杂度、生存周期等进行强制要求。

（3）在认证过程中经网络传输的口令信息应当禁止明文传送，可通过哈希（HASH）单向运算、SSL 加密、SSH 加密等方式实现口令传输。

4.3.3.5 安全设施及安全策略

安全设施包括在基础网络及各安全域中提供网络安全防护的防火墙、IPS 和安全网关等自身的安全防护，对于为各域均提供网络安全防护的设备，按满足等级保护三级基本要求进行安全防护，各域的安全设备按该域中信息系统所属的最高等级进行安全防护。安全设施及安全策略主要包含以下内容。

1. 设备安全管理

（1）本地或远程进行设备配置管理应当以用户名/口令等方式进行身份认证，同时应当依据允许进行远程管理的 IP 地址列表进行 IP 地址认证，禁止多个管理员共享用户名/口令；

（2）应当制定登录错误锁定、会话超时退出等安全策略；

(3)应实现特权用户的权限分离，如配置管理员不应拥有更改或删除操作日志的权限；

(4)应当使用安全的口令策略，制定口令长度、复杂度及生存周期等规则；

(5)应当采用 HTTPS、SSH 等安全远程管理方式，而不应采用 HTTP、TELNER 等非安全协议进行远程管理；

(6)如安全设备采用基于 SNMP 的网络管理系统进行监控及管理，建议使用 SNMP V3 版本。网络管理系统的 Community 不应使用 Public、Private 等默认字段。

2. 设备安全加固

安全设备可能默认存在不安全的配置，应当对配置信息根据具体情况进行安全配置修改及安全加固，如升级存在漏洞的设备操作系统文件、禁止不必要的协议响应、禁止 ARP 转发、设定安全的口令策略、制定会话超时自动结束策略等。

3. 安全弱点扫描

应当对安全设备定期进行弱点扫描，以发现安全设备中存在的系统漏洞及配置弱点并及时进行修补，扫描应制订相应的回退计划并在非关键业务时段进行。

4. 安全事件审计

应当采用集中日志服务器对安全设备的运行状况、异常流量、用户行为等事件进行记录。

5. 配置文件备份

应当每次更新安全设备配置信息后，以及定期进行配置文件备份，防止配置意外更改或丢失。

6. 处理能力

应保证关键安全设备的业务处理能力具备冗余空间，保证网络带宽满足业务高峰期需要。

7. 设备链路冗余

应当采用硬件双机等方式保证关键安全设备、通信线路在发生故障或安全事件时的冗余可用。

4.3.3.6 信息数据安全策略

信息数据保障主要包括数据存储及传输安全，对数据保密及传输过程的完整性提出了明确要求，数据加密技术是保证数据在存储和传输过程中的完整性的重要手段。对数据服务器中的数据库必须做安全备份。通过网络备份系统可以对数据库进行远程备份存储。信息数据安全策略主要包含以下内容。

1. 数据存储保密

系统应采用加密等保护措施实现系统管理数据、认证信息和重要业务数据存储保密。

2. 数据存储完整

系统应采用校验码等技术，以能够检测到管理数据、认证信息和重要业务数据在存储过程中完整性受到破坏，并在检测到完整性错误时采取必要的恢复措施。

3. 数据传输保密

(1)对于用户通过客户端或 web 方式访问应用系统重要数据应当进行加密传输。

(2)对于经网络传输的用户名、口令等认证信息应当杜绝明文传输。

(3)加密算法的选择应符合国家密码管理有关规定，同时需结合业务应用场景以及安全性要求等多种因素综合考虑。在对称密钥算法中，硬件实现推荐选用 SM2 算法，软件实现可采用自定义加密算法；在非对称密钥算法中，可选用 ECC(椭圆曲线密码体制)(256bit 以上)或 RSA(1024bit 以上)算法。

4. 数据完整性检测

系统应采用校验码等技术以能够检测到管理数据、认证信息和重要业务数据在传输过程中完整性受到破坏，并在检测到完整性错误时采取必要的恢复措施。

5. 数据的备份与恢复

(1)应提供本地数据备份与恢复功能，数据备份至少每天进行一次，备份介质应当场外存放。

(2)应当在环境发生变更时或定期进行备份恢复测试，以确保其所备份数据的可恢复性。

(3)日常业务数据的备份策略要求每周在访问量比较小的时候做一次全备份，每天对业务数据做一次全备份或增量备份，每次业务数据做大调整后立即做一次全备份。

(4)应采用硬件双机等冗余技术保证关键应用的可用性。

(5)建立灾难恢复计划，提供灾难恢复手段，在灾难事件发生之后，快速对被破坏的信息系统进行恢复，并对人员进行灾难恢复培训，定期进行灾难恢复的模拟演练。

4.3.3.7 应急响应安全策略

1. 要求应急响应工作组必须有具体的领导、部门、执行人员负责预案的落实，以及具体的制度保证和应急响应需要的技术条件，并且保证预案的传达与实施，应急预案要在相关部门(信息安全领导小组)进行备案。

2. 全面分析系统运行、信息内容和网络的管理与控制等方面的安全隐患、漏洞、威胁和风险，确定应急事件及其优先次序。

3. 应急处理工作组根据应急预案，将紧急事件的响应处理落实责任人，明确定义责任与分工。确定并且落实应急预案所需的运维服务商、网络服务提供商和信息安全服务商的联系渠道和方式，以及上级安全部门的联系渠道及方式。

4. 完善应急预案所需的备用资源，包括备用的软件资源、设备资源、电源、安全产品、异地容灾系统，以及涉及的候补人员。

5. 建立健全应急预案所需的技术措施，包括防御、检测、控制、恢复、审计手段。建立信息系统实时监测及应急报警制度，加强系统安全运行管理。

6. 每种应急事件建立应急响应流程，流程应该明确定义事件的报告、影响范围预测、抑制处理、消除、恢复、证据收集、事后审计与分析等操作环节。

7. 对于编制的应急预案应定期进行演练，使每个工作人员都知晓应急知识和在应急预案中应采取的措施和应负的责任，并完善和修订预案。

8. 当不能判断事件发生原因时，一定要保留现场，保留痕迹，追查原因。重大事件要上报有关部门，直至追究行政或刑事责任。

4.4 案例分析

4.4.1 信息安全运维策略框架

某集团公司信息化起步早、基础好，业务系统依靠信息化手段，企业管理也完全依赖信息化。某集团信息化要覆盖全业务，在推进整个信息系统基础架构和应用升级换代的同时，也启动了信息安全纲要规划工作，为规范并指导公司信息安全工作，提高公司整体信息安全防护水平，实现信息安全可控、能控、在控，依据国家有关法律、法规及公司相关制度文件，制定了《××公司信息安全工作纲要》，纲要包括管理体系、技术系统、技防体系等，如图 4-1 所示。

管理体系：明确各级信息安全管理与支撑机构的职责，健全信息安全管理制度和工作机制，加强人员信息安全管理和信息系统安全管理，形成包括管理机构与职责、安全管理制度、人员安全管理、信息系统安全管理及工作机制等方面的信息安全管理体系。

技术体系：防护技术措施从物理、边界、网络、主机、终端、应用、数据 7 个维度展开设计，运用物理隔离、逻辑强隔离、加密认证、安全接入等手段，形成对安全区域、网络边界、终端设备等综合防御的结构。

运维体系：提升信息安全隐患发现、防护处置、监测对抗和应急恢复等能力，统一建设信息安全检测、密钥管理、防病毒管理、漏洞补丁管理、红蓝对抗、安全监控、应急恢复、新技术与架构设计等技防设施，形成分工明确、专业处置、快速响应的技防体系。

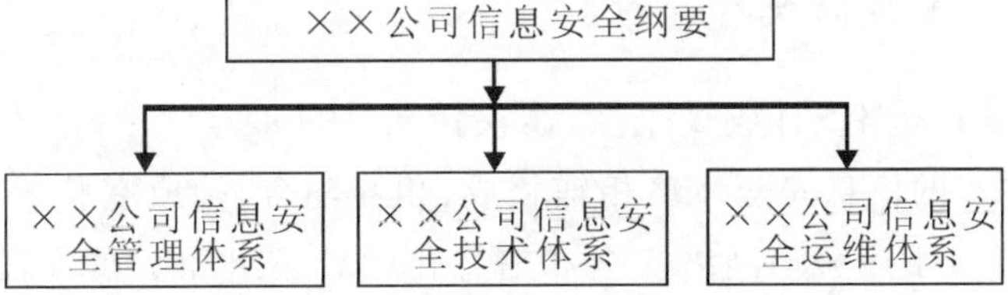

图 4-1 安全策略架构图

其中《××公司信息安全管理体系》是公司信息安全运行管理制度体系的纲领性文件，是信息运行工作必须遵循的管理要求，主要就职责与分工、信息安全管理、安全运行管理、检修管理、客户服务管理、技术保障、人员与资金保障以及考核与评价等做出规定，如图 4-2 所示。

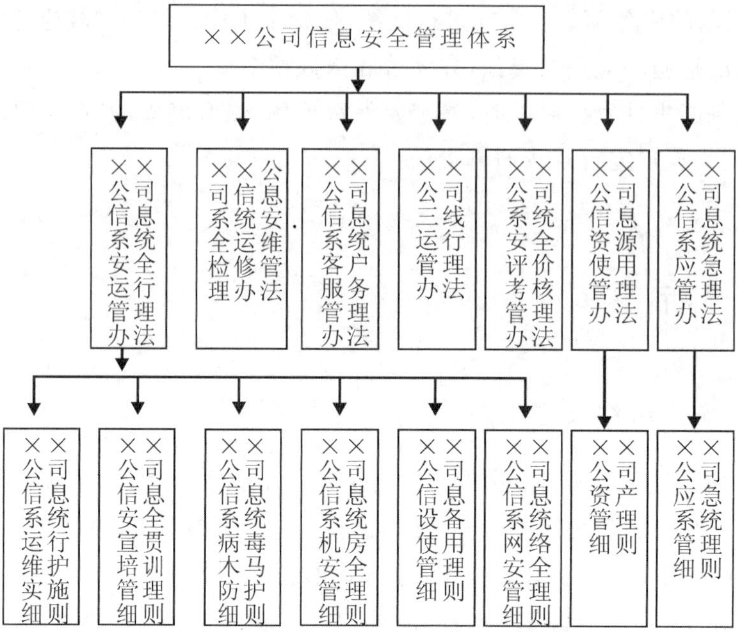

图 4-2　安全管理体系架构图

在遵循《××公司信息安全管理体系》的基础上，公司制定了一系列相关管理办法，对信息系统安全运维工作中的运行、检修、客服等多个主要环节中的关键控制点进行管控，对包括职责与分工、工作内容与要求、评价与考核等方面做出规定。主要有《××公司信息系统安全运行管理办法》《××公司信息系统安全运维检修管理办法》《××公司信息系统客户服务管理办法》等 7 个二级规范文件。各规范结合工作实际，对具体职责分工和业务流程进行了详细描述及明确。

通过对《××公司信息系统安全运行管理办法》等规范中的具体内容进行细化，形成具有可操作性的《××公司信息系统网络安全管理细则》《××公司信息系统运行维护实施细则》《××公司信息系统机房安全管理细则》等管理细则（三级规范），进一步规范了信息通信系统安全运行维护工作。

4.4.2　信息安全策略的执行和维护

A 集团信息安全策略设计成 3 个层次：决策层安全策略、管理层安全策略和执行层安全策略。3 个层次的信息安全策略相辅相成、相互配合，构成完整的 A 集团信息安全策略体系。A 集团及下属公司网络安全和信息化领导小组和下属各管理小组负责全系统或本级信息安全策略的制定、维护、执行检查等工作。

1. 信息安全策略的执行

当信息安全策略编写和批准发布之后，应当建立保障手段确保信息安全策略被有效遵守和执行，责任声明和惩罚制度是最重要的保障手段，它应该明确阐述违反信息安全策略的行为将要承担的责任，接受哪些责任追究。所有制定好的信息安全策略、可接受使用策略以及保障策略执行的制度，都需要通过教育和培训，传达给所有网络和信息系统用户。

可以采用监视和控制机制，对信息安全策略的贯彻和执行情况进行监督检查，以发现违反信息安全策略的操作行为，这些可供使用的机制包括监控系统、日志审计等。一旦发现违规行为，后果轻微的，可以按照企业内部的惩罚制度进行处理；后果严重的，需要向相关管理机构进行安全事故报告，违法行为人将承担相关的行政和刑事法律责任。

2. 信息安全策略的维护

信息安全策略由人制定，人对于信息和网络系统的了解和认知是不断深化的，而且一个企业的业务在不断发展，运维在发生日新月异的变化，因此，没有完美无缺的信息安全策略，策略文档不能够一成不变，必须接受定期审查和修订，以保证信息安全策略与整体信息安全目标一致。

信息安全策略审查周期通常为 1 年，或者在企业业务模式以及支撑业务实现的运维发生重大变化的时候进行。审查过程中最重要的内容应从风险评估或日志分析中获得信息，其他有用的信息应从网络安全与信息化领导小组得到业务信息和业务过程信息，以及来自系统管理员和网络管理员的信息反馈。

信息安全策略的审查结果如反映出原有策略的不合理之处，就需要后续对此进行修订和更新，经过修订的信息安全策略，必须经过网络安全与信息化领导小组的批准和公布，与其有关的其他文档都需要进行适当的调整，以与信息安全策略保持一致。

第5章 运维准备

信息系统交付使用后，如何最大限度地保障其安全、稳定和可靠地运行成为信息系统运维的核心工作。本章从实施信息系统安全运维的角度，介绍如何明确服务需求，并以此形成服务策划，组建服务团队、编制运维服务预算和确定运维服务范围，其目的是建立科学规范的安全运维管理体系。最后介绍安全运维外包模式及外包商选择和管理。

5.1 安全运维需求分析

安全运维需求分析是确认服务具体的实施范围，即服务达到的最终成果和达到该成果所需要做的工作。明确服务需求是制定服务规划的基础。

5.1.1 服务需求确认

服务需求就是确定安全运维服务实施过程中需要做些什么。从严格意义上讲，服务需求是指服务必须达到的目标与能力。用户需求调研和分析是信息系统运维服务实施过程中的重要一环，是信息系统运维服务策划和运维服务实施的基础，同时也是安全运维服务提供者与安全运维服务管理者相互沟通的“桥梁”。

安全运维服务需求确定是为了实现服务目标，对信息系统运维服务整个生命周期中所涉及的工作范围进行设计、管理和控制，包括服务范围的界定、调整和变更控制等内容。通常通过需求调研、识别和分析，得到服务供、需双方认可并以文件形式表述的需求就变成了服务目标，如流程、品质、费用目标或子服务目标等 。

信息系统运维服务供方应确定服务范围管理的工作职责和程序，并对范围的变更进行检查、分析和处置。信息系统运维服务在实施前，服务供、需双方应明确界定服务范围，提出用户需求说明文件，作为进行信息系统运维服务实施和评价的依据。信息系统安全运维服务需求主要包括如下资料：

(1)服务目标的定义或用户需求说明文件；

(2)环境条件调查资料；

(3)信息系统运维服务限制条件和制约因素；

(4)同类服务项目的相关资料。

服务需求可以是多方面的，用户需求主要来源于市场需求、竞争需求、技术需求和法律需求，当用户有了某种服务需求时，需要进一步研究和分析资源状况和条件，仔细考虑项目的经济、社会效益和目标、组织状况和资源获取能力，以最终确认需求。

5.1.2 服务需求说明

5.1.2.1 功能需求

用户对信息系统安全运维服务的需求是复杂的、多方面的，有时甚至是苛刻的、不清晰的，但用户需求又是信息系统安全运维服务的基础，其重要性不言而喻。因此，必须与用户紧密合作，做好用户需求调研分析工作。

信息系统运维服务的功能需求包括实施日常运行维护，保障系统安全所必须达到的功能需求，以及根据咨询服务或系统优化服务中所提供的建议，需方新建信息系统或原有信息系统加固整改后所必须达到的项目功能需求。功能需求取决于项目的类型、用户的类型及系统的类型等，还包括项目不应该做的事情。

完整地规划功能需求是整个运维服务项目需求分析的核心。理论上，功能需求应该具有全面性和一致性，全面性即应对用户所需要的所有服务进行描述，一致性是指功能需求不能前后自相矛盾。实际上，真正做到表达出功能需求的全面和一致几乎是不可能的。主要原因有二：其一在于安全运维服务项目固有的复杂性和不可预见性；其二是运维服务的提供商和管理者站在各自不同的立场上，导致他们对项目需求的理解可能有偏差。有些项目功能需求在用文字描述时，其中存在的矛盾并不明显，但在深入分析之后问题就会显露出来。

5.1.2.2 性能需求

性能需求是指安全运维服务中与具体功能相关的另一类需求，它们与项目的总体特性相关，即项目的性能，如可靠性、稳定性、安全性、响应时间、存储空间等。性能需求定义了对项目提供的服务或功能的约束，包括时间约束、空间约束、开发过程约束及应遵循的标准规范等。

与功能需求相比，性能需求关心的是服务项目的整体特性，功能需求得不到满足会降低服务的能力，性能需求得不到满足则有可能使整个服务无法运行。性能需求不仅与安全运维本身有关，还与信息系统开发及信息系统集成的实施过程有关，即关注在项目实施过程中必须使用的设计标准、质量标准和项目管理规范的描述，对设计中必须使用的工具的描述以及实施过程所必须遵守的原则等。

按照性能需求的起源，可将其分为产品需求、机构需求、外部需求 3 大类，进而还可以细分。产品需求对产品的行为进行描述；机构需求描述用户与运维服务部所在机构的政策和规定；外部需求的范围比较广，包括项目的所有外部因素和实施过程。

5.1.2.3 用户需求说明书

用户需求说明书在系统安全运维服务实施、服务管理和质量保证过程中起着十分关键的作用。用户需求说明书是通过调研获取服务项目信息而进行整理编写的调研分析报告。通过分析,将用户众多的要求信息进行分类,以区分业务规范、功能需求、性能需求、质量目标、解决方法和其他信息,从而明确用户真正的需求内容和想法,以报告的方式对实施服务项目的目标、业务、功能、性能等内容达成一致。

用户需求说明文件是用户需求文本化,有时简称需求文档。它是用户对项目的正式陈述,其中主要包括用户对项目明确的和潜在的要求,特别是详细的功能、性能描述以及项目的环境、限制条件和制约因素等。

用户需求规格说明书通常采用一个预制的文档模板,用户需求说明文件应以一种用户易于阅读和理解的方式编写,需求说明书必须通过用户的评审。用户需求规格说明书的基本内容包括目标、需求和工作任务。信息系统运维服务用户需求规格说明书精确地阐述了信息系统运维服务范围,包括信息系统在服务过程中必须达到的功能和性能,以及它所要考虑的限制条件。需求规格不仅是服务范围确定和项目测试的基础,也是项目中所有子系统的规划、设计的基础,服务提供商可用它对服务项目进行计划和管理。

5.1.3 服务需求管理

服务需求管理要解决的问题是让供、需双方明确实施的服务项目,避免或尽早剔除早期错误,从而提高服务项目的成功率,降低服务成本,改进服务质量。需在用户需求管理中,采取适当的措施保证实现服务目标,控制用户需求的变化,服务需求管理实现在服务实施过程中用户的需求。

需求管理是一种用于查找、记录、组织和跟踪系统需求变更的系统化方法,可用于获取、组织和记录系统需求并使客户和项目团队在系统需求变更上保持一致。用户需求管理包括对用户需求及其环境进行理解与分析,为用户需求涉及的业务信息、功能和性能,将用户需求精确化和标准化,从而形成用户需求说明文件并使供、需双方达成共识等一系列的活动。

服务需求贯穿于整个服务的实施过程,是运维服务管理的一部分。在运维服务实施过程中,无论处于哪个阶段,一旦有用户需求错误出现或任何有关用户需求的变更出现,都需要借助用户需求管理活动来解决相关问题。用户需求管理主要通过需求评审、需求变更控制、需求跟踪、需求版本管理等方式实现。

(1)需求评审:使信息系统运维服务供、需双方对用户需求内容达成共识。

(2)需求变更控制:通过实施一个需求变更分析和决策的流程,所有的需求变更都要遵循。

(3)需求跟踪:记录并维护用户需求中所有项目及项目之间的关系、需求和服务实施之间的关系。

(4)需求版本管理:以保证每个使用者在任何时候都能得到当前最新版本。

对于比较复杂的项目,最好能采用专业的用户需求管理工具,对存储、需求变更管理、需求跟踪等方面进行记录和跟踪。

5.2 安全运维策划

目前,我国信息化工作的重点已从大规模网络、平台、业务系统的建设阶段转向以深化应用、提升应用效益为主要特征的运行维护阶段。随着信息化建设的深入,业务应用逐步增加,计算机机房设备、网络基础、安全设施、大型主机、服务器、客户端等硬件平台,应用系统、数据库、应用服务器、中间件等软件平台日益复杂,服务的用户越来越多,安全事件频发。如何维护好日益增多的网络和系统等各类设备,保证各个应用系统安全顺畅地运行,为用户提供良好的服务以及时解决出现的问题和故障,是业务能否正常运行的关键所在。因此,建立完善的安全运维体系,将对发挥组织信息化绩效起到至关重要的作用。

5.2.1 安全运维架构

1. 安全运维架构

在实施过程中,单位应以“体系化”的思路构建一整套行之有效的“持续改善机制”。安全运维架构面向业务和应用,以服务为导向。

安全运维架构涵盖组织管理模式、制度规范体系、技术支撑体系等层面的内容。

1) 组织模式

在梳理信息系统安全资产的基础上,确定和规范安全运维架构运行的管理方式,以及与之相配套的人员岗位职责安排、机构设置,将安全运维相关的全部活动进行统一决策与规划,形成集中统一的安全运维管理机制。在集中统一的安全运维管理机制模式下,按照安全运维管理任务科学设置或调整组织机构,划分任务、角色、岗位,合理配置信息化运维管理资源,达到人、工具、流程的有机融合。同时,确定安全运维费用的组成与计算方式,规范安全运维费用的来源保障。

2) 制度规范

分别从管理与操作方面建立安全运维过程中各个参与要素(人、流程、技术)的行为准则与工作程序,从安全运维架构总体运行、流程执行和岗位职责等层次建立考核评价体系,实现安全运维管理的量化管理。具体内容包括管理制度的制定、管理程序的设计、评价考核体系的执行、运维费用的管理等。

3) 技术支撑

建立面向业务的安全运维服务请求响应窗口,以及面向技术支持人员的安全运维架构运行管理窗口,建立负责安全运维管理流程运行的流程管理平台和负责安全运维基础设施和业务应用系统运行监控的集中监控管理平台,根据不同类型安全运维基础设施和业务应用系统的管理职能,建立技术管理子系统,建立知识库、配置库、报表及日常操作等共享支持子系统和为业务管理提供服务的业务运维管理子系统。

2. 安全运维架构建设

安全运维架构要真正发挥效益，避免“为技术而技术”，需要融合人、流程、技术等各方面因素。根据信息安全的发展要求，配套的管理措施应包括组织模式、运维费用、管理制度、管理流程、绩效考核、技术支撑等内容。

1）组织模式

从全局的角度定位安全运维工作，将分散进行的各项安全运维的工作职能逐渐整合，进行集中统一管理，统筹协调安全运维的技术力量，并结合实际情况和管理需要进行配套的组织机构的设置和逐步完善。

第一，成立信息安全运维管理领导小组。初期成立由领导和各处(室)负责人组成的信息安全运维管理协调小组，从总体上负责信息安全运维和运维管理的统一组织协调，监督检查各部门服务质量；后期根据信息化运维管理的发展，组成信息化治理领导小组。

第二，建立面向用户的服务接口。初期以服务台为统一服务接口，不断扩充与完善服务台的功能，统一受理安全运维请求，记录事件并采用一线方案解决，对解决不了的较为专业的事件派发给专业的二线技术人员，各相关部门提供二线技术支持，并明确相关技术支持人员及职责；后期逐步建立独立的安全运维机构（运维中心)，专门负责信息安全运维和服务工作，合理划分建设与运维的边界，实现建设与运维的分离。

第三，设置合理的组织机构。初期保持目前组织机构和职责不变，进一步理顺关系；后期随着信息化的发展和管理成熟度的不断提升，逐步建立起完全适应体系运行的安全运维治理组织机构。

2）运维费用

运维预算是安全运维架构持续运行的资金保障。为保障业务应用系统的有效运行和安全运维质量的提高，实现安全运维精细化管理的目标，科学进行运维预算管理显得非常重要。运维预算管理清晰定义运维费用的构成要素，规范运维预算的口径和标准，使其与信息化建设预算、日常公用经费区分。在运维费用预算的基础上，要按照组织的财务制度来规范运维费用预算的执行，保障运维工作有序开展。基于预算执行结果，进一步指导组织的运维管理工作，最终实现“运维预算—核算(预算执行)—决算”全过程管控。

3）管理制度

管理制度是指安全运维工作必须遵循的内部管理规定，用于提高工作的协调性和管理的有效性。借鉴信息化运维管理体系国际标准 ISO 20000 要求，管理制度分为“总办法”“分办法”“实施细则或操作指南”和“配套表单”4 个层次。

4）管理流程

管理流程是指为达到既定的安全运维管理目的而组织起来的逻辑上相关的有规律性并可重复的活动。借鉴安全运维管理国际最佳实践 ITIL，将安全运维管理分为服务支持和服务交付两大部分。根据管理需要，分阶段建立相关流程，先期建立服务台和事件管理、问题管理、变更管理、配置管理流程。

5）绩效考核

为实现安全运维服务精细化管理的目标，提高管理制度和管理流程的执行力，绩效考核是非常重要的管理手段。

绩效考核从安全运维架构的目标出发，按照体系、流程和岗位角色分解，形成“信息化运维管理体系运行 KPI 关键绩效指标—流程 KPI—角色岗位 KPI”3 层相互关联的考核指标体系。

6）技术支撑

技术支撑体系包括 3 个层次：展示层、流程及业务运维管理层、集中监控层。

①展示层。提供对用户的信息化运维管理界面与对技术人员的体系管理控制界面，在运维管理界面上实现集中运维的统一管理功能和信息展示与交互功能。

② 流程及业务运维管理层。在集中运维管理模式下实现流程执行和管理控制功能、业务运维管理功能。

③集中监控层。通过监控工具实现对不同服务对象和信息安全资源的实时监控，包括主机、数据库、中间件、存储备份、网络、安全、机房、业务应用（以下简称“应用”）和客户端等技术支撑管理子系统，并通过集中监控管理平台对不同被管对象的技术支撑管理子系统进行综合处理和集中管理。

5.2.2 安全运维活动

安全运维活动可分为日常运维、应急响应、优化改善和监管评估 4 个方面，具体内容详见第 6 章“运维实施”。主要包括以下内容。

(1)日常运维：运维方提供日常服务，及时获得运维对象的状态，发现并处理潜在的故障隐患，保障信息系统稳定、高效运行。

(2)应急响应：接到运维请求或故障报告后，消除系统故障，降低对系统正常工作的影响。

(3)优化改善：提供调优、改进等服务，达到提高运维对象性能或管理能力的目的。

(4) 监管评估：结合业务需求，通过对运维对象及运维活动的调研和分析，提供运维状态的评估。

5.2.3 安全运维团队

如何建设一支能够解决问题、创造价值、有活力的、不断进取的安全运维团队，并带领这支团队，充分发挥它的优势力量，是安全运维有效开展的关键。安全运维策略直接体现安全运维的经济价值所在。好的安全运维措施、方法可以延长设备使用寿命，充分发挥该设备、物品应有的作用，创造更高的经济价值；错误的安全运维措施、方法可能缩短设备使用寿命或毁坏设备，严重时会带来一场巨大的灾难。信息安全是安全运维质量最重要的指标之一，只有通过有效、可行的管理、监控手段才能降低安全风险，防止重要数据泄漏，保障数据安全。

一、安全运维队伍的组成

安全运维涉及的专业有：物理安全、网络安全、数据库安全、操作系统安全和应用系统安全等。这些专业的专业性很强，需要专业化人才进行安全运维管理。各专业知识面不一样，能从事安全运维工作的业务面也不一样。如从事网络安全、数据库安全专业的安全运维人员可以从事物理安全工作，但从事物理安全的安全运维人员不一定能从事网络安全、数据库安全维护工作。对涉及信息安全的专业必须分开运维，如网络权限、数据库权限、操作系统权限、存储权限、业务管理系统权限管理这几个专业必须独立，不得互相兼用，但做技术的可以兼用。安全运维中技术难度低的工作，工作量较大，人员需求较多，而技术难度高的工作，工作量相对小，人员需求相对较少。因此以上提到的每个专业的人员都必须有，但总的工作可以统一协调安排。

安全运维管理人员较少，工作量大，因此对人员专业面、专业素质要求高。对重要专业要能吃得透，在项目建设中能把握住方案的要害，所组建的设备、系统平台既要保证运行可靠、高效，还要不浪费，而且便于维护。在安全运维中要能制定合理可行的安全运维策略，完全了解所管辖的设备运行和停运的风险。在指挥安全运维作业时，能指出不规范或错误的操作，能意识到相应的风险，并能做到不瞎指挥、不违章指挥。

安全运维人员按专业设组，每个组至少有一名技术专家，该专家负责解决该专业的疑难问题，根据日常运维业务量配备相应的技术人员，在信息安全不互斥的情况下可以兼用。

二、安全运维人员分类

安全运维人员分为驻场服务人员、场外支持队伍和厂商支持队伍。

(1)驻场服务人员

驻场服务人员根据项目分工又分为服务台人员、日常服务工程师、应急处置工程师。

服务台人员：负责项目服务中客户服务申请受理，已知故障、问题快速解决，客户回访，客户情绪安抚，资产标签制作，数据统计整理，运维项目文档管理以及运维场地整理工作。

日常服务工程师提供日常服务，及时获得运维对象的状态，发现并处理潜在的故障隐患，保障信息系统稳定、高效运行。

1)进行运维服务中的定期硬件巡检、日常维护与保养、定期输入设备消毒除尘、资产标签张贴、硬件维修、终端网络维护、第三方设备维修管理、备品备件管理工作。

2)对终端用户的设备进行病毒查杀工作，且按照要求每月底提交病毒处理服务统计分析报告。

3)对各业务系统安全实行基线管理以及配置管理，对基线的调整以及配置的改变在每月底进行统计并形成报告。

应急处置工程师的日常任务是接到运维请求或故障报告后，消除系统故障，降低对系统正常工作的影响。

(2)场外支持队伍

为配合驻场服务，还需要提供场外支持队伍。场外支持人员包括：项目总监、服务经理、安全评估工程师、质量管理经理等。

项目总监：由技术专家担任，负责批准项目总体方案、实施计划、验收方案，必要时刻的资源统筹协调，与服务单位高层领导交流等。

服务经理：负责运维服务团队的日常运作管理、工作安排，分析服务要求，并分派给具体的运维工程师处理；审查、验证和评估各项运维工作结果，资产管理，运维文档材料审核，向服务单位汇报工作，各项资源调配，投诉管理工作。

安全服务评估工程师：对业务系统进行安全评估，提供调优、改进等服务，达到提高运维对象性能或管理能力的目的。

质量管理经理：按照戴明改良 PDCA 循环方式，负责检查环节，充分与客户沟通，对目前运行服务质量提出待改良点，督促服务改良计划的执行，同时负责运维服务全过程的质量跟踪与服务单位投诉受理、处理、跟踪、汇报工作等。

(3)厂商支持队伍

为了弥补本单位运维人员数量不足或运维技术能力不足的问题，专业厂商支持队伍是对其有效的保障。厂商支持队伍包括项目经理、运维工程师及质量管理经理等。

项目经理：负责厂商支持服务团队的日常运作管理、工作安排，分析服务要求，并分派给具体的运维工程师处理；审查、验证和评估各项运维工作结果，资产管理，运维文档材料审核，向服务单位汇报工作，各项资源调配，投诉管理工作等。

运维工程师：根据项目经理对运维需求的分析结果进行具体运维任务的处理，提供故障处理、性能调优、改进等服务，处理方式可以包括现场操作或远程支持等。

质量管理经理：按照戴明改良 PDCA 循环方式，负责检查环节，充分与客户沟通，对目前运行服务质量提出待改良点，督促服务改良计划的执行，同时负责运维服务全过程的质量跟踪与服务单位投诉受理、处理、跟踪、汇报工作。

三、安全运维队伍的管理

一个团队要有凝聚力，必须相互协作，一切行动听指挥。尤其在处理疑难问题和应急情况处理时，更需要团队的力量。每个安全运维人员必须有相应的岗位及岗位职责。安全运维的岗位应按以上提到的 IT 专业设置。由于工作量的不平衡，在信息安全不互斥的情况下，可以兼任其他岗位，相互渗透，这样也便于人才的培养。每台重要设备确定一个主责任人，特别重要的设备可以增加一个辅助维护人员。

IT 技术更新极快，新技术学习、专业相互渗透、常规培训必须保证足够的时间和次数。每人每周参加一次集体的培训，相互培训、相互学习，取长补短。每个专业的技术专家每年至少得参加一次的外送培训。

每天发生的安全运维业务很多，有常规的，有临时的，有应急的。需要使这些业务不落掉，做到每个安全运维业务定人定责，随时能跟踪运维进度。因此我们需要利用我们的强项 IT 技术，建一个故障管理系统，对整个业务执行过程进行监控。做到定人提报问题或定时发布常规任务，定人分配问题。得到任务的人员及时对问题进行处理，如果个人处理不了，可以找相应专业的技术专家处理，技术专家处理不了可以找团队共同处理，直到问题解决。问题的处理过程及措施都在系统中体现。有了以上的问题管理系统，就可以监控、跟踪每个安全运维业务，提高信息共享、传输的效率，从而提高安全运维的工作效率，防止工作失误。周报、月报及每人的考核、团队的考核以系统中具体的数据为依据。

应急预案的编制、审核、演练、处理、记录、分析演练、分析事故处理等整个过程，对一个团队处理应急情况尤其重要。预案编制一定要可行、责任到位，而且要言简意赅，容易理解好接收。涉及的专业、管理部门都要参与审核并签字通过。应急预案应定期演练，只有通过演练才能了解这个团队在处理应急问题时还有哪些不足。整个应急预案的演练或事故处理都应该如实按预案要求做记录，为演练或事故分析提供依据。演练分析或事故处理分析可以为这个团队增加事故处理经验，并从中吸取教训。

5.2.4 安全运维平台

随着信息安全的不断深入，信息安全正在深刻地改变着我们的社会，特别是在各组织中 IT 对业务发展、效率提升和成本降低等方面的影响日益明显，IT 建设和 IT 运维同时成了提高员工工作效率的重要手段。与此同时，我们也看到随着组织规模壮大，网络设备、安全设备的增多，安全运维管理成了 IT 部门普遍头痛的问题，如何提高安全运维的自动化，改变被动低效率手工救火式的工作状态，就成了摆在组织和管理人员面前的首要问题。

安全运维平台或工具就成了安全运维工作中必不可少的支撑系统。组织在选择安全运维平台或工具时，首先要考虑当前组织的信息系统处于何种水平，在信息系统建设初期，设备数量少，问题也少，这时简单地用几个人就可以解决。随着信息系统的增多，各种关联系统的复杂度成几何量级增长，就需要陆续引入安全运维平台以保障信息系统能够正常地提供服务。如何选择合适组织的安全运维平台和工具，可从以下几个角度考虑如何选择和建设安全运维平台。

1. 首先考虑集中的监控功能，快速发现问题，并且进行跟踪处理，保障每个故障都获得根本解决，以减轻信息系统故障对组织业务的影响；

2. 其次是快速的诊断和排障功能，在发现问题的基础上，快速找到问题根源，并且及时将问题解决；

3. 然后考虑长期的优化和建设的规划，持续降低信息系统的故障率，提高信息系统的使用率。

在选择安全运维平台时，除了要看安全运维平台是否可以对组织内使用的IT资源进行全面的安全监控管理，同时还要关注是否基于业务视角的管理，IT服务于业务，避免管理层面与业务相脱离。另外由于大中型组织的IT规模较大，甚至有可能是跨地域范围的，所以在选型时，也要关注一下安全运维平台的架构和性能是否可以监控大规模网络节点，能否满足组织中分级、分权限管理的需求等等。一般来说，还是要根据自身的实际情况来选择，安全运维平台可以分为安全监控平台、安全告警平台、流程管理平台和资产管理平台等几类。

当组织的安全运维工程师不是很多时（6～7人），可以无须引入运维流程管理平台，而用OA、邮件等辅助工具达到类似的效果。目前市面上没有很好的开源的运维流程管理平台，当必须要引入运维流程管理平台时，使用国产化的商业工具已经成为必然的选择。

5.3 安全运维服务预算

运维服务的预算应与运维方式紧密结合，按照分级科目体系建立运维预算的科目体系。目前，国内的运维预算体系尚不成熟，运维预算科目及相关计算标准、核定方法等还没有一个明确统一的标准。本节结合在运维管理中的经验，介绍在运维预算制定过程中的一些常用方法和运维预算管理流程。

5.3.1 安全运维预算编制

编制安全运维预算有利于统一预算口径，明确运维预算科目，采用运维工作量法计算运维费用，使预算编制更加科学化、合理化，保障运维工作正常开展。运维预算一般由安全运维服务管理单位独立完成，例如电子政务的运维预算审定一般由财政部门统一进行，政府部门审核预算的方法和方式也影响着其他业务领域。因此，有必要首先探讨财政部门对于信息化运维预算的计算和审定方式。

目前，运维预算编制工作是在每年的下半年，根据往年运维预算编制和预算执行的情况，结合当前组织信息化资产的变动情况，编制运维费预算，在财政部门规定期限内上报，财政部门根据信息化运维的总预算统筹各部门预算。同时，财政部门会对运维预算的执行情况进行监督考核。

财政部门在计算组织的运维费预算时，大多采用的是资产比例系数法，即：信息化运维费＝信息化分类资产数×分类系数。在编制运维费时，一般将信息化资产按照“数据库、网络设备、系统软件、系统硬件、应用软件”分为5大类。财政部门根据支出和资产的核查，对组织提出的运维预算进行调整。

当前组织信息化运维费预算编制面临的问题主要包括以下几方面。

(1)缺乏标准化的信息化运维预算科目体系。

(2)运维预算的口径很难统一。

(3)运维预算编制缺乏可靠的依据和可参照的标准。

(4)运维预算编制金额同实际执行金额偏差较大。大多数信息系统运维采用外包模式,运维预算基于信息系统建设合同的成交价,由于信息系统运维的技术复杂度强等因素,各组织的预算金额同实际执行金额偏差较大。

(5)运维预算的编制方法存在一定的不合理性。目前,各组织很难明确自身信息化资产的总额,按现行的资产系数方法进行预算编制存在着一定的不合理性。

在系统运维初期,设备、软件等故障和问题较少,所以运维商运维成本较低,此时采用固定的运维费存在一定的冗余。在3～5年时,随着设备逐步老化,其维护和更换的需求量增大,导致设备运维成本增长;同时随着业务的不断发展,从业务优化、调整到业务扩充,都会带来运维直接成本的增加。此时,运维费与运维成本大致相当。如果采用投资比例法继续计算运维费,那么在5年之后,如果没有进行大规模系统升级改造,那么运维费将低于运维成本。

当前运维预算编制对信息安全突发事件、应急事件处置方面的成本没有考虑,在突发安全事件时会造成一定困惑。

5.3.2 安全运维预算管理

信息系统安全运维预算管理的总体目标是提供一套成熟的安全运维预算和成本的管理方法,以健全运维预算和成本的控制,具体内容包括:

1)为安全运维和所涉及的信息化资产和资源制定预算;

2)为安全运维和所涉及的信息化资产和资源提供财务管理;

3)识别、记录并解释服务成本支出,进行成本收益分析,帮助组织更多地从财务的视角进行信息系统运维规划;

4)提供详细的与安全运维改进或变更有关的财务信息和案例分析,为管理层提供辅助信息化决策,以及从财务角度评价信息化活动和价值。

安全运维预算管理活动的范围包括所有信息化成本及预算的组成部分:信息化资产、共享资源、组织管理费用、外部提供的服务、人员等。安全运维预算管理包括安全运维预算管理、安全运维成本核算管理和实施过程的KPI。

1. 安全运维预算管理

安全运维预算管理的目标是通过有效的控制措施使实际预算执行与预算计划相匹配,确保当年的预算执行能够满足当年的服务级别需求。有效的预算计划和控制能够帮助组织准确预测每年提供信息系统运维所需的成本,并使得实际支出与预算计划相匹配,从而减少过度支出的风险。

1)制定安全运维预算表

安全运维成本分析员根据信息系统运维成本核算结果，制定下年度安全运维预算表，并将预算表提交给运维管理者进行初步审核。

2)预算变更申请

安全运维成本分析员跟踪预算表查看当前预算执行情况，如果存在预算差额，则根据情况申请追加预算，编写预算变更申请，提交给运维管理者进行初步审批。

预算变更申请包括因业务需求变化而产生的预算追加和合同变更，由于预算周期内计划的服务变更、预算需求超过可用资金导致的短期资金不足等。

3)预算审批

运维管理者对信息系统运维成本分析员提交的新预算表(或预算变更申请)进行审核，如果预算需要修改，则发回修改。运维管理者将预算申请提交组织的财务部门以及管理层做最终审批。

4)预算执行情况回顾

运维管理者定期回顾预算执行的情况，并在年度预算执行完毕后向管理层提交预算执行结果反馈——年度成本跟踪表。

2. 安全运维成本核算管理

安全运维成本核算管理的主要活动包括成本核算、成本记录和跟踪。安全运维成本核算管理的主要目标是帮助其准确记录其提供信息系统运维的所有支出，为组织下一年信息系统运维预算的制定提供决策依据，为财务部门做好预算的计划和控制提供必要的数据支持。

1)搜集并提交预算需求

安全运维成本分析是根据管理流程的需求调研、运维规划信息和运维服务协议等，对搜集的预算需求进行整理，作为信息系统运维预算管理中制定预算表的输入。

2)定期成本记录

定期在系统中记录项目预算和费用预算的具体执行，并每月生成一份月成本跟踪表，详细列出该月的成本记录。成本支出参考运维服务商款项支付信息和其他支付信息，除列出当前已支付数额外，同时列出当前项目完成进度，以体现过度和过少的支出/费用恢复，从而及时提出预警。

3)成本核算

安全运维成本核算根据定期的成本记录实施，尤其是对变更管理流程提交的主要变更的成本预测进行成本核算，查看该变更的成本预测是否合理，如果不合理，则核算出合理的变更成本。

4)成本跟踪

定期对预算的执行进行成本跟踪，成本跟踪以预算为基准对成本进行监控，查看当前预算执行情况以及项目完成情况。同时根据服务级别和服务成本的变更提交预算变更信息，以保障支持服务级别。若服务级别和服务成本未发生变更，而预算与成本的差异较大，运维服务成本分析员要对预算进行调整时，需将情况报送运维预决算经理进行初审，进行预算的调整。

3. 运维预决算管理的 KPI

为了保证运维预决算管理良好执行，定义了以下关键指标：

1)是否所有的运维成本都已被记录；

2)超出预算的项目占所有项目的比例；

3)预算计划的实际支出与预算计划之间差额数目的减少。

5.4 安全运维服务范围

安全运维服务范围是指安全运维服务具体实施的范围、服务最终目标以及实现该目标所需做的工作，即实现运维服务目标而对信息系统运维服务工作范围的确定、管理和控制，包括实现保证服务目标所对应的运维资产和运维业务。

5.4.1 安全运维资产梳理

安全运维资产梳理是运维准备的重点工作，其根本目标是分析组织信息系统资产对重点业务的支撑程度，从中厘清影响信息安全的资产，从而做到对信息安全资产心中有数，清晰了解重点业务对信息安全资源的动态需求。

5.4.1.1 资产梳理目标

信息安全资产梳理及管理应达到以下目标。

(1)动静结合，保证资产管理工作的全面性和准确性

信息安全资产是信息安全运维工作的物质基础，信息安全运维工作应从静态和动态两个角度对信息安全资产进行管理。通过信息安全资产的静态信息，可以了解资产是什么、属于谁、在哪里、好与坏、多与少等多种信息，例如资产类别、规格、厂商、价值等。通过信息安全资产的动态信息，对资产附加、可变的信息管理，可以了解资产怎么了、以前如何、将来如何、与其他资产相关性等信息，例如资产的状态、使用者、物理位置等。只有将信息安全资产的静态信息、动态信息、关联与配置信息都管理起来，才能够保证资产管理工作的全面性和准确性。

(2) 确定合适的管理粒度，加强安全资产及业务的关联性管理

信息安全资产的管理粒度决定了资产管理的复杂程度和工作量。粒度过大，会使一些重要的信息被隐藏，使得资产管理工作失去落脚点，从而起不到明显作用；粒度过小，会大大增加管理的复杂程度，提高管理成本和实施难度。因此，必须对信息安全资产的管理粒度有一个明确的界定，综合考虑管理目标和管理成本等相关因素，确定合适的管理粒度。

在明确管理粒度的原则下，加强资产与业务人员、资产与资产等方面的关联性管理，

从而通过资产的关联关系梳理，间接梳理反映出业务之间的关系。

(3) 财务属性与安全属性并重，实现资产的集中运维管理

信息安全资产购置后就具备了财务属性，用以描述其采购(建造)成本、折旧率、报废周期等，通过对资产的财务属性进行管理，可以为预决算、资产采购等提供统计数据和决策依据。信息安全资产除财务属性外，还具有运维属性、安全属性等，它们是从非财务属性方面描述资产的特性、状态、归属、安全特征及资产与资产、资产与业务之间的关联关系，为运维安全等工作提供具有重要价值和意义的信息。

因此，财务属性与安全属性只有并举并重，才能更好、更全面地描述信息安全资产，保障其更好地服务于信息安全运维工作。

5.4.1.2 资产梳理关注点

根据组织信息安全运维现状和资产管理需求，将信息安全资产进行分类，便于对资产进行有效的梳理。

(1) 按资产类别分

从资产分类的角度对资产进行分类，可以很清楚地了解组织各类别资产的组成情况和总体比例，对运维工作量和工作重点进行把握。同时，资产结构视图可以清楚地表明各类资产的相互关联关系，便于把握资产及其总体的配置。

(2) 按资产属性分

从资产属性的角度对资产进行分类，有基本属性、安全属性、财务属性，如果只是关注资产配置就没必要选择财务属性，安全属性是分类中应该最关注的点。

(3) 按资产状态分

资产的生命周期反映的是资产的动态变化情况，而其某一阶段的状态记录则是资产的静态展现。了解资产的状态可以对资产的使用情况及时把握，借此可以了解全局信息安全资产的统一配置情况。比如通过统计报废的资产数量及在用的资产数量比可以决定是否采购新设备。

(4) 按资产归属分

资产的归属就是资产属于哪个部门或个人。通过资产的归属可以了解资产的分配情况，为资源调配提供决策。比如可以分析各处室的设备分配情况，看是否存在不平衡情况等，并可以根据业务需要的不同为不同处室调配相应的资产。

5.4.1.3 资产梳理内容

安全运维资产是运维服务的对象，主要包括物理环境、网络平台、主机系统、应用系统、安全设施、信息数据等。梳理并记录运维设备和系统的种类、型号、功能、物理位置、端口对应情况、部署情况等资产详细信息，包括以下内容。

1. 物理环境，包括机房物理位置的选择、机房门禁、防盗窃和防破坏、防雷击、防火、

防水和防潮、防静电、温湿度控制、供应和电磁防护等。

2. 网络平台，指为信息系统提供安全网络环境相关的网络设备、电信设施，如路由器、交换机、负载均衡、通信线路等。

3. 主机系统，构成信息系统的计算机设备，如服务器、存储设备，为应用运行提供运行环境的软件程序，如系统软件、操作系统、数据库系统、中间件、语言处理系统（包括编译程序、解释程序和汇编程序）等。

4. 应用系统，完成特定业务功能的系统，如内部办公系统、门户网站、面向公众的应用系统以及财务、审计、税务、统计、金融、证券、通信、能源、工业控制、交通等软件系统。

5. 安全设施，指保证网络及信息系统安全的防护设备和系统，如防火墙、网络隔离设备、入侵检测系统、入侵防御系统、防病毒系统、防病毒网关、安全审计、UTM（安全网关）、流量监控、网络管理系统、堡垒机、安全管理平台、PKI/CA 身份认证系统、机房环境检测系统、安防系统、用电系统和弱电智能系统等。

6. 信息数据，系统支持业务运行过程中产生的数据和信息，如账务信息、交易记录等。

利用资产识别的数据进行物理设备建档，绘制网络拓扑、统计信息点分布以及各硬件设备和软件系统的数量、拓扑位置、用途等信息。利用资产识别的数据进行配置建档，记录软件系统的版本、用途、组件、配置、更新情况等信息，实现配置管理，建立软件安装媒介档案，建立软件和升级包配置档案。

5.4.2 安全运维业务梳理

安全运维业务的核心目标在于支撑业务的运行和发展，信息安全资源的分配必须与业务的运行特点相适应，即用最佳的资源支撑重点业务的运行。为实现信息安全资源的最佳分配，应当理清单位的业务组成形式，即哪些业务依赖于信息安全系统运行，他们之间的关联关系如何，存在哪些流程，以及业务运行的优先级等。

5.4.2.1 业务梳理目标

业务梳理分析应当按照业务应用效果、效能和效益进行完整、准确、量化的分析。

(1) 业务应用效果

梳理分析组织的重点业务都有哪些，组织部署实施了哪些业务应用的哪些模块去支撑这些重点业务，应用的程度或者使用涉众及影响范围如何，与其他业务应用和系统集成的情况如何，对业务流程的支撑情况如何等。业务应用效果分析是梳理工作的基础，可以据此清晰地了解单位信息安全应用的重点业务。

(2) 业务应用效能

分析组织实施的业务应用给业务带来了哪些提升，比如降低了单位的运行成本，提高了生产率和工作效率、缩短了重点业务办理的周期等；进而分析业务应用为单位带来的经济及社会效益、直接及间接效益、短期及长期效益等，以及业务应用为产生这些效益，其业务量集中发生及持续的时间等。

5.4.2.2 业务梳理关注点

业务流程过程中应注意以下几点。

(1) 关注整体业务

在梳理业务的过程中，首先识别重点业务都有哪些方面，针对单项的业务应用实现了哪些功能，这些功能在哪些时间段、时间点存在集中的业务量并发期，在业务量并发期当中系统功能涉及的影响范围，以及对功能稳定性、连续性的要求。

在梳理单项重点业务的基础上，应关注组织在实施信息安全的过程中的整体效能。还应分析上述重点业务之间的管理关系、流程，以及相对应的业务系统功能之间的业务关系、数据接口关系等，从而分析当一项业务处于集中高发期时，受其关联影响的其他业务有哪些，实现关键业务之间的集成评价有哪些。

(2) 关注行业特性

业务梳理要重点关注行业特性，不同的行业特性会对信息安全系统提出不同侧重面的要求。例如，电子政务(如公安、财政、税务等) 以及银行证券业等业务最为突出的是信息安全、业务连续性等方面的要求，企业信息安全业务可能更加偏向于数据分析利用的可靠性及决策支持的准确性等。只有准确进行具有行业特性的组织业务分析，才能够在后期的信息安全资产梳理当中，准确判断现有的信息安全资产能否满足具有行业特性的特殊要求。

(3)关注统计分析

对具有行业特性的组织业务进行梳理，应当基于可量化的业务历史数据，而不是靠调研中的臆断。因此，业务梳理最好以业务系统中历年的历史数据为依据，在统计分析的基础上判断其业务特性、业务量集中时间段，并且在此基础上分析业务量发展的趋势。

5.4.2.3 安全运维内容

安全运维业务及安全运维所能提供的服务，以用户信息安全的总体框架为基础、以安全策略为指导，结合先进的技术平台、经验丰富的安全运维团队、成熟的服务管理体系，覆盖从物理通信到网络、系统平台直至数据和应用平台的各个层面的安全需求，为组织提供安全监控、应急处置、分析决策等安全运维保障服务。主要安全运维业务如下：

1. 安全设备的管理，防火墙、网络隔离设备、入侵检测系统、入侵防御系统、防病毒系统、防病毒网关、UTM 等的安全策略配置、设备日常管理和巡视以及日志审计等工作；

2. 网络及系统的日常安全监控、安全事件处理等，在运维过程中对网络或系统发生病毒或黑客攻击等安全事件进行定位、防护、排除等运维动作，保障系统不受内、外界侵害；

3. 对运维过程中发生的基础环境、网络、安全、主机、中间件、数据库乃至核心应用系统影响其正常运行的安全事件，围绕安全事件、运维人员和信息资产，依据具体流程而展开监控、告警、响应、评估；

4. 安全服务的内容，比如风险评估、安全检查、漏洞扫描、渗透测试、事件响应、调查取证等方面的内容。

5.5 安全运维外包

5.5.1 安全运维外包模式

安全运维服务专业性强，需要丰富的知识库和专业运维人员。安全运维服务比较多地采用服务外包模式，专业服务商具有一套成熟、完善的运维风险控制和管理机制，能够以较低的成本提供高质量的服务，其成本优势和专业优势显而易见。根据组织的业务特点和组织结构模式，有3种运维业务外包管理模式。

第一种是整体外包，即将组织的整体运维业务进行外包，利用专业运维服务提供商的管理体系和运维资源来完成运维服务工作。其优势在于能够将组织的资源从运维业务中完全解放出来，只保留部分运维管理人员，能够大量节省人力物力资源，有效控制运维服务质量和效率；劣势在于容易形成以包代管现象。

第二种是部分业务外包，也就是将部分能独立承担的运维业务由组织内部信息部门完成，将无力完成的部分交由外部运维服务提供商完成。其优势在于可以引入竞争，降低成本；劣势在于容易造成管理界面不清晰、职责不明确，导致运维服务效率与质量下降。

第三种是通过外包引入先进管理体系，即主要通过引进外部优秀运维服务供应商的管理理念与管理体系，利用现有人员通过优化流程和提高效率更好地完成运维服务。其优势在于引进外部力量帮助提升内部队伍能力，不会改变组织原有的组织结构。劣势在于需要投入大量的人力、财力、物力，并且是一个长期的过程，效果在短期内很难显现。

5.5.2 安全运维外包风险

安全运维服务外包风险是指运维服务外包效果达不到预期的可能性以及通过外包活动引起的衍生风险。产生运维外包服务风险的原因通常有外部环境不确定性、双方关系复杂性、安全运维服务工作本身的复杂性等。运维服务外包风险通常表现在以下几点。

(1)运维服务供应商选择不当

目前，市场上能够提供低端运维服务诸如网络设备运维、桌面终端运维的供应商有很多，选择相对容易；相反，提供高端服务诸如管理咨询、信息安全运维的供应商相对较少，对此类供应商的寻找和挑选就需要谨慎，供应商选择不当不仅达不到预期目的，还会引发安全风险。

(2)对外包运维服务管控不到位

作为一种新兴的工作模式，安全运维外包的管控尚未有成熟的模型可供借鉴。往往伴随着运维权利的转移，组织内部管理人员失去对业务的直接控制，不能主动发现问题，加之外包服务提供商的机会主义行为，缺乏对其有效的监督考核手段等等问题，而出现管控不到位，使得组织业务系统的运行陷入被动。

(3)外包人员带来的安全风险

安全运维服务外包必须将保密安全放在首要位置。一方面，安全运维服务外包模式会使能够接触到组织核心网络结构、核心数据库的人员增加，由于外包供应商的人员流动性大，人员素质参差不齐，如果管理不够严格，极有可能导致核心数据的外泄，从而加大信息系统被攻击和信息泄密的风险。另一方面，由于外包运维人员技能欠缺，可能会发生因人为失误导致信息系统运行故障、服务停运或者数据丢失的风险。

5.5.3 安全运维外包商的选择

安全运维服务商的选择是一个严谨和复杂的过程，其关键点在于将安全运维管理者、安全运维使用者的服务要求整合在一起，作为招标、评标以及合同中的重要内容，包括服务内容、服务级别、服务质量、服务成本、绩效考核指标、安全要求以及奖罚内容等等。对运维外包服务商选择的结果必须落实到服务合同中，并在之后的执行管理过程中以合同内容作为标准，这是对安全运维外包商选择的重要一环。

服务内容：必须明确外包服务的服务内容。同时，对于多个外包商之间的服务边界要明确，要使所有外包商服务内容的合集覆盖所有外包服务需求的范围。

服务级别：定义 IT 服务的级别。依据甲方需要的服务方式、服务标准等内容确定服务级别。服务方式包括日常运维服务、特殊时期服务、应急响应服务、二级支持服务以及对服务形式、服务人员的要求。服务标准是对服务目标水平的定义，定义关键服务内容要达到的水平，以及衡量服务是否达到标准的评价方法。

绩效考核：绩效考核要有完善的考核制度，包括考核组织与职责、考核管理流程、考核指标、考核表格、绩效考评制度等内容。

奖惩制度：奖惩制度是基于绩效考核的结果，对外包商给予奖励或者惩罚。绩效考核通过奖惩制度加强了其被重视程度。

服务成本：甲方为其要求的服务内容、服务级别等而支付的运维外包服务费用。

安全运维服务商的选择方式可以考虑以下几种。

公开招标：竞争性招标。公开招标在公开程度、竞争的广泛性等方面具有较大的优势，但公开招标由于投标人众多，一般耗时较长，需花费的成本也较大，对于采购标的较小的招标来说，采用公开招标的方式往往得不偿失。

邀请招标：有限竞争性招标。对于专业性较强的项目，有资格承接的潜在投标人较少，或者需要在较短时间内完成采购任务时，可以采用邀请招标等方式。

询价采购：对几个供应商（通常至少 3 个）的报价进行比较，并确定最优供应商的一种采购方式。

直接采购：一对一谈判合同内容的方式。

5.5.4　安全运维外包商管理

在使用运维服务商的过程中，对服务过程的监控与管理是至关重要的。安全运维服务的过程必须按照规范流程，从服务台到事件管理、问题管理、变更管理、发布管理等服务流程覆盖到所有运维外包人员，这个过程同样需要用信息化手段来支撑。在安全运维服务过程中，安全运维外包商不能仅仅是按照流程规范来进行服务，更重要的是要将以救火式维护为主的运维模式，逐步改善为以预防性维护为主的运维模式，安全运维的目标是把事故消灭在萌芽状态。

只有保证每一个运维服务商的每次服务过程都是可控的，才能实现对外包商整体服务质量的把控。在对安全运维外包商的管理和评价中，主要考核技术能力、财务能力、商务能力和服务能力。

(1)技术能力，主要考察安全运维外包供应商的研发能力、运行保证、售后服务等具体业务能力。

(2)财务能力，主要考察安全运维外包供应商企业的收益率、速动比率、资产负债率等相关财务指标状况。

(3)商务能力，主要考察安全运维外包供应商服务范围、价格优势、运维资质、响应能力等侧重于软需求的情况。

(4)服务能力，主要考察安全运维外包供应商人员素质、工作效率、用户满意度、完成的综合服务能力等。

同时，保留各方面服务过程表单和记录可以为组织决策层提供各类切实可信的数据决策支持。根据考核结果，对于业务能力不高、管理能力不强、服务能力较差的供应商及时纠偏，优化服务，并淘汰不合格的外包服务商，优化外包资源。

5.6　案例分析

5.6.1　运维服务用户需求

在许多情况下，需求规格也被作为用户使用手册和操作手册的文档模板，广泛地适用于对各类应用领域中的用户问题进行理解与描述，实现用户和供方之间的联系通信，支持服务范围验证和变更管理。除实施上的限制外，用户需求规格一般不包括设计、构建、测试或工程管理的细节。

信息系统安全运维服务用户需求规格说明书的结构包括以下内容。

(1) 引言

①用户需求规格的目的。

②服务目标、业务范围和工作任务。

③定义、首字母缩写词与缩略语。

④参考文献。

⑤文档概要。

(2) 一般描述

①项目概况。

②项目功能。

③用户特征。

④环境和限制条件。

⑤ 假设和依赖性。

(3)专门需求

①功能需求。

②性能需求。

③接口需求。

(4)附录

(5)索引

在上面的结构中，第三部分的专门需求是重要的，也是实质的部分，但是由于它在信息系统运维服务实践中的变动性很大，因而不适于给出标准的结构。

5.6.2　安全运维预算管理

【例】某企业提供全国性的业务服务，运营了数量多、规模大的信息系统来支撑其业务的开展。然而该企业信息系统运维人手不够，且技术力量难以满足运维需求，因此，将运维工作外包。该企业在计算运维费预算时，从运维对象上分为硬件系统、软件系统、终端系统、应用系统等方面，采用的是资产比例系数法，下面我们具体来介绍其计算的方式。

5.6.2.1　硬件系统维护费用测算(见附表1)

硬件系统维护费＝基础维护费＋性能调优费＋备品备件费。

(1)“基础维护费”＝硬件系统采购合同总金额×维护取费比例(3%～5%)×运行维护保障水平系数＋驻场人月×每月人工费。

“维护取费比例”由相应的维护管理部门结合本地实际确定，原则上不超过5%；

“运行维护保障水平系数”根据硬件系统的运行维护保障水平分别为“一级运维”1.7,“二级运维”1.2,“三级运维”1;

“驻场人月”根据实际工作量确定;

“每月人工费”根据当地软件工程人员的用工标准确定。

(2)“性能调优费”=测算工作量×人工费。

(3)“备品备件费”原则上不高于硬件系统采购合同总金额的1%。

5.6.2.2 软件系统维护费用测算(见附表2)

软件系统维护费=软件系统采购合同总金额×维护费取费比例×运行维护保障水平系数+驻场人月×每月人工费。

(1)“维护费取费比例”由相应的维护管理部门结合本地实际确定,原则上不超过8%。

(2)“运行维护保障水平系数”根据软件系统的运行维护保障水分别为,“一级运维”1.5,“二级运维”1.2,“三级运维”1。

(3)“驻场人月”根据实际工作量确定。

(4)“每月人工费”根据当地软件工程人员的用工标准确定。

5.6.2.3 终端系统维护费用测算

终端系统维护费参考市场竞争定价测算。

5.6.2.4 应用系统维护费用测算

应用系统维护费=基础维护费+上一年度优化完善费用。

(1)“基础维护费”=应用系统相关开发合同总金额×维护取费比例×系统部署复杂度+现场维护次数×每次人工费+驻场人月×每月人工费。

(2)“维护取费比例”由相应的维护管理部门结合本地实际确定,原则上不超过10%。

(3)“系统部署复杂度”根据实际部署点数按以下原则确定:100个点以内为1;100~1000个点以内为1.1,多于1000个点为1.2。

“现场维护次数”根据实际工作量确定;

“驻场人月”根据实际工作量确定;

“每次人工费”根据当地软件工程人员费用标准确定;

“每月人工费”根据当地软件工程人员费用标准确定。

5.6.2.5 典型安全类产品运维服务费用清单

1. 工作量测算表(见附表3)
2. 费用清单表(见附表4)

5.6.3 安全运维组织

【例】A 公司为确保 B 系统上线实施准备工作顺利开展并取得实效，成立由 A 公司信息化职能管理部门牵头，A 信通公司(A 公司直属信息运维单位)具体负责实施，其他相关部门协作，B 系统厂商全力配合的安全运维组织，针对该项目建立管控组、技术支持组、实施组、测试组、运维组做好整体协调及项目管控。

(1)管控组

主要职责：负责部署、协调、指导、检查分布式存储的实施工作，负责整体工作进度管控，负责协调工作中重大问题及配套资源协调，跟进项目的进展。

组成人员

组长：王××

成员：魏××、李××、张××等人

(2)技术支持组

主要职责：负责 B 系统实施中的技术支持工作，研究和分析 B 系统应用和系统接入、迁移等相关技术，以及底层软硬件架构优化配置；编制项目建设方案和实施方案等建设文档，负责 B 系统测试运行环境的搭建，按照相关技术研究要求支撑实施工作；编制运维手册、运维技能培训课件等运维文档，完成相关知识转移。

组成人员

组长：谢××

成员：张××、冯××等人

(3)实施组

主要职责：负责 B 系统实施工作，配合管控组完成软硬件选型，配合完成项目建设方案和实施方案的编制；提前安排生产准备环境，完成实施后配合测试组完成生产准备环境测试和完善工作，配合运维组顺利实现建转运及后续安全稳定运行。

组成人员

组长：张××

成员：冯××、潘××等人

(4)测试组

主要职责：负责 B 系统测试工作，完成 B 系统的功能、性能和安全测试，编制测试报告，保证软件的实施质量，确保系统安全稳定运行。具体测试包括以下内容。

①功能测试：测试内容包括但不限于 B 系统 3 种访问接口的增删查改、快照、克隆等测试，即对象、块设备及文件接口测试；测试 B 系统提供的管理、监控界面(CLI 和 Web 界面)等。

②性能测试：测试内容包括但不限于 B 系统的顺序读写和随机读写、测试过程中调整参数包括操作块大小、对象大小、文件大小等。

③压力测试：测试 B 系统的并行连接数、高并发响应时间等性能指标。

④扩展性测试:测试B系统的X86服务器及存储盘的在线扩展等。

⑤可靠性测试:测试B系统的单点故障、多数据副本失效及在线恢复、服务器外设热插拔、服务器冗余设备故障(如电源、风扇、网卡等)、服务器宕机等异常恢复能力。

⑥安全测试:测试B系统根据用户数据库的资料,开放特定的权限给登录用户;测试安全防护策略包括但不限于安全日志、入侵检测、隔离防护、漏洞扫描等。

⑦系统故障恢复应急处置测试(包含集成接口部分)、运维分析监控测试等。

组成人员

组长:冯××

成员:潘××、蒋××等人

(5)运维组

主要职责:负责B系统运维工作,深入参与系统实施和测试,顺利实现建转运及后续安全稳定运行。

组成人员:

组长:冯××

成员:蒋××、余××等人

具体工作任务流程计划:

序号	工作任务	工作内容	工作时间	责任人
1	参与编制差异分析和实施方案	确保实施方案包含运维方案设计、建转运工作计划等内容,其中建转运工作计划应包含建转运生产准备计划、运维团队组建计划、运维团队培训计划等	2015-03-01 至 2015-03-14	××
2	参与审核实施方案和测试用例	在实施方案中,在把控功能需求的同时,需确保系统部署方案、系统集成方案、账号权限设置、性能及安全设计、非功能性需求、系统应急处置、平台系统运维分析监控、接口运维监控等内容符合平台系统运维工作要求。对于实施内容不能满足常规运维工作要求的,系统承建单位应给出运维解决方案。在测试用例中,确保包含功能测试、性能测试、压力测试、扩展性测试、可靠性测试、安全测试等分析,且符合公司实际生产环境情况	2015-03-15 至 2015-03-28	××
3	参与机房机柜、网络IP地址等基础环境准备	要求系统承建单位协助运维部门梳理基础环境运维内容并逐一落实各项运维内容所对应的人员,全程参与基础环境准备工作	2015-03-29 至 2015-04-12	××
4	实施测试	参与生产准备环境搭建;参与B系统实施;参与B系统功能、性能测试工作;参与B系统压力、扩展性、可靠性测试;参与B系统安全测试工作;参与B系统部署优化	2015-04-13 至 2015-07-04	××

续表

序号	工作任务	工作内容	工作时间	责任人
5	试运行	查验B系统各项确认测试，重点审查功能测试、集成测试、安全评测、性能及压力测试、系统故障恢复应急处置测试(包含集成接口部分)、运维分析监控测试内容；组织系统承建单位开展账号权限清查梳理工作，A公司与承建单位按照账号权限移交情况查验表要求逐项检查落实；全面监测、采集运行中各项指标数据，监控系统健康状况，编制试运行评估报告；督促承建单位对出现的问题、缺陷及隐患进行分类汇总分析，出具整改方案后做好系统消缺、性能优化、功能增强工作；根据试运行期的运行状况，调整运维方案及运维模式；完善运维方案、运维手册、技术服务标准并报总部组织专家审查；组织安排全面的软件研发培训和系统管理培训，具体包括平台系统架构、安装部署、平台监控、日常巡检、平台维护、接口运维、安全管理、应急处置等内容的培训；整理验收标准、技术服务考核标准等，邀请专家进行产品鉴定、验收并严格把关	2015-07 至 2015-12	××

5.6.4 运维服务商遴选方案

根据组织的实际情况，结合上述外包商管理方法论指导，我们在外包商的选择、使用、考核、优化4个方面提出解决方法和具体指标。

1. 外包商选择

外包商的选择要遵循招标、评标、签订运维合同的统一流程规范。一定要选择出具有相关运维经验、能够高效完成运维工作的、合适的外包商。

2. 招标

外包商选择的第一个环节是对招标文件标准化，将服务内容和时间质量要求等具体化和数字化。

招标文件应该在服务目录、服务级别要求、绩效考核、奖惩制度等方面有详细说明。

1)服务目录

对于一个外包服务，首先要确定的就是服务目录，即服务内容。服务内容的制定要明确本次外包的服务内容，清晰划分多个外包商之间的服务边界，使得所有外包商服务内容的合集覆盖所有外包服务需求范围，并各自明晰。

2)服务级别要求

A. 什么是服务级别要求?

不同的服务内容有着不同的服务要求。服务级别要求就是要清晰描述针对每一服务内容的服务要求、服务期望、要达成的主要目标和双方具体责任等，并尽量将其进行可量化处理。服务级别要求是将来签订服务级别协议的基础。

B. 服务级别要求的内容是什么？

服务级别要求包括但不限于以下内容。

①服务方式

包括日常运维服务、特殊时期服务、应急响应服务，以及对服务形式、服务人员的要求等。

②服务日历

需要提供×乘以×的服务响应期，如 7×24 小时、5×8 小时等。

③服务标准

可用性、响应时间、解决时间等。

3)绩效考核

包括考核组织与职责、考核管理流程、考核指标、考核表格、绩效考评制度等内容。

考核指标类型包括效率指标、质量指标，满意度指标和服务管理指标等。

4)奖惩制度

奖惩制度是基于绩效考核的结果，对外包商给予奖励或者惩罚。绩效考核通过奖惩制度加强了其被重视程度。

奖惩方式可包括：

①经济奖励——利用扣款惩罚作为奖励，给予考核结果优秀的外包商；

②优先选择奖励——给予谋求进一步合作的优先权；

③付款延期或扣款惩罚——扣款惩罚将用于奖励其他考核结果优秀的外包商；

④下一年度不予选用惩罚——剥夺与其继续合作的机会。

3. 评标

评标是招标投标活动中十分重要的阶段，评标的质量决定着能否从众多投标竞争者中选出最能满足招标项目各项要求的外包商。

1)服务商考察

要考虑服务商的资质、信誉、经营安全性，还要考虑其技术能力，特别是委派人员的技术能力和经验、服务管理和人员激励等因素。要求商务上和技术上的双符合。

实地考察环节也很重要，这种方式反映的情况较为客观，可以作为决策的重要参考依据。实际运维工作考察主要侧重在以下两个方面：服务质量和服务能力。

总体而言，在考察外包商时可以重点考虑以下几个方面。

①在选择外包商时，首先要审核外包商的资质，确认其为依法注册的具备独立法人资格的组织。同时，按照《劳动合同法》规定，外包商的注册资金不得低于50万元。由于资质和注册资金都可以造假，因此实地考察尤为重要。

②外包商的行业背景

要注重考察外包商及其管理人员在该外包服务领域的品牌和在该领域中所处的地位、专业知识深度以及对主要客户的服务和被派遣服务人员的管理情况。建议可以通过咨询外包商以往客户的方式对外包商服务进行了解。找出那些与所选的外包商已经建立若干年合作关系的单位，搜集他们成功或失败的经验。成功的外包合作关系应当是经历过若干年的时间考验，依然继续合作的公司。

③外包商从业人员素质

外包商服务人员的专业水平和服务意识直接关系到外包管理实施的规范与否，以及外包服务效果的好坏，同时也是在外包服务实施过程中根据组织实际情况及时提供人力资源解决方案、化解甲乙双方矛盾、杜绝服务争议的关键。

④外包商的规范化管理程度和手段

外包商应当有自己完善的管理制度，并具有流程管理和需求管理经验，因为具有需求管理经验的外包商可以准确地描述运维单位的运维期望，并根据期望提供相应的运维服务，同时运维流程也可以为外包商提供统一的行为标准。

⑤外包商的人才储备情况

在专业领域中高质量、高效率的服务，灵活的用工机制是选择外包商服务的重要目的。因此，外包商的人才储备情况十分重要。在选择外包商时，很多时候对这一方面的信息较难接触到，需要现场观察。

2)评标打分

对各投标商的商务情况、财务情况、技术方案、价格状况等方面进行打分、汇总。

以某局评标标准设立为例，供组织参考。

◆ 财务状况对比表

投标方	资产负债率			损益			现金流量		
	2014年	2015年	2016年	2014年	2015年	2016年	2014年	2015年	2016年
甲									
乙									
丙									

◆ 商务评分标准

评分项	比重	评分标准
质量管理认证		
财务状况		0～60分:差 60～85分:良 85～100分:优
最近3年已完成(或正在实施的)与招标内容相同的项目		
承担本项目主要专业技术人员情况		

◆ 技术评分标准

技术服务内容	50%	技术运维方案的完整性	34%
		技术运维方案的合理性	33%
		技术运维方案的实用性	33%
培训服务内容	25%	培训方案的完整性	34%
		培训方案的合理性	33%
		培训方案的实用性	33%
服务级别要求	25%	对招标书中服务级别要求的满足度	100%

◆ 价格评分标准

投标单位	开标价(万元)	评标得分	备注
甲			
乙			
丙			

备注:综合评分法中的价格,统一采用标底接近优先法计算,即满足招标文件要求且投标价格最接近标底价格的投标报价为评标基准价,其价格为满分,其他投标人的价格分按下列公式计算:投标报价=(1-(|标报价-评标基准价|评标基准价))×0.4×100,如果投标报价得分小于零分,按零分计算。

◆ 评分汇总表

投标人	商务评分	技术评分	价格评分	总分
	(25%)	(35%)	(40%)	
甲				
乙				
丙				

4. 签订合同

外包商选择的最终阶段即是与外包商签订合同。外包合同的签订至关重要,合同是对外包商进行控制、监督的核心环节。在双方签订的委托合同中,应对以下方面进行明确约定。

1)服务内容

服务目录是外包商的服务职责,以及每项服务的特点和具体情况的说明。

2)辅助支持内容

即该外包商服务上下游交汇处的服务内容及职责的描述。该外包商对这部分服务有支持职责。

3)服务级别协议(SLA)

A. 服务级别协议是指提供服务的组织与客户之间所达成的双方共同认可的协议或契约,规定了服务需要达成的主要目标和双方具体责任。

B. 服务级别协议的作用是什么?服务级别协议可以将服务引向一个可量化、可控制、可评论、可管理、可改进的境界,使服务不再模糊、不再只停留在非常内在的层面。

C. 服务级别协议的内容是什么?服务级别协议的内容包括但不限于服务方式,包括:日常运维服务、特殊时期服务、应急响应服务,以及对服务形式、服务人员的要求等。

服务日历:需要提供×乘以×的服务响应期,如 7×24 小时、5×8 小时等。

服务标准:可用性、响应时间、解决时间等。

4)怎样签订服务级别协议?在某种意义上说,服务级别协议的签订过程,也是甲乙双方博弈的过程,双方针对招标书中的服务级别要求,进行不断的沟通和协商。在必要的时候,甲方可能需要适当降低服务要求,乙方适当提高服务水平,以期最终达成一致,形成共同认可的服务级别协议。服务级别协议也是最终确定考核指标的重要依据之一。应明确考核方法与考核指标、不合格项处理和纠正、奖惩机制、相应违约责任。

详细定义对外包商在什么情况下进行奖励,怎样奖励;在什么情况下惩罚,怎样惩罚(经济惩罚、淘汰等)等内容。

5)外包商使用

组织在外包商使用时,要建立外包管理的相关规范,从细节上掌握每个服务进程的内容,保证每个服务过程是可控的;同时,过程数据对后期的统计以及最终的决策都是非常有帮助的。

对服务过程管理好了,服务质量就有了保证。一个典型的、有效的外包服务过程管理方法包括的以下几个环节。

①报修

来自监控系统和人工的服务请求与报警形成报修信息,这是所有服务过程的发起端;报警信息与各外包商人员职责对应,会传递到服务者和管理者手机或桌面或邮件中,服务者会立即响应;而服务台作为用户和运维服务组织统一联系点,对人工电话或邮件发出的服务请求进行统一接收，此类服务请求由固定的服务台人员接听受理。

报修过程体现了一站式受理、答复、沟通、统筹协调等工作过程，使客户沟通方便简捷，使报修与维修及时响应。

②分配

同时服务台根据服务请求的内容和外包服务分工，进行服务人员的指派，以短信、邮件、电话等形式通知服务，同时产生服务派工单，比如事件工单、问题工单、变更工单等。

一站式的服务提供受理和派工一体化，节约时间，提高效率，单点对客户，提高方便性和满意度。

③记录

当外包服务者完成现场服务后，将使用统一的工单来记录所有的服务信息，包括什么资产坏了，换了什么配件，谁服务的，用了多长时间，哪个用户提出的，是什么问题，解决的步骤和方法是什么，是否转手服务，为什么等。这些信息是检查外包服务过程的依据，也是统计分析的数据来源，是绩效考核的参考数据。

④汇总

对所有工单进行分类汇总，对故障类型、故障数量、发生时间、解决时间、解决人、解决方案、使用了哪些备品备件、用户满意度等各类信息进行汇总和统计，使包括运维工作量、服务质量、故障趋势、设备状况、备品备件使用情况等很多结果、规律、趋势立即展现，为外包管理、评价、采购升级、绩效提供实时依据。

5)决策

通过对运维工作量、服务质量、用户满意度等方面信息的统计和分析，可以为外包管理者在外包商服务评价、外包服务费用的调整和外包商的奖惩和选择等方面提供数据依据和决策支持；而通过对设备状况、故障趋势、备品备件使用情况等方面信息及时确实的掌握，可以为运维管理者在运维整体规划、运维资金的申请和分配等方面的决策提供坚实的数据基础。

总之，通过对各类汇总表和统计数据的分析、判断，可以使外包管理由粗放到精细，由无数据到有数据，由不及时到及时。

以上的几个环节紧密相关，总体形成环环相扣的管理逻辑，保证了对服务过程管理的合理性和科学性。这种管理采用信息化工具加以固化后，将更加容易实现没有管理的管理。

另外，组织在使用外包商前，应与各外包商共同确定外包商在日常运维服务（包括巡检、值班等）、特殊时期服务、应急服务等方面的服务内容，明确其必须遵守的相关制度、规范和计划，并基于上述管理方法，将这些服务过程一并纳入其中，进行有效管理。

6)外包商考核

对于外包商考核，一是结果，二是过程。

外包商考核是完善外包管理、提高外包服务质量的有效途径。依据考核评价体系对外包商进行每季度、每半年、全年的工作考评，同时结合外包合同相关条款对外包商全年工作进行奖罚以及优化下一年度的运维工作。

将外包商服务过程纳入事件、问题、变更、资产、知识库等管理流程，使他们的服务规范化和标准化。同时，服务过程中产生的工单将作为翔实的过程原始数据为外包商考核提供依据，为下一阶段外包商的选择、优化、外包资金的使用提供数据支持。

外包商考核时注重以下问题：

①依据合同中规定的运维服务级别(SLA)和组织对外包商管理制度，制定合理的绩效考核办法；

②绩效结果与合同挂钩，用以促进运维工作质量的提高和效率的提高，以及服务商履约程度。

考核流程如下。

a. 设定绩效目标

管理者与外包商共同设定一个共识的绩效目标，为绩效考核做最充分的准备。

b. 巡视检查

不定期对外包商进行工作检查。

c. 提取考核数据

经常查看考核数据，按月提取考核数据。

d. 填制考核表

将巡查和提取的数据填入考核表。

e. 汇总上报考核表

将各设备、各系统、各外包商等考核数据汇总上报。

f. 分析整改

分析考核结果，提出整改建议。

7)外包商优化

外包商的优化管理是外包服务生命周期的最后一个阶段。

通过对外包商服务过程和结果的考核，找到与之前设立的服务目标的差距。对没有达到服务目标的外包商根据实际情况实施惩罚方案，提出整改要求，或以最终淘汰等方式进行处理；对服务质量非常高，超出服务目标的外包商，可以实施奖励措施进行鼓励。

通过外包商的优化管理，使外包服务生命周期轮转起来，真正实现外包商管理的PDCA循环，不断提高外包服务质量。

通过对外包商服务过程和结果的考核，与服务目标进行比较，真实客观地评价外包商服务质量是否合格。

对于不合格的外包商，根据与之签订的合同中“不合格项处理和纠正”条款的具体规定，进行整改；根据合同中“奖惩机制”条款中的惩罚规定，进行相应经济惩罚；而对于服务质量很差的外包商，可以选择将其淘汰。

对于服务质量达标的外包商，可以在下一年度的外包商选择中继续与之合作；而对于服务质量非常高的外包商，不仅在下一年度中继续选择，还可以根据合同中“奖惩机制”条款中的奖励规定，对其进行相应经济奖励，以示认可和鼓励。

5.6.5 安全运维外包服务要求

随着××公司信息化建设和应用工作的不断发展，信息网络系统规模越来越大，网络安全风险日益增加，现有信息系统运行维护工作任务逐年递增，公司承担的系统运行维护工作难度越来越大，且随着今后一段时期××公司信息网络系统基础设施建设及信息安全防护需要进一步提升完善，信息化应用还需要朝着更高水平、更深层次推进。

由于××公司运维人员数量有限，为了进一步做好信息系统的安全运维工作，通过第三方驻场运维的模式，辅助××公司做好信息网络系统的安全运维工作，满足招标方信息化建设及安全运维保障工作发展需求。

1. 运维外包要求

(1)信息网络系统有关的系统、设备、光纤链路等内容的日常运行维护、状态监控、故障处理等方面的工作现场故障处理和部件更换安装；

(2)开展全公司信息广域网、××公司本部局域网设备与运行质量巡检，并提交相关报告，提升网络性能；

(3)定期开展信息网络系统运行情况分析，提交分析报告和相关改进方案；

(4)每月至少编写一篇典型经验和一篇典型缺陷，且通过相关专责审核；

(5)负责××公司信息内外网络系统的日常巡检、运维和故障处理；

(6)负责对核心防火墙、负载均衡设备、DHCP 服务性等系统的日志分析，并完成相关分析报告的编制；负责配合××公司信息调控中心和信息呼叫中心完成相关问题的处理；负责公司网络系统的日常巡检、运维和故障处理，并完成对系统日志的分析及分析报告的编制。

2. 驻场人员要求

(1)驻场工程师具有相当于思科 CCIE 认证的能力，熟悉 CISCO、华三、华为等主流网络设备；熟悉网络安全产品，具备 CISP 等安全资质证书；至少 1 人具有 3 年以上中、大型网络方案设计、工程实施和项目管理经验。

(2)乙方提供人员管理及配备方案，并确保其人员的稳定性。遵守××公司员工管理条例和机房管理规定，签署保密协议，不泄露运维方信息系统相关信息。

(3)熟悉 VLAN、STP、OSPF、BGP 等网络技术，并具备实际调试经验。

(4)熟练掌握主流厂商(如 CISCO、华三、华为等)网络及安全产品的配置。

(5)熟悉 MPLS VPN、OSPF 等主流网络技术，并具备实际调试经验。

(6)乙方派驻的运维人员必须固定，如有特殊情况需要变更，必须提前 3 个月提出申请，经××公司同意后，乙方需重新委派驻场运维服务人员与原驻场服务人员进行交接，交接时间为3个月，交接完成后，由甲乙双方及驻场服务人员签字确认后，原驻场运维人员方可离岗。

(7)乙方派驻运维服务人员如无法解决或无能力解决所辖范围的技术问题或故障，××公司须统筹调配其他非驻场人员(如乙方其他非驻场技术工程师、设备原产商技术工程师等)上门提供技术服务，以完成本项运维任务，其中产生的费用由投标方承担。

(8)具备网络项目实施能力和排错能力，能熟练使用抓包软件并能对抓包结果进行分析，并能定位4层以上的问题，具备网络设备、安全设备等安全审计分析能力，并能从中发现安全隐患。

(9)熟练掌握负载均衡设备(如Radware、F5等主流品牌)的配置、调试及故障排除。

(10)掌握网络软件工具的使用，迅速诊断、定位和排除网络故障。

(11)乙方委派驻场运维人员须具备较强的应急处理能力。

(12)××公司将定期对投标方委派驻场运维服务人员进行业务能力和是否按要求履行职责等方面进行评价考核，对评价考核成绩差的乙方派驻运维服务人员，××公司有权建议乙方更换。乙方需无条件配合××公司更换相应数量的委派驻场运维人员。

(13)乙方派驻本项目的技术人员必须提供两个及以上的联系方式，必须保证7×24小时通信畅通，如发生应急事件或事故，需在第一时间到达现场对应急事件或事故进行处理。

(14)具有较强的客户服务意识及出色的沟通与协调能力，包括招标方需求调研、方案编写、技术交流等，能够快速理解招标方需求并完成方案的制订。

(15)计算机及相关专业本科以上学历。

(16)具有较丰富的网络软、硬件知识，能够完成网络的技术组建和技术支持等工作。

(17)具有在中、大型企业网络运行维护的经验。

3. 技术服务要求

(1)乙方委派驻场运维服务人员须承担××公司信息网络系统有关的系统、设备、光纤链路等内容的日常运行维护、故障处理等方面的工作，负责故障诊断和处理、运行状态监控、系统配置管理等职责，确保信息网络系统和设备的稳定运行。

(2)乙方委派驻场运维服务人员须每日对全公司信息广域网、××公司本部局域网设备与运行质量进行巡检，并认真、真实填写巡检报告，每周末提交本周重点运维工作报告。

(3)乙方委派驻场运维服务人员须定期汇总编制运维周报、月报、年报。

(4)乙方委派驻场运维服务人员须按月对所辖维护范围的设备及系统的运行状态、资源分配及使用情况、配置合理性等方面进行分析，对系统和设备的负载能力、资源利用率趋势等方面进行评估，并提交分析评估报告，及时发现缺陷和隐患，提出整改方案。

(5)乙方委派驻场运维服务人员须在每次故障解决后向招标方负责人提交故障处理报告，对故障原因做出总结分析，并提出整改意见和预防措施。

(6)乙方委派驻场运维服务人员须承担××公司信息网络系统设备的维护工作，包括网络故障处理、设备更换与清洗等工作。

(7)乙方委派驻场运维服务人员需本着负责任的态度深入了解××公司信息网络系统的实际运行情况，挖掘系统潜在问题，结合先进技术提出切实可行的优化方案。

(8)乙方委派驻场运维服务人员须针对××公司信息网络系统各软、硬件编制设备台账，台账中包括各设备的详细配置情况、资产相关信息等。同时要求做到设备台账和资源使用情况实时更新，包括设备的入库与出库使用登记记录。

(9)完成日常运行维护数据的分析工作，为提升信息网络系统的运行质量提供必要的基础数据。

(10)乙方委派驻场运维服务人员需对每次故障处理、缺陷整改、配置变更等操作进行实时的操作记录，建立典型经验知识库，以便于故障的快速处理和系统及设备的运行状态分析。

(11)乙方委派驻场运维服务人员须按招标方计划定期对××公司技术人员进行技术培训。

(12)乙方应确保在提供运维服务期间不发生被上级单位考核事件，如经调查确认由于乙方原因对招标方系统正常运维造成影响的，每发生一次，招标方将扣除投标方合同总额的1%。

(13)乙方委派驻场运维人员对系统的任何改动进行的操作，须向甲方指定系统负责人提交操作申请，经由甲方指定系统负责人同意后，方可对系统执行操作。如发生未经允许私自操作事件，××公司将以书面形式向厂商进行通报，如造成影响系统正常运行事件的，每发生一次，招标方将扣除投标方合同总额的1%。

(14)运维服务人员须对所辖系统提供7×24小时应急现场故障处理服务。当系统出现故障须半小时内到达现场，不超过2小时定位故障。如发生未能按照规定时间进行应急响应事件，××公司将以书面形式向厂商进行通报，如造成影响系统正常运行事件，每发生一次招标方将扣除投标方合同总额的1%。

5.6.6 运维服务范围及内容

乙方运维单位为满足甲方运维要求，所提供的日常运维范围及内容如下。

一、运维支持

(1)系统运维支撑人员工作内容

1)负责生产环境、测试环境、灾备环境、仿真环境系统运维、检修、升级工作；

2)负责服务器日常巡检工作；

3)负责系统程序问题的修改、测试工作；

4)负责生产环境升级前的测试验证工作，升级后的应用、数据库检测工作；

5)负责系统升级后的操作手册的编写和培训工作；

6)负责数据库出现异常时的问题诊断工作；

7)遵守甲方相关管理规定，能够按照甲方管理人员要求，开展其他业务支持相关工作。

(2)检修支持

1)乙方配合甲方根据系统运行情况，制订故障及缺陷处理方案，并配合上报检修计划；

2)乙方至少提前1周向甲方提交统推系统升级包、源代码；

3)乙方须配合甲方提前做好检修测试工作、两票录入工作；

4)乙方须严格遵守××公司检修管理规定，配合甲方按时完成检修工作，并记录检修工作中发生的各类问题，检修完成后汇报至系统管控组或开发组进行分析处理。

(3)应用支持人员工作内容

1)负责接听用户业务咨询来电，并处理用户使用过程中存在的问题或提供必要的技术支持以确保用户业务的顺利流转；

2)负责新业务需求的搜集整理工作、设计开发工作、功能发布生产环境的测试工作；

3)负责到各基层单位进行现场培训及业务支持工作。

二、日常维护及巡检服务

乙方应每天对系统巡检1次，对应用软件运行状况进行详细的预防性检查维护，及时检查、发现故障隐患，对系统及时升级和进行漏洞修复，优化系统性能，做到防患于未然。除了定期巡检外，在一些特殊保障时期，提供运维工程师现场值班和不定期对系统进行巡检，保持业务安全平稳运行。所有巡检工作须出具报告进行分析。

巡检内容包括以下几方面：

1)系统功能例行检查；

2)系统程序备份及数据备份；

3)系统间各接口巡视；

4)检查系统错误报告以及其他的记录文件；

5)对操作系统运行情况、系统安全性检查、补丁检查；

6)对系统所涉及的交换网络、外围网络、外围设备的检查。

三、日常管理及维护服务

日常管理及维护服务内容包括以下几方面：

1)系统设备运维台账的准确性和正确性；

2)组织机构、人员岗位变更处理；

3)业务流程变更测试；

4)话务量分析及系统运作评估；

5)系统实用化考核数据上报；

6)完成系统测试环境的搭建及系统更新、升级测试工作；

7)对系统业务数据进行质量检查,配合相关部门及单位提升数据质量。

四、现场故障处理服务

1)提供 7× 24 小时电话响应及现场驻场服务,解决系统的数据库、操作系统、中间件应用平台及系统接口等方面的故障问题。

2)当确定应用软件出现重大故障时,乙方专业工程师应按规定时间到达现场,进行故障检测、定位、维护与排除,尽快恢复业务系统正常运行。提供翔实、准确的系统检修配置文档、故障分析报告和故障解决方案,对事故出现的原因进行深入分析,并制订相应整改方案。

五、性能诊断与调试

1)乙方对于已完成调优的程序、平台、硬件须编写调优报告、典型经验,并完成知识库的完善与更新。

2)在维护服务期间,乙方应不定期地对项目所包含的应用软件和数据库运行状况进行全面检测,确认系统运行状态,检查系统错误记录,并对存在问题的软硬件进行性能调优,程序优化等工作,排除潜在隐患,以确保系统能正常稳定地运行。

3)根据应用软件的运行情况,提供系统运行性能诊断,由专家对系统性能进行诊断,根据结果调整系统参数,使系统始终在最佳状态下运行。对可能出现的问题提供科学预测,并采取必要的预防和补救措施,防患于未然。

六、服务文档记录提交

(1)技术服务报告

1)故障处理及重要技术咨询的记录;

2)性能调优分析及实施报告;

3)安装配置实施方案及总结报告;

4)其他技术性报告。

(2)运维总结报告

乙方按照甲方要求按月提供信息系统运维月报,内容包括运行情况、业务支持情况、事件问题分析等。每年服务合同结束后 10 天内,乙方向甲方提供本年度服务的全年汇总报告《全年维护总结报告》,详细陈述系统运行情况、服务统计、系统情况分析等内容。乙方同时将全年服务记录装订成册,交由甲方保管以作参考。同时,乙方每年进行 2 次甲方满意度调查。

七、技术培训服务

在服务期间,乙方应向甲方教授日常维护经验,及时响应甲方提出的相关问题,并根据甲方需求进行培训,但不包含原厂商认证培训。

附表1 硬件系统性能调优工作量测算参照表

资产分类		运维任务	运维操作详细	运维等级	服务名称	难易程度	人员级别	项目	指标值			作业时间	计费方式	工作地点	累计工时	作业方式
									衡量	频次	有效					
服务器	X86服务器（01）	例行检查	工作日监控运行	P1	服务器的运行维护服务	易	低	服务次数	1日	1	5×8	驻场	5	按人	本地	
		日常运维	工作日运行维护	P2		中	中	服务次数	1日	1	5×8	驻场	5	按人	本地	
		专家巡检	按月巡检运行	P3		中	中	服务次数	1月	1	5×8	现场	60	按次	本地	
		优化改善	按季优化性能	P1		中	中	服务次数	1季	1	5×8	现场	30	按次	本地	
		应急预案	编制应急预案	P3		难	高	服务次数	1年	1	5×8	其他	–	按次	本地	
		应急演练	每半年组织一次	P2		难	高	服务次数	半年	1	5×8	现场	–	按次	本地	
		报表统计	按年提供报表信息	P1		中	中	服务次数	1年	1	5×8	其他	–	按次	本地	
	非X86服务器（02）	例行检查	工作日监控运行	P1		易	低	服务次数	1日	1	5×8	驻场	5	按人	本地	
		日常运维	工作日运行维护	P2		中	中	服务次数	1日	1	5×8	驻场	5	按人	本地	
		专家巡检	按月巡检运行	P3		中	中	服务次数	1月	1	5×8	现场	60	按次	本地	
		优化改善	按季优化性能	P1		中	中	服务次数	1季	1	5×8	现场	30	按次	本地	
		应急预案	编制应急预案	P3		难	高	服务次数	1年	1	5×8	其他	–	按次	本地	
		应急演练	每半年组织一次	P2		难	高	服务次数	半年	1	5×8	现场	–	按次	本地	
		报表统计	按年提供报表信息	P1		中	中	服务次数	1年	1	5×8	加班	–	按次	本地	
存储设备	存储	例行检查	工作日监控运行	P1	存储设备的运行维护服务	易	低	服务次数	1日	1	5×8	驻场	5	按人	本地	
		日常运维	工作日运行维护	P2		易	低	服务次数	1日	3	5×8	驻场	5	按人	本地	
		专家巡检	按月巡检运行	P3		中	中	服务次数	1月	1	5×8	现场	60	按次	本地	
		优化改善	按季优化性能	P1		中	中	服务次数	1季	1	5×8	现场	30	按次	本地	
		应急预案	编制应急预案	P3		难	高	服务次数	1年	1	5×8	其他	–	按次	本地	
		应急演练	每半年组织一次	P2		难	高	服务次数	半年	1	5×8	现场	–	按次	本地	
		报表统计	按年提供报表信息	P1		中	中	服务次数	1年	1	5×8	加班	–	按次	本地	
		例行检查	工作日监控运行	P3		易	低	服务次数	1日	2	5×8	驻场	10	按人	本地	
		日常运维	工作日运行维护	P2		中	中	服务次数	1日	1	5×8	驻场	10	按人	本地	
		专家巡检	按季巡检运行	P2		中	中	服务次数	1季	1	5×8	现场	120	按人	本地	

附表 1 （续 1 ）

资产分类		运维任务	运维操作详细	运维等级	服务名称	难易程度	人员级别	项目	指标值			作业时间	计费方式	工作地点	累计工时	作业方式
									衡量	频次	有效					
安全设备	防火墙、IDS、审计系统、WAF、网闸、堡垒机	优化改善	按季巡检运行	P2	安全设备的运行维护服务	中	中	服务次数	1 季	1	5×8	现场	60	按人	本地	
		应急预案	应急预案编制	P3		难	高	服务次数	1 年	1	5×8	其他	–	按次	本地	
		应急演练	每半年组织一次	P3		难	高	服务次数	半年	1	5×8	其他	–	按次	本地	
		报表统计	按年提供报表信息	P1		中	中	服务次数	1 年	1	5×8	加班	–	按次	本地	
		文件备份	按季手动备份	P1		易	低	服务次数	1 季	1	5×8	现场	5	按人	本地	
	防病毒网关	例行检查	工作日监控运行	P3		易	低	服务次数	1 日	2	5×8	驻场	10	按人	本地	
		日常运维	工作日运行维护	P2		易	低	服务次数	1 日	1	5×8	驻场	10	按人	本地	
		专家巡检	按季巡检运行	P2		中	中	服务次数	1 季	1	5×8	现场	120	按人	本地	
		优化改善	按季巡检运行	P2		中	中	服务次数	1 季	1	5×8	现场	60	按人	本地	
		应急预案	应急预案编制	P3		难	高	服务次数	1 年	1	5×8	其他	–	按次	本地	
		应急演练	每半年组织一次	P3		难	高	服务次数	半年	1	5×8	其他	–	按次	本地	
		报表统计	按年提供报表信息	P1		中	中	服务次数	1 年	1	5×8	加班	–	按次	本地	
		文件备份	按季手动备份	P1		易	低	服务次数	1 季	1	5×8	现场	5	按人	本地	
	防病毒系统	例行检查	工作日监控运行	P3		易	低	服务次数	1 日	2	5×8	驻场	10	按人	本地	
		日常运维	工作日运行维护	P2		易	低	服务次数	1 日	1	5×8	驻场	10	按人	本地	
		专家巡检	按季巡检运行	P2		中	中	服务次数	1 季	1	5×8	现场	120	按人	本地	
		优化改善	按季巡检运行	P2		中	中	服务次数	1 季	1	5×8	现场	60	按人	本地	
		应急预案	应急预案编制	P3		难	高	服务次数	1 年	1	5×8	其他	–	按次	本地	
		应急演练	每半年组织一次	P3		难	高	服务次数	半年	1	5×8	其他	–	按次	本地	
		报表统计	按年提供报表信息	P1		中	中	服务次数	1 年	1	5×8	加班	–	按次	本地	
		文件备份	按季手动备份	P1		易	低	服务次数	1 季	1	5×8	现场	5	按人	本地	
	漏洞扫描	例行检查	工作日监控运行	P3		易	低	服务次数	1 日	2	5×8	驻场	10	按人	本地	
		日常运维	工作日运行维护	P2		易	低	服务次数	1 日	1	5×8	驻场	10	按人	本地	
		专家巡检	按季巡检运行	P2		中	中	服务次数	1 季	1	5×8	现场	120	按人	本地	
		优化改善	按季巡检运行	P2		中	中	服务次数	1 季	1	5×8	现场	60	按人	本地	
		应急预案	应急预案编制	P3		难	高	服务次数	1 年	1	5×8	其他	–	按次	本地	
		应急演练	每半年组织一次	P3		难	高	服务次数	半年	1	5×8	其他	–	按次	本地	

附表1（续2）

资产分类		运维任务	运维操作详细	运维等级	服务名称	难易程度	人员级别	项目	指标值			作业时间	计费方式	工作地点	累计工时	作业方式
									衡量	频次	有效					
	VPN	报表统计	按年提供报表信息	P1		中	中	服务次数	1年	1	5×8	加班	–	按次	本地	
		文件备份	按季手动备份	P1		易	低	服务次数	1季	1	5×8	现场	5	按人	本地	
		例行检查	工作日监控运行	P3		易	低	服务次数	1日	2	5×8	驻场	10	按人	本地	
		日常运维	工作日运行维护	P2		易	低	服务次数	1日	1	5×8	驻场	10	按人	本地	
		专家巡检	按季巡检运行	P2		中	中	服务次数	1季	1	5×8	现场	120	按人	本地	
		优化改善	按季巡检运行	P2		中	中	服务次数	1季	1	5×8	现场	60	按人	本地	
		应急预案	应急预案编制	P3		难	高	服务次数	1年	1	5×8	其他	–	按次	本地	
		应急演练	每半年组织一次	P3		难	高	服务次数	半年	1	5×8	其他	–	按次	本地	
		报表统计	按年提供报表信息	P1		中	中	服务次数	1年	1	5×8	加班	–	按次	本地	
		文件备份	按季手动备份	P1		易	低	服务次数	1季	1	5×8	现场	5	按人	本地	
网络设备	交换机、路由器	例行检查	工作日监控运行	P3	网络设备的例行运行维护技术服务	易	低	服务次数	1日	2	5×8	驻场	10	按人	本地	
		日常运维	工作日运行维护	P2		易	低	服务次数	1日	1	5×8	驻场	10	按人	本地	
		专家巡检	按季巡检运行	P2		中	中	服务次数	1季	1	5×8	现场	120	按人	本地	
		优化改善	按季巡检运行	P2		中	中	服务次数	1季	1	5×8	现场	60	按人	本地	
		应急预案	应急预案编制	P3		难	高	服务次数	1年	1	5×8	其他	–	按次	本地	
		应急演练	每半年组织一次	P3		难	高	服务次数	半年	1	5×8	其他	–	按次	本地	
		报表统计	按年提供报表信息	P1		中	中	服务次数	1年	1	5×8	加班	–	按次	本地	
		文件备份	按季手动备份	P1		易	低	服务次数	1季	1	5×8	现场	5	按人	本地	
其他	加密机	例行检查	工作日监控运行	P3	应用支撑系统的例行运行维护技术服务	易	低	服务次数	1日	2	5×8	驻场	10	按人	本地	
		日常运维	工作日运行维护	P2		易	低	服务次数	1日	1	5×8	驻场	10	按人	本地	
		专家巡检	按季巡检运行	P2		中	中	服务次数	1季	1	5×8	现场	120	按人	本地	
		优化改善	按季巡检运行	P2		中	中	服务次数	1季	1	5×8	现场	60	按人	本地	
		应急预案	应急预案编制	P3		难	高	服务次数	1年	1	5×8	其他	–	按次	本地	
		应急演练	每半年组织一次	P3		难	高	服务次数	半年	1	5×8	其他	–	按次	本地	
		报表统计	按年提供报表信息	P1		中	中	服务次数	1年	1	5×8	加班	–	按次	本地	
		文件备份	按季手动备份	P1		易	低	服务次数	1季	1	5×8	现场	5	按人	本地	
	辅助类	例行检查	工作日监控运行	P2		易	低	服务次数	1日	1	5×8	驻场	5	按人	本地	
		日常运维	工作日运行维护	P2		易	低	服务次数	1日	1	5×8	驻场	10	按人	本地	
		报表统计	按年提供报表信息	P1		中	中	服务次数	1年	1	5×8	加班	–	按次	本地	
		文件备份	按季手动备份	P1		易	低	服务次数	1季	1	5×8	现场	5	按人	本地	

附表 2　件系统性能调优工作量测算参照表

资产分类		运维任务	运维操作详细	运维等级	服务名称	难易程度	人员级别	项目	指标值			作业方式	作业时间	计费方式	工作地点	累计工时
									衡量	频次	有效					
操作系统	Wind-ows	例行检查	按季巡检运行	P1		低	低	服务次数	1 季	1	5×8	现场	–	按次	本地	
		日常运维	工作日运行维护	P2		中	中	服务次数	1 日	1	5×8	驻场	5	按人	本地	
		专家巡检	按季巡检运行	P2		中	中	服务次数	1 季	1	5×8	现场	–	按次	本地	
		优化改善	按季优化性能	P2		中	中	服务次数	1 季	1	5×8	现场	–	按次	本地	
		配置备份	按月手动备份	P1		低	低	服务次数	1 月	1	5×8	现场	–	按次	本地	
	Linux	例行检查	按季巡检运行	P1		低	低	服务次数	1 季	1	5×8	现场	–	按次	本地	
		日常运维	工作日运行维护	P2		中	中	服务次数	1 日	1	5×8	驻场	5	按人	本地	
		专家巡检	按季巡检运行	P2		中	中	服务次数	1 季	1	5×8	现场	–	按次	本地	
		优化改善	按季优化性能	P2		中	中	服务次数	1 季	1	5×8	现场	–	按次	本地	
		配置备份	按月手动备份	P1		低	低	服务次数	1 月	1	5×8	现场	–	按次	本地	
数据库	Syba-se	例行检查	按季巡检运行	P1	数据库例行运行维护技术服务	低	低	服务次数	1 季	1	5×8	现场	–	按次	本地	
		日常运维	工作日运行维护	P2		中	中	服务次数	1 日	1	5×8	驻场	8	按人	本地	
		专家巡检	按季巡检运行	P2		中	中	服务次数	1 季	1	5×8	现场	–	按次	本地	
		优化改善	按季优化性能	P2		中	中	服务次数	1 季	1	5×8	现场	–	按次	本地	
		配置备份	按月手动备份	P1		低	低	服务次数	1 月	1	5×8	现场	–	按次	本地	
数据库	Oracle	例行检查	按季巡检运行	P1	数据库例行运行维护技术服务	低	低	服务次数	1 季	1	5×8	现场	–	按次	本地	
		日常运维	工作日运行维护	P2		中	中	服务次数	1 日	1	5×8	驻场	8	按人	本地	
		专家巡检	按季巡检运行	P2		中	中	服务次数	1 季	1	5×8	现场	–	按次	本地	
		优化改善	按季优化性能	P2		中	中	服务次数	1 季	1	5×8	现场	–	按次	本地	
		配置备份	按月手动备份	P1		低	低	服务次数	1 月	1	5×8	现场	–	按次	本地	

续表

资产分类		运维任务	运维操作详细	运维等级	服务名称	难易程度	人员级别	项目	指标值			作业方式	作业时间	计费方式	工作地点	累计工时
									衡量	频次	有效					
中间件		例行检查	按季巡检运行	P1	中间件运行维护服务	低	低	服务次数	1季	1	5×8	现场	–	按次	本地	
		日常运维	工作日运行维护	P2		中	中	服务次数	1日	1	5×8	驻场	8	按人	本地	
		专家巡检	按季巡检运行	P2		中	中	服务次数	1季	1	5×8	现场	–	按次	本地	
		优化改善	按季优化性能	P2		中	中	服务次数	1季	1	5×8	现场	–	按次	本地	
		配置备份	按月手动备份	P1		低	低	服务次数	1月	1	5×8	现场	–	按次	本地	
其他	虚拟化软件	例行检查	按季巡检运行	P1		低	低	服务次数	1季	1	5×8	现场	–	按次	本地	
		日常运维	工作日运行维护	P2		中	中	服务次数	1日	1	5×8	驻场	8	按人	本地	
		专家巡检	按季巡检运行	P2		中	中	服务次数	1季	1	5×8	现场	–	按次	本地	
		优化改善	按季优化性能	P2		中	中	服务次数	1季	1	5×8	现场	–	按次	本地	
		配置备份	按月手动备份	P1		低	低	服务次数	1月	1	5×8	现场	–	按次	本地	

附表 3　工作量计算表

资产分类	运维任务	运维操作详细	运维等级	难易程度	人员级别	项目	指标值			作业方式	作业时间	计费方式	工作地点	累计工时	累计成本				工作量合计（分钟）
							衡量	频次	有效						参数	参数	参数	合计	
防火墙	例行检查	工作日监控运行	P2	易	低	服务次数	1 日	1	5×8	驻场	10	按人	本地	2600	1	1	1	2600	7612
	专家巡检	按月巡检运行	P3	中	中	服务次数	1 月	1	5×8	现场	120	按人	本地	1440	1.2	1	1.2	1728	
	安全优化调整	按月巡检运行	P3	中	中	服务次数	1 月	1	5×8	现场	60	按人	本地	720	1.2	1	1.2	864	
	应急预案	应急预案编制	P3	难	高	服务次数	1 周	1	5×8	其他	一次性	按次	本地	2400	–	–	–	2400	
	配置文件备份	按季手动备份	P1	易	低	服务次数	1 季	1	5×8	现场	5	按人	本地	20	1	1	1	20	
入侵检测系统	例行检查	工作日监控运行	P2	易	低	服务次数	1 日	1	5×8	驻场	10	按人	本地	2600	1	1	1	2600	7612
	专家巡检	按月巡检运行	P3	中	中	服务次数	1 月	1	5×8	现场	120	按人	本地	1440	1.2	1	1.2	1728	
	安全优化调整	按月巡检运行	P3	中	中	服务次数	1 月	1	5×8	现场	60	按人	本地	720	1.2	1	1.2	864	
	应急预案	应急预案编制	P3	难	高	服务次数		1		其他	一次性	按次	本地	2400	–	–	–	2400	
	配置文件备份	按季手动备份	P1	易	低	服务次数	1 季	1	5×8	现场	5	按人	本地	20	1	1	1	20	

续表

资产分类	运维任务	运维操作详细	运维等级	难易程度	人员级别	项目	指标值			作业方式	作业时间	计费方式	工作地点	累计工时	累计成本				工作量合计（分钟）
							衡量	频次	有效						参数	参数	参数	合计	
堡垒机	例行检查	工作日监控运行	P2	易	低	服务次数	1日	1	5×8	驻场	10	按人	本地	2600	1	1	1	2600	7612
	专家巡检	按月巡检运行	P3	中	中	服务次数	1月	1	5×8	现场	120	按人	本地	1440	1.2	1	1.2	1728	
	安全优化调整	按月巡检运行	P3	中	中	服务次数	1月	1	5×8	现场	60	按人	本地	720	1.2	1	1.2	864	
	应急预案	应急预案编制	P3	难	高	服务次数		1		其他	一次性	按次	本地	2400	-	-	-	2400	
	配置文件备份	按季手动备份	P1	易	低	服务次数	1季	1	5×8	现场	5	按人	本地	20	1	1	1	20	
安全堡垒平台	例行检查	工作日监控运行	P2	易	低	服务次数	1日	1	5×8	驻场	10	按人	本地	2600	1	1	1	2600	7612
	专家巡检	按月巡检运行	P3	中	中	服务次数	1月	1	5×8	现场	120	按人	本地	1440	1.2	1	1.2	1728	
	安全优化调整	按月巡检运行	P3	中	中	服务次数	1月	1	5×8	现场	60	按人	本地	720	1.2	1	1.2	864	
	应急预案	应急预案编制	P3	难	高	服务次数		1		其他	一次性	按次	本地	2400	-	-	-	2400	
	配置文件备份	按季手动备份	P1	易	低	服务次数	1季	1	5×8	现场	5	按人	本地	20	1	1	1	20	

附表 4　费用清单表

公司名称：××××××科技有限公司　　代表人：　　日期：20××/××/××　　单位：人民币元

序号	设备编号	设备类型	部署位置	型号	资产价值	属性值		基础维护		性能调优		备品备件		驻场情况		合计
						支撑系统	运维等级	取费比例	费用	工作量	费用	取费比例	费用	人数	费用（年）	
1	××-J11-FW-42	防火墙	专网边界	POWER 6000	160,000	重要	一级	3%	8160	127	11,012	1%	1600	1	5806	
2	××-J11-FW-40	防火墙	专网边界	POWER 6000	160,000	重要	一级	3%	8160	127	11,012	1%	1600	1	5806	
3	××-J11-FW-12	防火墙	专网安管域	POWER 6000	160,000	一般	二级	3%	7200	127	11,012	1%	1600	1	5806	
4	××-J11-FW-10	防火墙	专网安管域	POWER 6000	160,000	一般	二级	3%	7200	127	11,012	1%	1600	1	5806	
5	××-J12-FW-23	防火墙	二级业务域	NGFW 4000	180,000	一般	二级	3%	8100	127	11,012	1%	1800	1	5806	
6	××-J12-FW-34	防火墙	三级业务域	POWER 6000	160,000	重要	一级	3%	8160	127	11,012	1%	1600	1	5806	
7	××-J12-FW-31	防火墙	三级业务域	POWER 6000	160,000	重要	一级	3%	8160	127	11,012	1%	1600	1	5806	
8	××-J12-FW-36	防火墙	开发测试域	POWER 6000	160,000	一般	二级	3%	7200	127	11,012	1%	1600	1	5806	
9	××-I19-FW-30	防火墙	互联网边界	POWER 6000	160,000	重要	一级	3%	8160	127	11,012	1%	1600	1	5806	
10	××-I19-FW-32	防火墙	互联网边界	POWER 6000	160,000	重要	一级	3%	8160	127	11,012	1%	1600	1	5806	
11	××-I18-FW-30	防火墙	外网安管域	POWER 6000	160,000	一般	二级	3%	7200	127	11,012	1%	1600	1	5806	
12	××-I18-FW-26	防火墙	外网数据域	POWER 6000	160,000	重要	一级	3%	8160	127	11,012	1%	1600	1	5806	
13	××-B02-FW-33	防火墙	外网用户域	NGFW 4000	180,000	一般	二级	3%	8100	127	11,012	1%	1800	1	5806	

续表 1

序号	设备编号	设备类型	部署位置	型号	资产价值	属性值		基础维护		性能调优		备品备件		驻场情况		合计
						支撑系统	运维等级	取费比例	费用	工作量	费用	取费比例	费用	人数	费用（年）	
14	××-J11-IPS-36	入侵防御系统	专网边界	UTM2000	210,000	重要	一级	3%	10,710	127	11,012	1%	2100	1	5806	
15	××-J11-IPS-37	入侵防御系统	专网边界	UTM2000	210,000	重要	一级	3%	10,710	127	11,012	1%	2100	1	5806	
16	××-B04-IPS-33	入侵防御系统	外联组织边界	NIPS1080	210,000	重要	一级	3%	10,710	127	11,012	1%	2100	1	5806	
17	××-I19-IPS-38	入侵防御系统	互联网边界	NIPS1080	210,000	重要	一级	3%	10,710	127	11,012	1%	2100	1	5806	
18	××-I19-IPS-40	入侵防御系统	互联网边界	NIPS1080	210,000	重要	一级	3%	10,710	127	11,012	1%	2100	1	5806	
19	××-J14-IDS-37	入侵检测系统	专网核心交换域	天阗 NT2000	190,000	重要	一级	3%	9690	127	11,012	1%	1900	1	5806	
20	××-J14-IDS-22	入侵检测系统	专网安管域	天阗 N2000	190,000	一般	二级	3%	8550	127	11,012	1%	1900	1	5806	
21	××-J14-IDS-15	入侵检测系统	专网安管域	天阗 N2000	190,000	一般	二级	3%	8550	127	11,012	1%	1900	1	5806	
22	××-J14-IDS-17	入侵检测系统	二级业务域	天阗 N2000	190,000	一般	二级	3%	8550	127	11,012	1%	1900	1	5806	
23	××-J14-IDS-12	入侵检测系统	三级业务域	TS-3000	200,000	重要	一级	3%	10,200	127	11,012	1%	2000	1	5806	
24	××-J14-IDS-27	入侵检测系统	外网核心域	TS-3000	200,000	重要	一级	3%	10,200	127	11,012	1%	2000	1	5806	
25	××-J14-IDS-07	入侵检测系统	外网数据域	天阗 N2000	190,000	重要	一级	3%	9690	127	11,012	1%	1900	1	5806	

续表 2

序号	设备编号	设备类型	部署位置	型号	资产价值	属性值		基础维护		性能调优		备品备件		驻场情况		合计
						支撑系统	运维等级	取费比例	费用	工作量	费用	取费比例	费用	人数	费用（年）	
26	××-J14-IDS-32	入侵检测系统	外网应用域	天阗 N2000	190,000	一般	二级	3%	8550	127	11,012	1%	1900	1	5806	
27	××-I18-TAP-38	移动安全接入平台	外网移动接入域	MDM 平台	180,000	一般	二级	3%	8100	127	11,012	1%	1800	1	5806	
28	××-I18-TAP-40	移动应用管理平台	外网移动接入域	MAM 平台	180,000	一般	二级	3%	8100	127	11,012	1%	1800	1	5806	
29	××-J12-ZEN-08	堡垒机	专网安管域	ZEN T1000	250,000	重要	一级	3%	12 750	127	11,012	1%	2500	1	5806	
30	××-J12-ZEN-11	堡垒机	专网安管域	ZEN T1000	250,000	重要	一级	3%	12 750	127	11,012	1%	2500	1	5806	
31	××-I18-ZEN-22	堡垒机	外网安管域	ZEN T1000	250,000	重要	一级	3%	12 750	127	11,012	1%	2500	1	5806	
合计					5820,000		–		284 100	–	341,381	–	58,200	–	180,000	863,681

计算公式 (863 681)= 基础维护费用（284 100）+ 实际工作量估算 × 人工费用（341 381）+ 备品备件费用（58 200）+ 驻场费用（180 000）

第 6 章　运维实施

6.1　日常运维

为了确保信息系统持续、稳定地运行，最大限度地降低信息系统的运行故障，延长信息系统所涉及设备的使用寿命，安全运维团队提供承载信息系统运行的物理环境、网络平台、主机系统、应用系统和安全设施的日常运维服务。日常运维服务根据事先约定的服务方式、巡检频次和巡检内容实施，在不影响信息系统正常运行的前提下采集设备配置、网络流量、运行状态等安全信息，依照标准化流程，定期对信息系统涉及的物理环境、网络平台、主机系统、应用系统和安全设施进行巡检，了解信息系统的整体工作状态。日常运维在信息系统运行过程中，准确获取运维对象的状态，及时发现并处理潜在的故障隐患，保障业务系统的安全稳定运行。

本节通过对日常安全运维活动系统化的总结，为安全运维人员提供运维指导。其目标是将被动服务变主动服务，在日常运维服务中排除故障隐患，降低故障率，在故障情况下快速诊断恢复，保持信息系统的可靠运行。

6.1.1　日常运维内容

在信息系统的安全日常维护中，通过对信息系统所涉及的物理环境、网络平台、主机系统、应用系统和安全设施进行日常运维，能够实时了解物理环境、网络平台、主机系统、应用系统和安全设施运行状况，检查相关告警信息，提前发现并消除网络、系统异常和潜在故障隐患，以确保设备始终处于稳定工作状态。

日常运维主要内容如下。

(1) 主机系统的运行检测，包括系统日志检查与问题分析、开放服务检查、系统自身漏洞检查及修复、补丁更新。

(2) 病毒系统的运行检测、病毒库更新。

(3) 入侵检测、入侵防御、脆弱性扫描系统等安全系统的运行检测、规则库及漏洞库更新。

(4) 安全设备运行状态检测、策略配置有效性校验。

(5) 日常巡检过程中，需要重点关注以下关键内容。

连接数：如当前的连接数达到或接近系统最大值，对于已经建立连接的通信不会造成影响，但会导致新会话不能及时建立连接；仅当现有的连接拆除后，释放出来的资源才可供新建连接使用。维护建议：当前连接数正常使用至85%时，需要考虑设备容量限制并及时升级，以避免因设备容量不足影响业务拓展。

CPU：正常工作状态下CPU使用率应保持在10%以下，如出现CPU利用率过高情况需给予足够重视，应检查连接数使用情况和各类告警信息，并检查网络中是否存在攻击流量。通常情况下CPU利用率过高往往与攻击有关，可通过正确设置系统参数、攻击防护的对应选项进行防范。

内存：对内存的使用把握应十分准确，正常情况下，内存的使用率应基本保持稳定，不会出现较大的浮动。如果出现内存使用率过高（>90%）的情况，可以查看连接数情况，或通过实时监控功能检查网络中是否存在异常流量和攻击流量。

建立基线：在业务使用高峰时段检查关键资源（如CPU、连接数、内存和接口流量）等的使用情况，建立系统中业务流量对设备资源使用的基准指标，为今后确认系统是否处于正常运行状态提供参照依据。当连接数量超过平常基准指标的20%时，需通过实时监控检查当前网络是否存在异常流量。当CPU使用率超过基准指标的20%时，则需查看异常流量、定位异常主机、检查策略是否需要优化。

6.1.1.1 例行巡检

在例行巡检工作中，除了处理日常维护工作以外，还应将被动运维变为主动运维，将排除故障隐患纳入例行巡检，开展对故障多发和高发设备进行预防性巡检。

例行巡检主要内容如下。

1. 一般巡检

一般巡检的检查周期间隔短，通常为日检或周检，检查内容较少，确保信息系统能够正常运行即可。一般巡检工作在管理上比较简单，安全维护人员按照检查表依次对信息系统涉及物理环境、网络平台、主机系统、应用系统和安全设施进行检查，检查结果需要留存归档。具体巡检内容如表6-1所示。

表6-1 一般巡检内容

运维项目	运维内容	运维对象	主要成果文档	运维频率
一般巡检	网络设备各部件的运行状态一方面是观察设备面板的各指示灯的状态，另一方面是查看电源工作状态、查看CPU使用率、查看内容使用率、查看风扇工作状态、查看接口状态等	网络设备	网络设备巡检表	每天/周
	安全设备各部件的运行状态一方面是观察设备面板的各指示灯的状态，另一方面是查看电源工作状态、查看CPU使用率、查看内容使用率、查看风扇工作状态、查看接口状态等	安全设备	安全设备巡检表	每天/周
	服务器各部件的运行状态一方面是观察设备面板的各指示灯的状态，另一方面是查看电源工作状态、查看CPU使用率、查看内容使用率、查看风扇工作状态、查看接口状态等	服务器	服务器巡检表	每天/周

续表

运维项目	运维内容	运维对象	主要成果文档	运维频率
一般巡检	存储设备各部件的运行状态一方面是观察设备面板的各指示灯的状态，另一方面是查看电源工作状态、查看 CPU 使用率、查看内容使用率、查看风扇工作状态、查看接口状态	存储设备	存储设备巡检表	每天/周
	应用系统的部署，分发安装，日常维护，故障处理等	应用系统	应用系统维护表	每天/周
	数据库系统日常维护，状态检查，故障处理等	数据库系统	数据库系统巡检表	每天/周
	对机房温湿度监控设备、UPS 监控设备、消防监控设备以及机房环境监控设备的温湿度、电压、电流、烟雾等关键工作指标进行例行监控	机房环境	机房巡检表	每天/周

典型的日常巡检表，以“安全设备—防火墙”为例，如表 6-2 所示。

表 6-2 防火墙一般巡检表

设备型号		软件版本		序列号	
设备用途		设备状态	主用/备用	工作模式	透明/路由/混合
检查对象	相关信息			检查结果	备注
连接数					
CPU					
内存					
接口					
路由表					
HA 状态					
LED 指示灯					
设备运行参考基线	连接数				
	CPU				
	内存				
	接口流量				
	业务类型				

2. 高级巡检

高级巡检的检查间隔周期较长，通常为每月、季度或半年检查一次。检查内容全面，除了要确保信息系统正常工作外，还需要排除可能的隐患。管理工作相对复杂，需要核对检查表格进行提交和确认，需要制订专门的检查计划、安排专门的时间指定专人实施检查，提交巡检报告，并对检查出来的问题进行集中整改。

当系统内所有设备都检查完毕后，需要对结果进行分析、汇总，形成高级巡检报告，高级巡检报告至少需要包括以下内容。

（1）巡检工作的基本信息，检查的时间、检查人员、配合人员等；

（2）系统基本信息，包括系统保护设备的列表；

（3）检查过程文档，检查各设备的所有中间过程汇总；

（4）不符合项汇总，将所有检查项目中未完全通过的项目汇总；

（5）整改建议，对未完全通过的项目提出整改建议。

高级巡检是对信息系统所涉及的物理环境、网络平台、主机系统、应用系统和安全设施进行更加全面和严格的专项巡检，巡检内容更加多样和复杂。具体巡检内容如表 6-3 所示。

表 6-3　高级巡检内容

运维项目	运维内容	运维对象	主要成果文档	运维频率
高级巡检	定期对各网络和安全设备系统信息、设备版本与基本配置、接口配置与状态、日志信息状态、访问控制策略、报警信息等关键工作指标进行例行监控，当发生异常情况时，及时进行跟踪和处理；网络及安全设备配置管理、网络系统流量分析、网络及安全设备日志分析、软件升级。每月提供一份信息安全工作月报，统计系统出现故障的频率，分析故障原因和安全检查情况等	网络安全设备	网络及安全设备巡检报告和事故处理报告，网络及安全设备配置和管理文档	每月一次
	定期对各服务器系统信息、设备版本与基本配置、接口配置与状态、日志信息状态、访问控制策略、报警信息等关键工作指标进行例行监控，当发生异常情况时，及时进行跟踪和处理；服务器操作系统状况监测、系统配置管理、系统漏洞扫描、系统升级。每月提供一份信息安全工作月报，统计系统出现故障的频率，分析故障原因和安全检查情况等	服务器设备	服务器巡检报告和事故处理报告，服务器配置和管理文档	每月一次
	定期对防病毒产品进行日志检查，定期对防病毒软件中出现的实施报警和每月定期扫描的报警信息进行监控和处理。针对已感染系统，进行完整、系统的病毒查杀，并确保查杀效果满足要求	病毒监测、查杀及网络防病毒	病毒日志分析报告	每月一次

以“安全设备—防火墙”为例，典型的高级巡检表如表 6-4 所示。

表 6-4 防火墙高级巡检表

巡检项目	巡检内容	结果描述
1. 系统信息	1.1 双主控热备份状态 双机热备主机与备机各项参数处于同步状态	□完全通过 □部分通过 □未涉及
	1.2 电源状态 设备电源模块运行在稳定状态	□完全通过 □部分通过 □未涉及
	1.3 风扇状态 设备所有风扇模块运行在正常状态	□完全通过 □部分通过 □未涉及
	1.4 温度状态 设备运行温度保持在温度上下限之内	□完全通过 □部分通过 □未涉及
	1.5 CPU 利用率 设备 CPU 利用率在 80%以下	□完全通过 □部分通过 □未涉及
	1.6 内存利用率 设备内存利用率在 80%以下	□完全通过 □部分通过 □未涉及
	1.7 日志告警信息 设备日志未出现告警信息	□完全通过 □部分通过 □未涉及
	1.8 存储介质空间 设备磁盘空间充足	□完全通过 □部分通过 □未涉及
2. 设备版本与基本配置	2.1 设备软件版本 软件版本是否最新	□完全通过 □部分通过 □未涉及
	2.2 设备 License 设备的 License 是否过期	□完全通过 □部分通过 □未涉及
	2.3 配置文件一致性 设备当前运行的配置脚本文件和保存的配置脚本文件的内容完全一致	□完全通过 □部分通过 □未涉及
	2.4 系统名称 设备名称是否具有唯一性	□完全通过 □部分通过 □未涉及
	2.5 系统时钟 系统时钟是否准确，与 NTP 服务器时间是否一致	□完全通过 □部分通过 □未涉及
	2.6 远程登录安全性 设备是否采取了安全的远程控制协议，如 Https、Ssh 等，而不是 Telnet、Http 等	□完全通过 □部分通过 □未涉及
	2.7 设备运行时间	□完全通过 □部分通过 □未涉及
	2.8 系统定义重启时间	□完全通过 □部分通过 □未涉及

续表

巡检项目	巡检内容	结果描述
3. 接口配置与状态	3.1 接口描述 接口描述是否包含必要的信息	□完全通过 □部分通过 □未涉及
	3.2 接口输入方向流量检查	□完全通过 □部分通过 □未涉及
	3.3 接口输出方向流量检查	□完全通过 □部分通过 □未涉及
4. 日志信息状态	4.1 设备日志记录情况 设备日志记录是否完整	□完全通过 □部分通过 □未涉及
	4.2 设备日志策略配置情况 设备日志策略是否要求记录所有重要的信息安全事件，是否配置了日志存储期限，是否定期导出日志	□完全通过 □部分通过 □未涉及
	4.3 设备日志检查 检查设备日志是否存在异常或记录了各类信息安全事件	□完全通过 □部分通过 □未涉及
5. 访问控制策略	5.1 策略完整性 访问控制策略是否启用了必要的安全功能，如粒度控制到服务和端口、开启包过滤、记录日志等。	□完全通过 □部分通过 □未涉及
	5.2 策略有效性 访问控制策略是否正确有效	□完全通过 □部分通过 □未涉及
	5.3 策略一致性 与最近一次修改后的策略表进行比对，是否一致	□完全通过 □部分通过 □未涉及

3. 策略优化调整及配置变更

策略优化调整及配置变更要进行下述 5 方面的操作。第一，需要详细记录所操作设备的名称、类型、型号等基本信息，便于定位具体的设备。第二，确定调整的类型，如新增、变更、撤销等，并确定本次操作所影响的时间范围和业务范围，即说明是永久策略还是临时策略，会影响到哪些业务系统等。第三，需要对策略或配置的具体内容进行描述，如防火墙策略对应的源地址、目的地址、服务、端口以及所属业务系统或人员等。所有与策略优化调整及配置变更相关的内容都需要经过严格审核，需要得到申请人员的书面确认和部门领导的审批。第四，进行策略实施阶段，即在预定的时间进行计划好的操作。操作过程要书面记录，操作结果要得到监督人员的确认。第五，由操作人员和监督人员共同签字确认本次优化或变更的结果。

典型的安全设备策略优化调整及配置变更表如表 6-5 所示。

表 6-5　安全设备策略优化调整及配置变更记录表

<table>
<tr><td colspan="5">记录编号：　　　　　　　　　　　　　　　　填写日期：20××年××月××日</td></tr>
<tr><td rowspan="6">操作设备</td><td colspan="4">设备类型：□防火墙　□入侵检测　□网关设备　□其他设备</td></tr>
<tr><td colspan="4">设备名称：</td></tr>
<tr><td colspan="4">设备型号：××××××</td></tr>
<tr><td colspan="4">作业类型：□新增　□变更　□撤除　□其他</td></tr>
<tr><td colspan="4">影响时间：自 20××年××月××日××时××分
至 20××年××月××日××时××分</td></tr>
<tr><td colspan="4">影响范围：</td></tr>
<tr><td colspan="5">策略或配置描述（功能描述）：</td></tr>
<tr><td colspan="2">维护人员</td><td></td><td>部门领导</td><td></td></tr>
<tr><td rowspan="3">操作记录</td><td colspan="4">作业时间：20××年××月××日××时××分
作业结果：□成功　□未成功</td></tr>
<tr><td colspan="4">作业结果（策略或配置参数）说明：</td></tr>
<tr><td>操作人员</td><td></td><td>监督人员</td><td></td></tr>
</table>

4. 设备更新升级

设备更新和升级要进行下述 5 方面的操作。第一，需要详细记录所操作设备的名称、类型、型号等基本信息，便于定位具体的设备。第二，确定更新或升级的类型，如版本升级、规则库更新、病毒库更新、证书更新等。第三，需要对更新升级的具体内容进行描述，需要分别说明当前版本情况和此次升级使用的版本情况。以上设备更新升级的内容需要经过严格审核，并需要申请人员的书面确认和部门领导的审批。第四，进行操作阶段，即在预定的时间，进行计划好的操作。操作过程要书面记录，操作结果要得到监督人员的确认。第五，由操作人员和监督人员共同签字确认本次更新升级的结果。

典型的安全设备更新升级表如表 6-6 所示。

表 6-6　安全设备更新升级记录表

<table>
<tr><td colspan="4">记录编号：　　　　　　　　　　填写日期：20××年××月××日</td></tr>
<tr><td rowspan="6">操作设备</td><td colspan="3">设备类型：□防火墙　□防病毒网关 □入侵防御 □杀毒软件 □其他设备</td></tr>
<tr><td colspan="3">设备名称：</td></tr>
<tr><td colspan="3">设备型号：××××××</td></tr>
<tr><td colspan="3">升级类型：□系统版本　□规则库　□病毒库　□证书　□其他________</td></tr>
<tr><td colspan="3">影响时间：自 20××年××月××日××时××分
至××××年××月××日××时××分</td></tr>
<tr><td colspan="3">影响范围：</td></tr>
<tr><td colspan="4">当前版本情况（版本号及说明）：</td></tr>
<tr><td colspan="4">更新版本配置（新版本号、说明及来源）：</td></tr>
<tr><td colspan="2">申请人员</td><td>审批人员</td><td></td></tr>
<tr><td rowspan="3">操作记录</td><td colspan="3">作业时间：20××年××月××日××时××分
作业结果：□成功　□未成功</td></tr>
<tr><td colspan="3">作业结果说明：</td></tr>
<tr><td>操作人员</td><td></td><td>监督人员　|　</td></tr>
</table>

5. 病毒查杀

病毒查杀操作要进行下述 5 方面的操作。第一，需要详细记录所操作设备的名称、类型、型号等基本信息，便于定位具体的设备。第二，确定操作的类型，如扫描、查杀或其他。第三，需要对扫描或查杀的对象进行列举，并对本次操作进行说明，即表明基于什么原因执行本次操作。所有以上的内容需要经过严格审核，并需要申请人员的书面确认和部门领导的审批。第四，进行操作阶段，即在预定的时间，进行计划好的操作。操作过程要书面记录，操作结果要得到监督人员的确认。第五，由操作人员和监督人员共同签字确认本次操作的结果。

典型的安全设备病毒查杀表如表 6-7 所示。

表 6-7 安全设备病毒查杀情况记录表

<table>
<tr><td colspan="5">记录编号： 填写日期：20××年××月××日</td></tr>
<tr><td rowspan="6">操作设备</td><td colspan="4">设备类型：□杀毒软件 □入侵检测 □防病毒网关 □其他设备</td></tr>
<tr><td colspan="4">设备名称：</td></tr>
<tr><td colspan="4">设备型号：××××××</td></tr>
<tr><td colspan="4">作业类型：□扫描 □查杀 □其他</td></tr>
<tr><td colspan="4">影响时间：自 20××年××月××日××时××分
至××年××月××日××时××分</td></tr>
<tr><td colspan="4">扫描/查杀对象：</td></tr>
<tr><td colspan="5">扫描/查杀说明：</td></tr>
<tr><td colspan="2">申请人员</td><td></td><td>审批人员</td><td></td></tr>
<tr><td rowspan="3">操作记录</td><td colspan="4">作业时间：20××年××月××日××时××分
作业结果：□成功 □未成功</td></tr>
<tr><td colspan="4">结果说明：</td></tr>
<tr><td>操作人员</td><td></td><td>监督人员</td><td></td></tr>
</table>

6.1.1.2 故障处理

组织业务信息系统的持续、稳定运行依赖于各类信息化设备的正常运行，一旦设备出现故障，将直接影响组织各类业务系统的运行，为组织带来不同程度的损失。因此，在安全运维工作中，一方面要严格执行巡检工作，落实各项巡检内容，及时发现隐患，以防止设备或系统故障的发生。另一方面，巡检工作发现设备故障后，为了保障组织业务系统的持续运行，需要立即对故障进行处理。在实施故障处理工作时，需要遵循一定的流程。

故障处理工作流程主要内容如下。

1. 详细记录出现故障设备的名称、类型、型号等基本信息，便于定位具体的设备。

2. 依据组织信息安全策略中对故障的分级确定故障级别，从而确定处理工作的优先级和资源投入。

3. 确定故障类型，如运行异常、内存报警、硬盘故障、配置失效、策略失效、设备宕机或其他故障类型。

4. 需要确定故障影响范围、故障说明以及故障处理方式。

5. 进行操作阶段，即在预定的时间进行计划好的操作。

所有以上的内容需要经过严格审核，并需要申请人员的书面确认和部门领导的审批。

操作过程要书面记录，操作结果要得到监督人员的确认。最后，由操作人员和监督人员共同签字确认本次故障处理的结果。

典型的安全设备故障处理表如 6－8 所示。

表 6-8　安全设备故障检测及处理情况记录表

<table>
<tr><td colspan="5">记录编号：　　　　　　　　　　填写日期：20××年××月××日</td></tr>
<tr><td rowspan="6">操作设备</td><td colspan="4">设备类型：□防火墙 □入侵检测 □防病毒网关 □入侵防御 □杀毒软件</td></tr>
<tr><td colspan="4">设备名称：</td></tr>
<tr><td colspan="4">设备型号：××××××</td></tr>
<tr><td colspan="4">故障类型：□运行异常 □策略失效 □内存报警 □硬盘故障 □宕机 □其他</td></tr>
<tr><td colspan="4">影响时间：自 20××年××月××日××时××分
至 20××年××月××日××时××分</td></tr>
<tr><td colspan="4">故障设备影响对象（范围）：</td></tr>
<tr><td colspan="5">故障说明：</td></tr>
<tr><td colspan="5">故障处理方式：</td></tr>
<tr><td colspan="2">申请人员</td><td></td><td>审批人员</td><td></td></tr>
<tr><td rowspan="3">操作记录</td><td colspan="4">作业时间：20××年××月××日××时 ××分
作业结果：□成功　□未成功</td></tr>
<tr><td colspan="4">故障排除结果说明：</td></tr>
<tr><td>操作人员</td><td></td><td>监督人员</td><td></td></tr>
</table>

6.1.1.3　安全审计

随着运维的发展，如今的网络系统、业务系统日益复杂。一个组织内各类网络设备、安全设备、服务器、存储等设施的数量不断增加，设备运行及运维人员操作过程中产生的各类日志数据量日益庞大，运维人员难以做到及时阅读和分析设备日志。如今网络攻击方法越来越多样，攻击手段越来越隐蔽，单纯依靠某一种安全设备的事件记录来对网络安全情况进行评估和反应是远远不够的。安全运维人员亟须对各类系统产生的安全事件日志进行全面、有效的集中收集、管理、审计服务。

安全审计是一种对运维活动进行解析、记录、分析，以帮助运维人员及时了解、发现、追踪信息安全事件的安全取证与分析工具。当发生信息安全事件后，能根据翔实的审计记录，一步步地追查出攻击者，或者找出发生信息安全事件或业务系统、网络环境等性能波动的真正原因。

对于安全运维实施中的安全审计，主要通过对各类安全设备、网络设备、服务器、数据库、业务系统等日志的收集、分析来实现。

1）网络及安全设备审计

网络及安全设备审计工作包括日志信息的收集与分析两部分。首先，通过设备自身的 syslog 功能实现设备运行状态、操作行为、安全策略等方面日志的记录，安全运维人员定期登录具体的设备去查看记录，重点关注是否存在告警信息或异常记录。然后通过设备自身的统计分析功能进行各类日志的筛选和统计，从而分析整体安全情况。

2）服务器、存储设备审计

服务器、存储设备的审计工作包括日志收集与分析两部分，作为承载业务系统运行的基础设施，服务器及存储设备重点在于运行的稳定性和安全性。对此，安全运维工程师应关注服务器操作系统、数据库的运行日志和安全日志，分析其运行态势是否稳定，是否存在入侵行为等。有条件的话可以借助网络安全审计系统和数据库审计系统的功能对相关设备进行日志信息的采集和自动化的分析，以提高审计工作的效率。

3）应用系统审计

应用系统审计主要关注业务系统权限控制有效性及操作行为的合理性。对此，安全运维工程师应关注业务系统记录下的系统用户登录及退出日志、重要操作行为日志等，并对其进行分析，判断业务系统运行态势。有条件的话可以借助第三方审计系统进行日志的统计采集和自动化的分析，以提高审计工作的效率。安全事件审计如表 6-9 所示。

表 6-9　安全事件审计表

运维项目	运维内容	运维简述	运维对象	主要成果文档	运维频率
安全事件审计	网络及安全设备日志	网络及安全设备日志收集与分析	网络安全设备日志	日志收集记录表，问题记录表，日志分析和安全审计报告	每月
	服务期、操作系统等日志	服务器、操作系统及应用系统日志收集与分析	服务器运行、操作系统及应用系统日志		每月
	应用日志	应用日志收集与分析	各种应用日志		每月

6.1.1.4 安全通告

对于安全管理人员，特别是相对复杂的大型网络的安全管理人员，由于工作内容多、人手紧张、精力不够及专业性强，通常难以收集并汇总、分析所有的安全报告，没有及时处理一些安全威胁，信息系统中存在被忽视的安全漏洞。目前，新的网络与信息安全漏洞正以每周新增几十甚至几百例的速度在全世界范围内增长，在这样的形势下，一个组织迫切需要掌握和利用最新信息安全知识、漏洞、事件。对此，将信息安全动态信息以安全通告的形式提供给安全运维服务使用者，包括实时安全漏洞通知、病毒、补丁升级、定期安全通告汇总和安全知识库更新等，并通过安全运维人员对其所管理的网络及信息系统存在的漏洞进行定期分析，反映组织内部重要资产的安全现状和安全态势。

安全通告服务可以以邮件、电话、走访等方式，将安全技术和安全信息及时传递给安全运维服务的使用者。安全通告如表 6-10 所示。

表 6-10 安全通告表

运维项目	运维内容	运维简述	主要成果文档	频率
安全通告	业界动态	每月定期通告最新安全界的新闻大事，新技术发展动态	安全通报通告	每月一次
	国家安全政策及法律法规	安全不仅表现在技术层面，还必须符合国家政策、法律、行业规范等。收集整理这方面的信息，从更广泛的领域帮助客户安全运维服务使用者提升安全水平		
	漏洞通告	每月定期通告最新发现的各种操作系统、应用、设备等的安全漏洞，包括漏洞的威胁、影响的平台及解决方案		
	病毒通告	每月定期通告最新的病毒爆发情况和处理方法		
	厂商安全通告及其他安全通告	提供包括 Cisco、华为、Microsoft 等主流厂商的中文安全通告，其他应用系统和安全组织的安全通告，以及其他有必要提示的重要安全问题通告		

6.1.2 日常运维组织保障

日常运维组织保障是安全运维工作的必要条件和基本保证，是信息系统安全运维的责任主体，没有健全的信息安全组织体系，信息安全工作就无法正常开展。安全运维团队通常包括值班人员、现场运维人员、外部支持人员、业务管理人员等。

安全运维团队的值班人员负责日常安全监控。对于运维监控平台可以监控的故障，安全运维团队必须在规定的时间内发现故障；对于用户反馈和其他途径报告的故障，安全运维团队必须在规定的时间内进行受理，并进行响应和处置。

现场安全运维人员负责处理值班人员上报的故障，且必须在规定时间对故障进行响应和处置。安全运维人员遇到自身无法解决的故障时，须在规定时间内尽快请求外部支持，外部支持人员可能是安全运维团队专家、第三方设备厂商等。

业务部门人员负责处理本部门管辖范围内的系统软、硬件故障，在必要时也需要配合第三方设备厂商定位问题。业务部门的技术支持人员必须在规定时间内对故障进行响应。

任何部门或人员都必须在规定的时间内对故障进行响应，不得相互推诿或故意拖延。对于故障不及时响应，导致故障不能及时修复的，事后应上报组织领导，并根据情节严重程度进行相应的处罚。

6.1.3 日常运维处理流程

日常运维工作内容繁多，在处理过程中遵循“先抢通，后修复；先核心，后边缘；先本端，后对端；先网内，后网外，分故障等级进行处理”的原则。

在这个过程中存在几个关键角色，包括用户、运维人员、业务系统管理部门、上级主管部门等。各角色在整个过程中各司其职，协同配合，共同完成整个流程。如图6-1所示。

1. 驻场处理流程

安全运维团队指派安全服务工程师长期值守在安全运维现场，负责对现场设备运行状态进行监视、管理和维护。驻场处理流程的起点在于日常故障输入，日常故障输入包括运维监控平台发现故障、用户反馈和上报、其他途径告知。安全运维团队指定专门安全运维人员，受理来自其他部门的故障申告。非值班人员发现故障后，第一时间通知安全运维人员进行记录（录入事件管理平台），并要求值班人员配合故障处理及测试；故障恢复后告知运维值班人员故障原因及处理方法，值班人员进行观察，确定故障已排除。

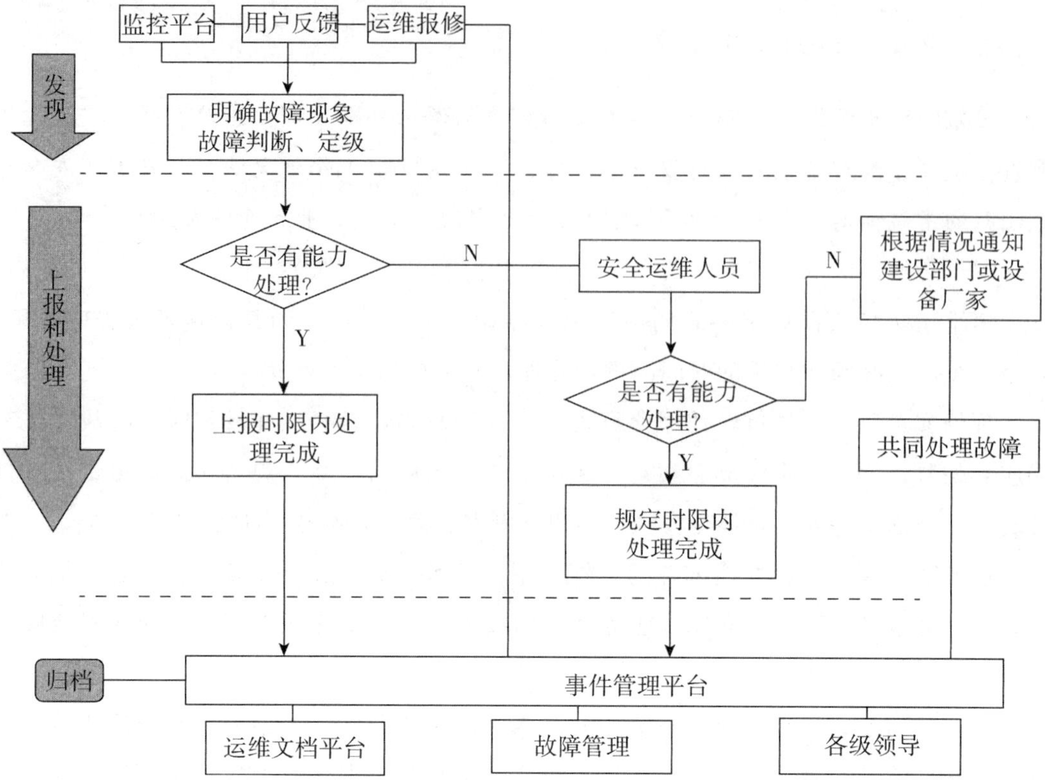

图 6-1　日常运维处理流程

安全运维人员在发现故障或者接到故障通知后，需首先明确故障现象和影响范围，确定故障级别。安全运维人员在有能力处理故障情况下应首先自行处理，在故障上报时限内处理完毕的故障应记录到值班日志里。当安全运维人员不能解决故障，且故障级别为一般故障，值班人员应记录到值班日志并把故障情况录入事件处理系统平台，转由安全运维团队处理。

当故障级别是重大故障和严重故障，且安全运维人员不能解决或不能在上报时间内解决故障时，须在上报时间内电话通知安全运维团队的工程师，并记录在值班日志和事件处理系统平台里。

安全运维团队工程师如在上报时限内解决了故障，需在事件处理系统平台里关闭故障，并通知值班人员，值班人员把情况记录到值班日志（事件管理平台）。安全运维团队工程师不能在上报时限里解决问题，须在上报时限内通知安全运维团队的负责人，并根据情况通知领导或设备厂家相关人员，请求协助。

2. 外部支持流程

在遇到重大故障情况下，需要启动外部支持流程，业务部门协调员是业务部门的故障处理接口人。当安全运维人员处理故障需要支持时，应该通知业务部门的协调专员。为提高效率，当遇到重大故障时，安全运维人员可以直接找相关业务人员寻求支持。

对于重大故障，所有外部支持都需要立即响应，积极配合，不得推诿。必要的情况下，请求信息安全专业机构给予支持。安全运维人员在故障处理完后需在事件管理平台里关闭故障，并通知值班人员，值班人员把情况记录到值班日志。

6.1.4　日常安全运维建议

故障处理后的总结与改进是进一步巩固系统及网络可靠性的必要环节，有效的总结能够避免很多系统故障再次发生。

1. 在故障解决后，需要进一步总结故障产生原因，并确认该故障已经得到修复，避免故障重复发生。

2. 条件允许的情况下，构建安全设备业务测试环境，对所有需要调整的配置参数在上线前进行测试评估，避免因配置调整带来新的故障隐患。

3. 分析系统及网络可能存在的薄弱环节和潜在隐患，通过技术论证和测试验证来修复隐患。

4. 配置管理 IP 地址，指定专用终端管理安全设备。

5. 更改默认账号和口令，不建议使用缺省的账号、密码管理安全设备；严格按照实际使用需求开放安全设备的相应管理权限，并且管理权限的开放控制粒度越细越安全；设置两级管理员账号并定期变更口令；仅容许使用 SSH 和 SSL 方式登录安全设备进行管理维护。

6. 深入理解网络中业务类型和流量特征，持续优化安全设备策略。整理出完整网络环境视图（网络端口、互联地址、防护网段、网络流向、策略表、应用类型等），以便网络异常时快速定位故障。

7. 整理一份上下行交换机配置备份文档（调整其中的端口地址和路由指向），提供备用网络连线。在安全设备发生硬件故障时，能够快速旁路安全设备，保证业务正常使用。

8. 在日常维护中建立安全设备资源使用参考基线，为判断网络异常提供参考依据。

9. 重视并了解安全设备产生的每一个故障告警信息，在第一时间修复故障隐患。

10. 建立设备运行档案，为配置变更、事件处理提供完整的维护记录，定期评估配置、策略和路由是否优化。

11. 故障设想和故障处理演练：日常维护工作中需考虑网络各环节可能出现的问题和应对措施，条件允许情况下，可以结合网络环境演练发生各类故障时的处理流程。如出现设备故障、网线故障及交换机故障时的路径保护切换。

6.2 应急响应

在安全事件发生时，通过安全事件处置与应急响应机制保障计算机信息系统继续运行或紧急恢复。可归纳为3个方面：

1）紧急事件或安全事故发生时的影响分析；

2）应急预案的详细制订；

3）应急预案的演练与完善。

安全事件处置的目标是避免或减少事件带来的损失，并打击破坏者或非法入侵者，健全信息系统的安全保障措施。

6.2.1 应急响应内容

应急事件响应，是当安全事件发生后迅速采取的措施和行动，其目的是以最快的速度恢复系统的保密性、完整性和可用性，降低安全事件对业务系统造成的损失。

1. 信息安全的应急事件

信息安全应急事件主要包括以下7种：

1）有害程序事件；

2）网络攻击事件；

3）信息破坏事件；

4）信息内容安全事件；

5）设备设施故障；

6）灾害性事件；

7）其他信息安全事件。

2. 安全事件的影响程度

通常在事件爆发的初期很难界定事件的起因具体是什么，所以，通常又通过安全威胁事件的影响程度分为单点损害、局部损害和整体损害3类。

单点损害：只造成独立个体的不可用，安全事件影响程度弱。

局部损害：造成某一系统或一个局部网络不可使用，安全事件影响程度较强。

整体损害：造成整个网络系统的不可使用，安全事件影响程度强。

3. 安全事件的影响级别分类

确定事件影响程度的级别。不同的威胁级别，处理方法也不相同。根据对业务系统的影响程度从大到小的顺序将安全事件划分成A级、B级、C级和D级4个等级。

A级：生产系统、重要业务系统或有重要影响的应用系统宕机，系统重新引导后无法正常工作与恢复的事故。

B级：重复产生或可以重复再现的并可产生较强破坏作用的事故、并与企业提供产品直接相关。

C级：间歇产生、随机产生的事故或引起较小破坏力的事故，并与企业提供的产品有关。

D级：有关业务系统运行或产品使用的问题，与公司提供产品有关。

4. 系统安全事件的处理优先级

系统安全事件处理优先级大致分为5个等级。

优先级1：保护人员生命和人员安全。

优先级2：保护重要和敏感信息；阻止使用重要和敏感的系统、网络和站点；通报受侵入影响的系统、网络和站点。

优先级3：保护其他数据，包括一些特色、科学和管理数据，这些数据的丢失将导致经济损失；阻止使用其他系统、网络和站点；通报受侵入影响的系统、网络和站点。

优先级4：阻止系统危险发生，包括防止文件的丢失和破坏，存储介质破坏。

优先级5：减少计算资源的破坏，大多数情况可以关机和关闭网络连接。

5. 对客户紧急事件响应服务

当网络入侵或者破坏发生时，对应的处理方法主要的原则是首先保护或恢复计算机、网络服务等，使其恢复正常运行，然后再对入侵者进行追查。因此对于客户紧急事件响应服务主要包括准备、识别事件（判定安全事件类型）、抑制（缩小事件的影响范围）、解决问题、恢复以及后续跟踪。

◆ 准备工作；

◆ 建立客户事件档案；

◆ 与客户就故障级别进行定义；

◆ 准备安全事件紧急响应服务相关资源；

◆ 为一个突发事件的处理取得管理方面支持；

◆ 组建事件处理队伍（3～10人）；

◆ 提供易实现的初步报告；

◆ 制订一个紧急后备方案；

◆ 随时与管理员保持联系；

◆ 识别事件；

◆ 在指定时间内指派安全服务小组去负责此事件；

◆ 事件抄送专家小组；

◆ 初步评估，确定事件来源；

◆ 注意保护可追查的线索，诸如立即对日志、数据进行备份（应该保存在磁带或其他不联机存储设备上）；

◆ 联系客户系统的相关服务商、厂商；

◆ 缩小事件的影响范围；

◆ 确定系统继续运行的风险如何，决定是否关闭系统及采取其他措施；

◆ 客户相关工作人员与本公司相关工作人员保持联系、协商；

◆ 根据需求制订相应的应急措施；

◆ 解决问题；

◆ 事件的起因分析；

◆ 事后取证追查；

◆ 后门检查；

◆ 漏洞分析；

◆ 提供解决方案；

◆ 结果提交专家小组审核；

◆ 后续工作；

◆ 检查是不是所有的服务都已经恢复；

◆ 攻击者所利用的漏洞是否已经解决；

◆ 其发生的原因是否已经处理；

◆ 保险措施，法律声明、手续是否已经归档；

◆ 应急响应步骤是否需要修改；

◆ 生成紧急响应报告；

◆ 拟定一份事件记录和跟踪报告；

◆ 事件合并、录入专家信息知识库。

6.2.2 应急响应组织保障

6.2.2.1 角色的划分

应急响应工作机构按角色划分为 3 个：

1）应急响应负责人；

2）应急响应技术人员；

3）应急响应服务供应商人员。

信息安全事件发生后，在应急响应领导小组的统一部署下，工作人员各司其职，并严格按照应急响应计划有序组织并实施应急响应工作。

6.2.2.2 角色的职责

1. 应急响应负责人

应急响应负责人是信息安全应急响应工作的组织领导机构，组长应由组织最高管理层成员担任。负责人的职责是领导和决策信息安全应急响应的重大事宜，主要职责如下：

1）制订工作方案；

2）提供人员和物质保证；

3）审核并批准经费预算；

4）审核并批准恢复策略；

5）审核并批准应急响应计划；

6）批准并监督应急响应计划的执行；

7）指导应急响应实施小组的应急处置工作；

8）启动定期评审、修订应急响应计划以及负责组织的外部协作。

2. 应急响应技术人员

应急响应技术人员的主要职责如下：

1）编制应急响应计划文档；

2）应急响应的需求分析，确定应急策略和等级以及策略的实现；

3）备份系统的运行和维护，协助灾难恢复系统实施；

4）信息安全突发事件发生时的损失控制和损害评估；

5）组织应急响应计划的测试和演练。

3. 应急响应服务供应商人员

应急响应服务供应商人员的主要职责如下：

1）开拓新客户，与客户建立长期的合作关系；维护与公司老客户的业务往来；

2）建立预防预警机制，及时进行信息上报；

3）参与和协助应急响应计划的教育、培训和演练；

4）信息安全事件发生后的外部协作。

6.2.2.3 组织的外部协作

依据服务对象信息安全事件的影响程度，如需向上级部门及时通报准确情况或向其他单位寻求支持时，应与相关管理部门以及外部组织机构保持联络和协作。主要包括国家计算机网络应急技术处理协调中心（CNCERT/CC）、国家计算机网络应急技术处理协调中心地区分中心、公安网监部门及主要相关设备供应商。

6.2.3 应急响应流程

规范的应急响应流程共包括6个阶段，分别是准备阶段、检测阶段、抑制阶段、根除阶段、恢复阶段、总结阶段。应急响应流程如图6－3所示，对于每个阶段都有其应完成的目标、实施人员角色以及阶段的结果输出。

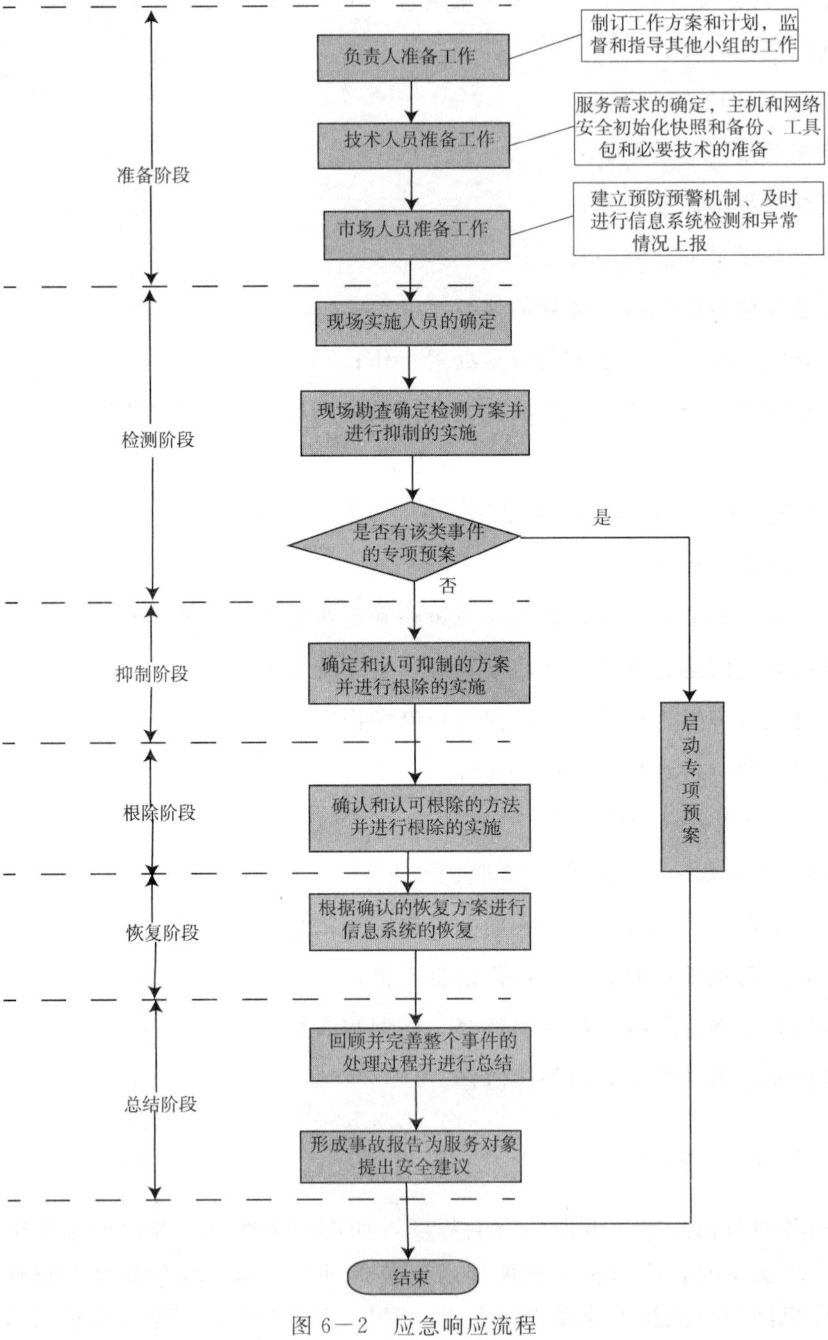

图6－2 应急响应流程

6.2.3.1 准备阶段

目标：在事件真正发生前为应急响应做好预备性的工作。

角色：技术人员、市场人员。

内容：根据不同角色准备不同的内容。

输出：准备工具清单、事件初步报告表和实施人员工作清单。

1. 负责人准备内容

1）制订工作方案和计划；

2）提供人员和物质保证；

3）审核并批准经费预算、恢复策略、应急响应计划；

4）批准并监督应急响应计划的执行；

5）指导应急响应实施小组的应急处置工作；

6）启动定期评审、修订应急响应计划以及负责组织的外部协作。

2. 技术人员准备内容

1）服务需求界定

首先要对服务对象的整个信息系统进行评估，明确服务对象的应急需求，具体应包含以下内容：

（1）应急服务提供者应了解应急服务对象的各项业务功能及其之间的相关性，确定支持各种业务功能的相关信息系统资源及其他资源，明确相关信息的保密性、完整性和可用性要求；

（2）对服务对象的信息系统，包括应用程序、服务器、网络及任何管理和维护这些系统的流程进行评估，确定系统所执行的关键功能，并确定执行这些关键功能所需要的特定系统资源；

（3）应急服务提供者应采用定性或定量的方法，对业务中断、系统宕机、网络瘫痪等突发安全事件造成的影响进行评估；

（4）应急服务提供者应协助服务对象建立适当的应急响应策略，应提供在业务中断、系统宕机、网络瘫痪等突发安全事件发生后快速有效的恢复信息系统运行的方法；

（5）应急服务提供者宜为服务对象提供相关的培训服务，以提高服务对象的安全意识，便于相关责任人明确自己的角色和责任，了解常见的安全事件和入侵行为，熟悉应急响应策略。

2）主机和网络设备安全初始化快照和备份

在系统安全策略配置完成后，要对系统做一次初始安全状态快照。这样，如果以后在出现事故后对该服务器做安全检测时，通过将初始化快照做的结果与检测阶段做的快照进行比较，就能够发现系统的改动或异常。

（1）对主机系统做一个标准的安全初始化的状态快照，包括的主要内容有：

日志及审核策略快照等；

用户账户快照；

进程快照；

服务快照；

自启动快照；

关键文件签名快照；

开放端口快照；

系统资源利用率的快照；

注册表快照；

计划任务快照等。

(2) 对网络设备做一个标准的安全初始化的状态快照，包括的主要内容有：

路由器快照；

安全设备快照；

用户快照；

系统资源利用率等快照。

(3) 信息系统的业务数据及办公数据均十分重要，因此需要进行数据存储及备份。目前，存储备份结构主要有DAS、SAN和NAS，以及通过磁带或光盘对数据进行备份。各服务对象可以根据自身的特点选择不同的存储产品构建自己的数据存储备份系统。

3) 工具包的准备

(1) 应急服务提供者应根据应急服务对象的需求准备处置网络安全事件的工具包，包括常用的系统基本命令、其他软件工具等；

(2) 应急服务提供者的工具包中的工具最好是采用绿色免安装的，应保存在安全的移动介质上，如一次性可写光盘、加密的U盘等；

(3) 应急服务提供者的工具包应定期更新、补充。

4) 必要技术的准备

上述是针对应急响应的处理涉及的安全技术工具涵盖应急响应的事件取样、事件分析、事件隔离、系统恢复和攻击追踪等各个方面，构成了网络安全应急响应的技术基础。所以应急响应服务实施成员还应该掌握一些必要的技术手段和规范，具体包括以下内容。

(1) 系统检测技术，包括以下检测技术规范：

Windows系统检测技术规范；

UNIX系统检测技术规范；

网络安全事故检测技术规范；

数据库系统检测技术规范；

常见的应用系统检测技术规范。

(2) 攻击检测技术，包括以下技术：

异常行为分析技术；

入侵检测技术；

安全风险评估技术。

(3) 攻击追踪技术。

(4) 现场取样技术。

(5) 系统安全加固技术。

(6) 攻击隔离技术。

(7) 资产备份恢复技术。

3. 市场人员准备内容

①和服务对象建立长期友好的业务关系；

②和服务对象签订应急服务合同或协议；

③建立预防和预警机制，及时上报。

1) 预防和预警机制

市场人员要严格按照应急响应负责人的安排和建议，及时提醒服务对象提高防范网络攻击、病毒入侵、网络窃密等的能力，防止有害信息传播，保障服务对象网络的安全畅通。

将协会网络信息中心会发布的病毒预防警报以及更新的防护策略及时有效地告知服务对象，做好防护策略的更新。

2) 信息系统检测和报告

按照“早发现、早报告、早处置”的原则，市场人员要加强对服务对象信息系统的安全检测结果的通告，收集可能引发信息安全事件的有关信息、进行分析判断。

如服务对象发现有异常情况或有信息安全事件发生时，要立即向协会网络信息中心应急响应负责人报告，并填写事件初步报告表。

要求服务对象持续监测信息系统状况，密切关注应急响应负责人提出初步行动对策和行动方案，听从指令和安排，及时减小损失。

6.2.3.2 检测阶段

目标：接到事故报警后在服务对象的配合下对异常的系统进行初步分析，确认其是否真正发生了信息安全事件，制订进一步的响应策略，并保留证据。

角色：应急服务实施小组成员、应急响应日常运行小组。

内容：包括以下几项。

(1) 检测范围及对象的确定；

(2) 检测方案的确定；

(3) 检测方案的实施；

(4) 检测结果的处理。

输出：检测结果记录。

1. 实施小组人员的确定

应急响应负责人根据《事件初步报告表》的内容，初步分析事故的类型、严重程度等，以此来确定临时应急响应小组的实施人员的名单。

2. 检测范围及对象的确定

1) 应急服务提供者应对发生异常的系统进行初步分析，判断是否正真发生了安全事件；

2) 应急服务提供者和服务对象共同确定检测对象及范围；

3) 检测对象及范围应得到服务对象的书面授权。

3. 检测方案的确定

1) 应急服务提供者和服务对象共同确定检测方案；

2) 应急服务提供者制订的检测方案应明确应急服务提供者所使用的检测规范；

3) 应急服务提供者制订的检测方案应明确应急服务提供者的检测范围，其检测范围应仅限于服务对象已授权的与安全事件相关的数据，对服务对象的机密性数据信息未经授权的不得访问；

4) 应急服务提供者制订的检测方案应包含实施方案失败的应变和回退措施；

5) 应急服务提供者和服务对象充分沟通，并预测应急处理方案可能造成的影响。

4. 检测方案的实施

1) 检测搜集系统信息

记录时使用目录及文件名约定。

例如，在受入侵的计算机的D盘根目录下（D:\ 如果无D盘则在其他盘根目录下）建立一个EEAN目录，目录中包含以下子目录：

(1) artifact：用于存放可疑文件样本；

(2) cmdoutput：用于记录命令行输出结果；

(3) screenshot：用于存放屏幕拷贝文件；

(4) log：用于存放各类日志文件。

2) 文件格式

(1) 命令行输出文件缺省仅使用TXT格式；

(2) 日志文件及其他格式尽量使用TXT、CSV和其他不需要特殊工具就可以阅读的格式；

(3) 屏幕拷贝文件应该使用BMP格式；

(4) 可疑文件样本最好加密压缩为ZIP格式。

3) 搜集操作系统基本信息

（1）右键点击“我的电脑>属性”将“常规”“自动更新”和“远程”3个选卡各制作一个窗口拷贝（使用 Alt＋PrtScr），并保存到 EEAN \ screenshot 目录下，文件名称应该使用“系统常规—01”“自动更新—01”“远程—01”等形式命名。

（2）进入 CMD 状态，“开始 > 运行 > cmd”，进入 D 盘根目录下的 EEAN 目录，执行以下命令：

netstat-nao > netstat. txt（网络连接信息）

tasklist > tasklist. txt（当前进程信息）

ipconfig /all > ipconfig. txt（IP 属性）

ver > ver. txt（操作系统属性）

4）日志信息

目标：导出所有日志信息。

说明：进入管理工具，在“管理工具 > 事件察看器”中导出所有事件，分别使用以下文件名保存：application. txt、security. txt、system. txt。

5）账号信息

目标：导出所有账号信息。

说明：使用 net user、net group、net local group 命令检查账号和组的情况，使用计算机管理查看本地用户和组，将导出的信息保存在 D：\ EEAN \ user 中。

6）主机检测

（1）日志检查

目标：从日志信息中检测出未授权访问或非法登录事件；从 IIS/FTP 日志中检测非正常访问行为或攻击行为。

说明：①检查事件查看器中的系统和安全日志信息，如安全日志中异常登录时间、未知用户名登录；②检查％WinDir％ \ System32 \ LogFiles 目录下的 WWW 日志和 FTP 日志，比如 WWW 日志中的对 cmd. asp 文件的成功访问。

（2）账号检查

目标：检查账号信息中非正常账号、隐藏账号。

说明：通过询问管理员或负责人，或者和系统的所有的正常账号列表做对比，判断是否有可疑的陌生的账号出现，利用这些获得的信息和前面准备阶段做的账号快照工作进行对比。

（3）进程检查

目标：检查是否存在未被授权的应用程序或服务。

说明：使用任务管理器检查或使用进程查看工具进行查看，利用这些获得的信息和前面准备阶段做的进程快照工作进行对比，判断是否有可疑的进程。

（4）服务检查

目标：检查系统是否存在非法服务。

说明：使用“管理工具”中的“服务”查看非法服务或使用冰刃、Wsystem 查看当前服务情况，利用这些获得的信息和准备阶段做的服务快照工作进行对比。

（5）自启动检查

目标：检查未授权自启动程序。

说明：检查系统各用户“启动”目录下是否存在未授权程序。

（6）网络连接检查

目标：检查非正常网络连接和开放的端口。

说明：关闭所有的网络通信程序，以免出现干扰，然后使用 ipconfig、netstat－an 或其他第三方工具查看所有连接，检查服务端口开放情况和异常数据的信息。

（7）共享检查

目标：检查非法共享目录。

说明：使用 net share 或其他第三方工具检测当前开放的共享，使用 $ 的是隐藏目录共享，通过询问负责人看是否有可疑的共享文件。

（8）文件检查

目标：检查病毒、木马、蠕虫、后门等可疑文件。

说明：使用防病毒软件检查文件，扫描硬盘上所有的文件，将可疑文件进行提取加密压缩成 ZIP 包，保存到 EEAN \ artifact 目录下的相应子目录中。

（9）查找其他入侵痕迹

目标：查找其他系统上的入侵痕迹，寻找攻击途径。

说明：其他系统包括同一 IP 地址段或同一网段的系统、同一域的其他系统、拥有相同操作系统的其他系统。

5. 检测结果的处理

1）确定安全事件的类型

经过检测，判断出信息安全事件类型。信息安全事件有以下 7 个基本分类。

（1）有害程序事件：蓄意制造、传播有害程序，或是因受到有害程序的影响而导致的信息安全事件。

（2）网络攻击事件：通过网络或其他技术手段，利用信息系统的配置缺陷、协议缺陷、程序缺陷或使用暴力攻击对信息系统实施攻击，并造成信息系统异常或对信息系统当前运行造成潜在危害的信息安全事件。

（3）信息破坏事件：通过网络或其他技术手段造成信息系统中的信息被篡改、假冒、泄露、窃取等而导致的信息安全事件。

（4）信息内容安全事件：利用信息网络发布、传播危害国家安全、社会稳定和公共利益的内容的安全事件。

（5）设备设施故障：由于信息系统自身故障或外围保障设施故障而导致的信息安全事件，以及人为的使用非技术手段有意或无意地造成信息系统破坏而导致的信息安全事件。

(6) 灾害性事件：由于不可抗力对信息系统造成物理破坏而导致的信息安全事件。

(7) 其他信息安全事件：不能归入以上6个基本分类的信息安全事件。

2) 评估突发信息安全事件的影响

采用定量和/或定性的方法，对业务中断、系统宕机、网络瘫痪、数据丢失等突发信息安全事件造成的影响进行评估：

(1) 确定是否存在针对该事件的特定系统预案，如有，则启动相关预案；如果事件涉及多个专项预案，应同时启动所有涉及的专项预案；

(2) 如果没有针对该事件的专项预案，应根据事件具体情况，采取抑制措施，抑制事件进一步扩散。

6.2.3.3 抑制阶段

目标：及时采取行动限制事件扩散和影响的范围，限制潜在的损失与破坏，同时要确保封锁方法对涉及相关业务影响最小。

角色：应急服务实施小组、应急响应日常运行小组。

内容：包括以下几项。

(1) 抑制方案的确定；

(2) 抑制方案的认可；

(3) 抑制方案的实施；

(4) 抑制效果的判定。

输出：抑制处理记录表。

1. 抑制方案的确定

1) 应急服务提供者应在检测分析的基础上，初步确定与安全事件相对应的抑制方法，如有多项，可由服务对象考虑后自己选择。

2) 在确定抑制方法时应该考虑：

(1) 全面评估入侵范围、入侵带来的影响和损失；

(2) 通过分析得到的其他结论，如入侵者的来源；

(3) 服务对象的业务和重点决策过程；服务对象的业务连续性。

2. 抑制方案的认可

1) 应急服务提供者应告知服务对象所面临的首要问题；

2) 应急服务提供者所确定的抑制方法和相应的措施应得到服务对象的认可；

3) 在采取抑制措施之前，应急服务提供者要和服务对象充分沟通，告知可能存在的风险，制订应变和回退措施，并与其达成协议。

3. 抑制方案的实施

1) 应急服务提供者要严格按照相关约定实施抑制，不得随意更改抑制的措施的范围，如有必要更改，须获得服务对象的授权。

2）抑制措施应包含但不限于以下几方面：

（1）确定受害系统的范围后，将受害系统和正常的系统进行隔离，断开或暂时关闭被攻击的系统，使攻击先彻底停止；

（2）持续监视系统和网络活动，记录异常流量的远程IP、域名、端口；

（3）停止或删除系统非正常账号，隐藏账号，更改口令，加强口令的安全级别；

（4）挂起或结束未被授权的、可疑的应用程序和进程；

（5）关闭存在的非法服务和不必要的服务；

（6）删除系统各用户“启动”目录下未授权自启动程序；

（7）使用net share或其他第三方的工具停止所有开放的共享；

（8）使用反病毒软件或其他安全工具检查文件，扫描硬盘上所有的文件，隔离或清除病毒、木马、蠕虫、后门等可疑文件；

（9）设置陷阱，如蜜罐系统；或者设置反击攻击者的系统。

4. 抑制效果的判定

1）是否防止事件继续扩散，限制了潜在的损失和破坏，使目前损失最小化；

2）对其他相关业务的影响是否控制在最小。

6.2.3.4 根除阶段

目标：对事件进行抑制之后，通过对有关事件或行为的分析结果，找出事件根源，明确相应的补救措施并彻底清除事件。

角色：应急服务实施小组、应急响应日常运行小组。

内容：包括以下几项。

（1）根除方案的确定；

（2）根除方案的认可；

（3）根除方案的实施；

（4）根除效果的判定。

输出：根除处理记录表。

1. 根除方案的确定

1）应急服务提供者应协助服务对象检查所有受影响的系统，在准确判断安全事件原因的基础上，提出方案建议；

2）由于入侵者一般会安装后门或使用其他的方法以便于在将来有机会侵入该被攻陷的系统，因此在确定根除方法时，需要了解攻击者是如何入侵的，以及与这种入侵方法相同和相似的各种方法。

2. 根除方案的认可

1）应急服务提供者应明确告知服务对象所采取的根除措施可能带来的风险，制订应变和回退措施，并得到服务对象的书面授权；

2）应急服务提供者应协助服务对象进行根除方法的实施。

3. 根除方案的实施

1）应急服务提供者应使用可信的工具进行安全事件的根除处理，不得使用受害系统已有的不可信的文件和工具。

2）根除措施宜包含但不限于以下几个方面：

（1）改变全部可能受到攻击的系统账号和口令，并增加口令的安全级别；

（2）修补系统、网络和其他软件漏洞；

3）增强防护功能，复查所有防护措施的配置，安装最新的安全设备和杀毒软件，并及时更新，对未受保护或者保护不够的系统增加新的防护措施；

4）提高其监视保护级别，以保证将来对类似的入侵进行检测。

4. 根除效果的判定

1）找出造成事件的原因，备份与造成事件相的关文件和数据；

2）对系统中造成事件的文件进行清理，根除；

3）使系统能够正常工作。

6.2.3.5 恢复阶段

目标：恢复安全事件所涉及的系统，并还原到正常状态，使业务能够正常进行，恢复工作应避免出现误操作导致数据的丢失。

角色：应急服务实施小组、应急响应日常运行小组。

内容：包括以下几项。

（1）恢复方案的确定；

（2）恢复信息系统。

输出：恢复处理记录表。

1. 恢复方案的确定

1）应急服务提供者应告知服务对象一个或多个能从安全事件中恢复系统的方法，及它们可能存在的风险。

2）应急服务提供者应和服务对象共同确定系统恢复方案，根据抑制和根除的情况，协助服务对象选择合适的系统恢复的方案，恢复方案涉及以下几方面：

（1）如何获得访问受损设施或地理区域的授权；

（2）如何通知相关系统的内部和外部业务伙伴；

（3）如何获得安装所需的硬件部件；

（4）如何获得装载备份介质，如何恢复关键操作系统和应用软件；

（5）如何恢复系统数据；

（6）如何成功运行备用设备。

3）如果涉及涉密数据，确定恢复方法时应遵循相应的保密要求。

2. 恢复信息系统

1）应急响应实施小组应按照系统的初始化安全策略恢复系统。

2）恢复系统时，应根据系统中各子系统的重要性，确定系统恢复的顺序。

3）恢复系统过程宜包含但不限于以下方面：

（1）利用正确的备份恢复用户数据和配置信息；

（2）开启系统和应用服务，将受到入侵或者怀疑存在漏洞而关闭的服务修改后重新开放；

（3）连接网络，服务重新上线，并持续监控、持续汇总分析，了解各网的运行情况。

4）当不能彻底恢复配置和清除系统上的恶意文件，或不能肯定系统在根除处理后是否已恢复正常时，应选择彻底重建系统。

5）应急服务实施小组应协助服务对象验证恢复后的系统是否正常运行。

6）应急服务实施小组宜帮助服务对象对重建后的系统进行安全加固。

7）应急服务实施小组宜帮助服务对象为重建后的系统建立系统快照和备份。

6.2.3.6　总结阶段

目标：通过以上各个阶段的记录表格，回顾安全事件处理的全过程，整理与事件相关的各种信息，进行总结，并尽可能地把所有信息记录到文档中。

角色：应急服务实施小组、应急响应日常运行小组。

内容：包括以下几项。

（1）事故总结；

（2）事故报告。

输出：应急响应报告表。

1. 事故总结

1）应急服务提供者应及时检查安全事件处理记录是否齐全，是否具备可塑性，并对事件处理过程进行总结和分析。

2）应急处理总结的具体工作包括但不限于以下几项：

（1）事件发生的现象总结；

（2）事件发生的原因分析；

（3）系统的损害程度评估；

（4）事件损失估计；

（5）采取的主要应对措施；

（6）相关的工具文档（如专项预案、方案等）归档。

2. 事故报告

（1）应急服务提供者应向服务对象提供完备的网络安全事件处理报告；

（2）应急服务提供者应向服务对象提供网络安全方面的措施和建议。

6.2.4 应急响应建议

6.2.4.1 安全事件现场处理

系统安全事件现场处理方案选择一般有以下几种方式。

1. 克制态度

所谓采取克制态度，是指安全人员发现安全事件系入侵行为而对入侵者采取的一种态度。安全人员除进行记录，可以与入侵者进行网络对话外，基本采取不予理睬的态度。采取对话时要考虑是否打扰入侵者，如果判定可以与之对话，可以询问入侵者是谁和想干什么等问题。

2. 紧急消除

安全事件处理最核心的问题是消除当前威胁，主要是指消除安全事件的原因。如果安全事件属于计算机病毒，用杀毒软件进行消除。

如果安全事件属入侵者，应当首先对入侵者进行监视、跟踪，确定入侵行为的痕迹并消除之（例如新账号和被监控文件被修改），然后利用完整性检查工具进行检查，最后要摆脱入侵者。

3. 紧急恢复

恢复系统可以采取现场联机恢复和关闭网络连接恢复两种方法。

一旦攻击发生，如果不能采取关机和关闭网络连接的措施，就只能采取现场联机恢复。

4. 切换

如果采用了双机备份的系统结构，可以采用联机切换方式，先切换再恢复。

5. 监视

发现入侵者后，监视入侵者的行为是必要的。监视时，可采用系统服务了解攻击者使用了哪个进程，监视网络出入的情况，最好采用它机监视的方法，要注意反监视问题的处理。

安全事件发生时要记录事件现场。在记录安全事件时，要记录事件的每一环节，包括事件的时间、地点。要打印拷贝、记录拷贝时间、记录对话内容，并尽可能采用自动化的记录方法。

6. 跟踪

当发现入侵者，在监视的基础上，有时有必要跟踪入侵者。所谓跟踪主要是跟踪连接，以确定攻击者的出发地和源头。

如果入侵者是通过电话和电信系统入侵的，问题要复杂得多，跟踪活动要通过电信部门才能实施。如果入侵者是通过计算机网络入侵的，系统管理员可以直接实施跟踪活动。有时要借助其他站点的系统管理员的帮助及有关监控中心的帮助。

跟踪后，要适时摆脱入侵者。当然可以采用关机和关闭连接的方法。但这样做的结果是把入侵的证据破坏了。采取简单再开机的方法也是不可取的。

可以采用“先礼后兵”的方法，直接与入侵者讲明，希望他退出系统，要求撤销后门。

联机情况下撤销入侵账户时，要把系统设置成单用户使用状态。

7. 查证辅助代码开发

主要解决B级和C级事故。在时间要求不是很高的情况下，寻找合适的安全专家小组编制用于安全事故分析的程序代码，或为可能发生的安全事故而专项开发的应用程序，并且要求具有很强的针对性和时效性，为某个事件所专用。这类处理方式能够更系统地、完整地了解网络信息系统的安全威胁和安全隐患。

8. 报警

攻击自动发现系统可发现攻击行为，并为系统管理员和信息系统安全员发出报警信号。报警可以通过声音、E—mail、手机、电话等方式表现。

9. 权力机关的反击

进行网络对抗反击要向有关部门汇报并得到批准，绝不能随便实施。

这种网络反击必须由国家专门的权力机关技术机构或国家规定信息战机构实施。

6.2.4.2 安全事件的事后处理

系统安全事件后处理包括事件后消除，弥补系统脆弱性，分析原因，总结教训，完善安全策略，服务和过程。

1. 事件后消除

消除威胁是安全事件处理最核心的问题，主要是指消除安全事件的原因。

如果安全事件的原因是厂商的后门软件、间谍软件，不管厂商以什么目的采用了这些软件（尽管厂商可能有正当理由这样做），只要断定这些所谓后门软件可以被攻击者利用，就要向厂商提出交涉，消除该软件或关闭厂商保留的端口。

如果安全事件的原因是程序化入侵（例如安装了口令嗅探器），则删除入侵程序。但要注意这种入侵软件往往在系统内留有备份。

如果安全事件的原因是破坏和删除文件，则使用拷贝文件恢复。

请注意，所有这些消除威胁都必须由安全管理中心主持进行，不可以将信息系统安全的漏洞和安全事件交给外包公司和不可信的单位进行处理。

2. 弥补系统脆弱性

当发现网络系统漏洞时，修补操作是必需的。修补的方法包括包装程序（wrapper）、代理程序、隐匿程序、控制程序和改正程序错误等。

安全事件的发生暴露了信息系统的脆弱性。发现漏洞后可以提出修补漏洞的方法，实施修补过程。

请注意，所有这些修补工作都必须由计算机安全主管部门主持进行，不可以将信息系统的安全修补工作和安全事件交给外包公司和不可信的单位进行处理。

3. 分析原因

安全事件的原因分析是必要的，分析清楚原因，可以提出改进的办法。

4. 总结教训

根据安全事件的损失和后果，处罚或批评负有责任者。通过对安全事件的分析和处理，可明确在安全管理方面的缺陷，有针对性地加强和完善管理制度。

5. 完善安全策略、结构、服务和过程

发生安全事件后，要对信息系统的安全策略、安全结构、安全服务和过程进行全面的检查，并对其进行修改和完善。

6. 系统安全事件责任

要明确系统安全事件的责任。攻击成功往往与系统管理员的工作失误有关。由于系统管理员、信息系统安全员和操作员对信息系统安全都有自己的职责，要检查有关人员的失职问题。

但有些安全事件的发生与安全结构不合理有关，或是由信息系统安全措施落后造成的。

7. 系统安全事件处理通报

如果认为必要，可以将入侵事件报告公安和安全部门。如果已办理相关保险的投保事项，可以向保险公司提出索赔。

6.2.4.3 应急保障措施

1. 应急人力保障

加强信息安全人才培养，强化信息安全宣传教育，建设一支高素质、高技术的信息安全核心人才和管理队伍，提高信息安全防御意识。大力发展信息安全服务业，增强其应急支援能力。

2. 物质条件保障

安排一定的资金用于预防或应对信息安全突发事件，提供必要的交通运输保障，优化信息安全应急处理工作的物资保障条件。

3. 技术支撑保障

设立信息安全应急响应中心，建立预警与应急处理的技术平台，进一步提高安全事件的发现和分析能力。从技术上逐步实现发现、预警、处置、通报等多个环节和不同的网络、系统、部门之间应急处理的联动机制。

6.3 优化改善

信息系统运行和维护是动态的一个过程。一方面，信息安全策略要紧跟组织目标。组织目标变化时应对应调整安全信息策略，以保障组织目标的实现。另一方面，对于在业务系统日常运行、维护及风险评估的过程中发现系统存在的技术或者管理方面的问题，要制订优化改善计划，修复漏洞、完善管理，保障信息系统安全。

6.3.1 优化改善内容

6.3.1.1 策略优化

安全策略从制定之日起就必须严格遵循，是组织内部信息安全工作的纲领性文件，也是安全运维工作的基础。但安全策略并非一成不变，随着运维的发展、组织目标的提高、业务系统的完善或更换等，信息安全策略需要进行相应的调整。

1. 信息安全策略优化的需求

组织信息安全策略是针对一段时期内组织的目标、网络环境、业务应用级别等需求制定的，随着组织的扩大、网络环境的变化、业务系统的升级或更新，往往会产生新的安全需求；并且来自外部的信息安全威胁与日俱增，对于安全保障强度的要求也在逐步提高。由此可见，组织信息安全策略优化的需求来自外部需求和内部需求两个层面。而需求一旦产生，便需要组织决策层对信息安全策略进行优化改善，以适应内部或外部的变化，实现更好的安全防护，从而保障组织目标的实现。

2. 信息安全策略优化的原则

信息安全策略优化的原则主要包括适应性原则、动态性原则、系统性原则、最小授权原则和日志审计原则。

1）适应性原则

安全策略是在一定条件下采取的安全措施，必须是和组织的实际应用环境相结合的。因此，信息安全策略的优化应充分考虑组织的实际需求。

2）动态性原则

安全策略是在一定时期采取的安全措施，而安全措施是防范性的、持续不断的，所以信息安全策略必须能随着信息系统安全风险以及安全需求的变化而变化，应容易修改和升级。

3）系统性原则

安全管理是一个系统化的工作，必须考虑到整个组织的方方面面，因此，在优化信息安全策略时，应全面考虑信息系统的用户、设备、软件、数据以及各种情况，有计划有准备地采取相应的策略。任何一点疏漏都会造成整个信息系统安全性的降低。

4）最小授权原则

从信息安全的角度考虑，开放的服务越多，出现安全漏洞的可能性就会越大。因此，在优化信息安全策略时应考虑信息系统中账号设置、服务配置、主机间信任关系为信息系统正常运行所需的最小限度。

5）日志审计原则

为便于管理员在发生安全事件后进行追溯，通过分析及时发现安全事件源头、安全事件类型、影响范围等，在优化信息安全策略时须首先启用相关审计策略。

3. 信息安全策略优化方法与步骤

信息安全策略优化是在策略已有的基础上进行深层次的提高，基本分为3个步骤。

1）通过风险评估明确优化需求

对目标系统进行威胁分析和风险分析，识别当前信息安全策略与需求之间的差距。风险评估第一步是对风险进行正确的识别，对于各类资产而言，在不同时期会面临不同的威胁，存在不同的脆弱性。需要通过风险评估的过程，识别现阶段系统具有的脆弱性、面临的威胁以及可能存在的风险，根据风险判断信息安全策略是否有优化的需求。

2）制定一个完备且合适的安全策略

找到现状与目标之间的差距后，需要在考虑成本效益的前提下，定义一个完备且适用的安全策略。该策略应根据自身风险和承受能力包含尽可能多的方面，主要包括以下几项。

（1）组织拥有并需要保护的信息资产；

（2）组织实施信息安全的组织架构、角色定义和人员责任；

（3）组织对内部和外部用户正确使用资源的期望方式；

（4）组织对信息资产的防护方针；

（5）组织针对信息安全事件的响应机制。

最终，安全策略要具备机密性、完整性、可用性、可确认性、保障性和可实施性。

4. 制定详细的计划优化安全策略

任何组织一旦建立起或更新安全策略，就必须创建一个详细的实施计划，逐步、分段地增加和改进信息安全基础设施，以完备地实施信息安全策略。详细的实施计划有助于有效地管理开支计划和控制执行时间。

安全策略的整个实施过程涉及目标组织各个层次上的多方面人员，包括高级管理层、关键业务部门、IT部门、用户代表等。其中，获得高级管理层的支持与认可是安全策略得以顺利贯彻落实的关键。

信息安全策略优化计划至少要包含以下几个关键步骤：

（1）进行现场勘察，了解信息系统现状；

（2）与相关人员访谈，深入全面了解组织的业务需求及相应的安全需求；

（3）通过文档审查，了解组织当前策略制定及部署情况；

（4）从最高层次到最低层次分级制定安全策略；

（5）通过会议讨论等形式完善策略；

（6）通过培训等途径，使得组织领导、员工等获知并理解与其工作有关的安全策略；

（7）试实行安全策略；

（8）搜集分析反馈意见，修订和调整安全策略；

（9）管理处批复，发布正式的安全策略实施文档，内容要涵盖各种技术标准、规范和手册、关键的操作程序和管理方针、与信息安全相关的具体管理制度等；

（10）长期执行并维护信息安全策略。

综上所述，安全策略与组织的目标业务需求以及外部环境是密不可分的，因此，安全策略是一个动态更新的过程，即通过实践不断调整和完善信息安全策略体系和内容，以实现组织信息系统安全运行的长治久安。由此，信息安全策略是一项较为长期的反复的过程、提升的过程。

6.3.1.2 安全加固

安全加固是指在对信息系统面临的威胁和存在的脆弱性进行识别的基础上，对信息系统进行安全配置或漏洞修补，提高信息系统自身安全性的过程。安全加固的对象包括信息系统涉及的物理环境、网络平台、主机系统、应用系统和安全设施等。

1. 安全加固的原则

根据安全检查和风险评估的结果，对被保护对象进行安全加固。利用安全加固解决在安全检查和风险评估中发现的各种技术性安全问题，基本保证在客观环境允许的情况下，被加固对象应不再存在高风险脆弱性和中风险脆弱性，对于由业务环境原因无法进行加固的漏洞，分析漏洞对系统安全性影响并提出相应的解决建议，同时记录遗留问题，以备后续查找和参考。另外，在加固完成后应不影响加固对象原有的功能和性能。

在加固方案设计和加固实施过程中应遵循以下原则。

1）标准性原则：加固方案的设计与实施应依据国内或国际的相关标准进行。

2）规范性原则：工作中的过程和文档应具有很好的规范性，可以便于项目的跟踪和控制。

3）可控性原则：加固的方法和过程要在双方认可的范围之内，加固服务的进度要跟上进度表的安排，保证对加固工作的可控性。

4）整体性原则：加固的范围和内容应当整体全面，包括安全涉及的各个层面，避免由于遗漏造成未来的安全隐患。

5）最小影响原则：加固工作应尽可能将对系统和网络正常运行带来的影响降至最低，防止对正在进行业务服务的正常功能产生显著影响。

6）保密原则：对加固的过程数据和结果数据严格保密，未经授权不会泄露给任何单位和个人，不会利用此数据进行任何侵害公司信息系统的行为。

2. 安全加固的方式

1）自我加固

自我加固指的是信息系统业务主管部门或信息系统运行维护部门依靠自身的技术实力，对信息系统日常维护过程中出现的安全问题进行安全加固。

2）专家加固

专家加固指的是经过信息安全风险评估或安全检查后，由信息系统运维部门或业务主管部门组织专业队伍开展的专项信息系统安全加固工作。

3. 安全加固的方法

安全加固主要通过配置安全策略、修复补丁、强化系统访问控制能力、修复系统漏洞等方法对信息系统存在的脆弱性进行修补，提高信息系统自身的安全性和抗攻击的能力，使信息系统保持在一个较高的安全级别上。安全加固不能解决所有问题，仍需要通过部署安全产品、优化升级应用系统、强化安全运行维护、完善安全管理体系等多方面措施才能达到整体安全防护的目的。

4. 安全加固的内容

依据安全加固方案及安全加固实施确认单对需要加固范围内的资产实施加固操作，涉及的加固对象主要包括网络设备、安全设备、操作系统、数据库系统、通用服务系统、应用系统等。加固措施包括配置安全策略、安装安全补丁、强化系统访问控制能力、修补系统漏洞等。

1）网络设备安全加固

对网络设备进行安全加固，具体内容如表 6-11 所示。

表 6-11　网络设备安全加固

序号	加固项	加固内容
1	口令策略加固	为网络设备配置合理的密码策略，包括口令的长度、复杂度、更换周期
2	账户权限加固	对网络设备远程访问用户进行权限设置，对管理员用户和审计用户权限的定义遵循最小权限原则；设置管理员用户对设备进行配置修改、审计用户

序号	加固项	加固内容
3	网络服务加固	关闭网络设备中不安全的服务，确保操作系统只开启承载业务所必需的网络服务和网络端口
4	访问控制加固	限制用户对网络设备的远程登录IP地址和超时设置；加强远程控制安全机制的保证，如配置SSH
5	用户鉴别加固	设置设备登录不成功的鉴别失败次数以及达到此阀值所采取的措施

2）安全设备安全加固

对安全设备进行安全加固，具体内容如表6-12所示。

表6-12 安全设备安全加固

序号	加固项	加固内容
1	口令策略加固	为安全设备配置合理的密码策略，包括口令的长度、复杂度、更换周期
2	账户权限加固	对安全设备远程访问用户进行权限设置，对管理员用户和审计用户权限的定义遵循最小权限原则；设置管理员用户对设备进行配置修改，审计用户
3	安全策略加固	配置安全设备的安全策略，确保操作系统只开启承载业务所必需的网络服务和网络端口
4	访问控制加固	限制用户对安全设备的远程登录IP地址和超时设置；加强远程控制安全机制的保证，如配置SSH
5	用户鉴别加固	设置安全设备登录不成功的鉴别失败次数以及达到此阀值所采取的措施

3）主机系统安全加固

对主机系统进行安全加固，具体内容如表6-13所示。

表6-13 主机系统安全加固

序号	加固项	加固内容
1	口令策略加固	对操作系统设置口令策略，设置口令复杂性要求，为所有用户设置强壮的口令，禁止系统伪账号的登录
2	账户权限加固	对操作系统用户、用户组进行权限设置，应用系统用户和系统普通用户权限的定义遵循最小权限原则；删除系统多余用户，设置应用系统用户的权限只能做与应用系统相关的操作，设置普通系统用户的权限为只能执行系统日常维护的必要操作
3	访问控制加固	合理设置系统中重要文件的访问权限，只授予必要的用户必要的访问权限；限制特权用户在控制台登录，远程控制有安全机制保证，限制能够访问本机的用户和IP地址

序号	加固项	加固内容
4	用户鉴别加固	设置操作系统用户不成功的鉴别失败次数以及达到此阀值所采取的措施，设置操作系统用户交互登录失败、管理控制台自锁，设置系统超时自动注销功能
5	审计策略加固	配置操作系统的安全审计功能，使系统对用户登录、系统管理行为等重要事件进行审计，确保每个审计记录中记录事件的日期和时间、事件类型、主体身份、事件的结果（成功或失败），对审计产生的数据分配空间存储，并制定和实施必要的备份、清理措施，设置审计存储超出限制时的覆盖或转储方式，防止审计数据被非法删除、修改

4）应用系统安全加固

对应用系统进行安全加固，具体内容如表 6-14 所示。

表 6-14 应用系统安全加固

序号	加固项	加固内容
1	口令策略加固	对应用系统设置口令策略，设置口令复杂性要求，为所有用户设置强壮的口令，禁止系统伪账号的登录
2	账户权限加固	对应用系统用户、用户组进行权限设置，应用系统用户和系统普通用户权限的定义遵循最小权限原则；删除系统多余用户，设置应用系统用户的权限只能做与应用系统相关的操作，设置普通系统用户的权限为只能执行系统日常维护的必要操作
3	访问控制加固	合理设置系统中重要文件的访问权限，只授予必要的用户必要的访问权限；限制特权用户在控制台登录，远程控制有安全机制保证，限制能够访问本机的用户和 IP 地址
4	用户鉴别加固	设置应用系统用户不成功的鉴别失败次数以及达到此阀值所采取的措施，设置应用系统用户交互登录失败、管理控制台自锁，设置系统超时自动注销功能
5	审计策略加固	配置应用系统的安全审计功能，使系统对用户登录、系统管理行为等重要事件进行审计，确保每个审计记录中记录事件的日期和时间、事件类型、主体身份、事件的结果（成功或失败），对审计产生的数据分配空间存储，并制定和实施必要的备份、清理措施，设置审计存储超出限制时的覆盖或转储方式，防止审计数据被非法删除、修改

6.3.2 优化改善组织保障

根据优化改善工作的要求，将角色划分如下：

1）优化改善工作负责人；

2）优化改善工作技术人员；

3）优化改善服务供应商。

信息系统优化改善需求确定后，在优化改善工作小组的统一部署下，工作人员各司其职，制定详细的工作计划和实施方案，并严格按照预定计划实施优化改善工作。

6.3.3 优化改善流程

优化改善工作流程如图 6－3 所示。

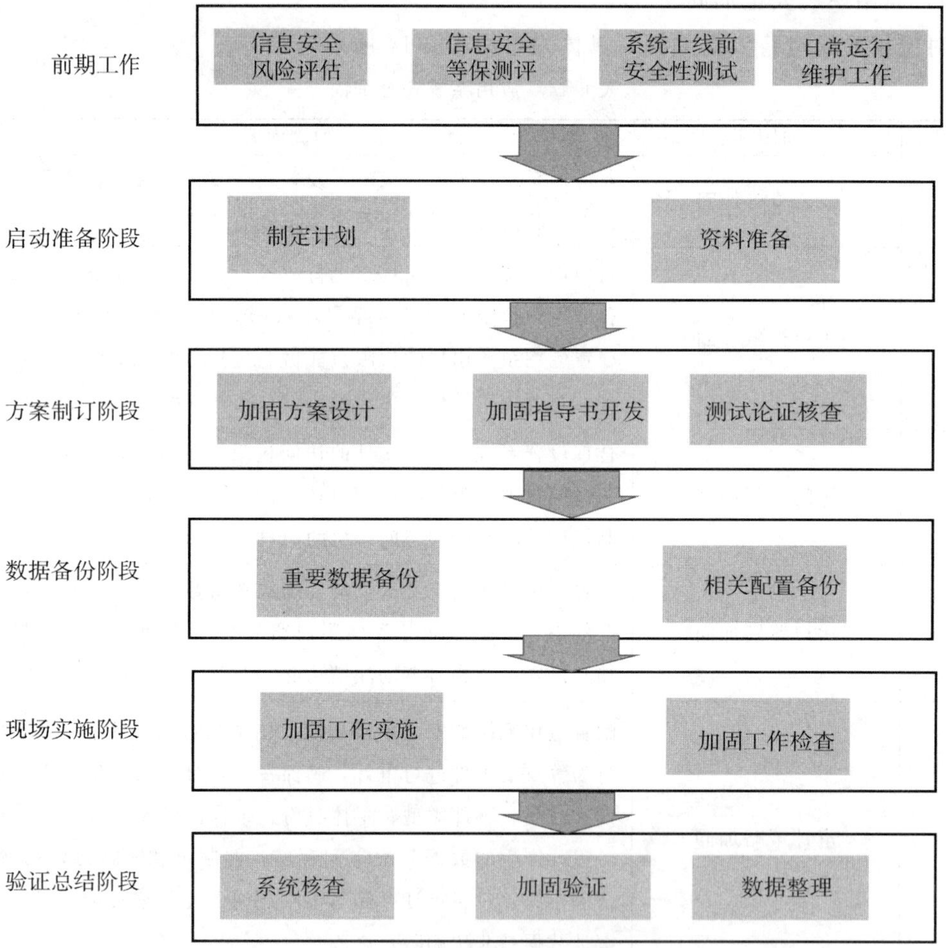

图 6－3 优化改善工作流程

优化改善工作具体实施流程应包括四个阶段：启动准备及方案制订阶段、数据备份阶段、现场实施阶段和验证总结阶段。

1．启动准备及方案制订阶段

启动安全加固工作，明确系统优化改善工作的范围与职责、准备优化改善所需的资料，以便确定优化改善系统的范围和资产；确定相关单位的职责，确定优化改善实施时间以及实施过程控制方式；准备优化改善所需的资料，如资产列表、风险评估或安全检查报告、安全建议报告等。制订方案和工作计划，准备工具，做好数据备份工作以及各种应急措施等。

第一步是系统调研，其主要目的是准确全面地获得被优化改善系统资产的详细属性清单。工作内容包括：针对各服务器、网络设备、安全设备的系统安装、系统配置进行全面的人工审核，以有针对性地进行优化改善；调查和统计系统中的主机，明确其现有状况、配置情况和管理情况；主机系统需要明确其平台、版本、补丁等基本情况外，还需明确与网络有关的配置管理信息如开放端口等；根据现有的安全标准规范和业务对安全的要求，分析面临的威胁，评估现有系统的技术方面的弱点，明确所有网络面临的安全风险和隐患。

第二步是制订优化改善方案和计划。结合组织信息系统优化改善方案进行可行性论证，形成优化改善实施确认单。设计系统状态核查步骤，根据优化改善范围内的信息系统存在的脆弱性和风险设计实施方法；组织信息安全优化改善相关单位对方案的可行性进行论证，对于可能影响信息系统正常运行的操作项需在测试环境中测试后进行，对于无法优化的脆弱性需提出详细说明，并形成可替代的加固方案；优化改善实施前，根据业务系统运行使用的实际情况设计优化改善后系统运行状态，核查操作的步骤，实施完成后依据该步骤对系统的运行状态进行核查。其主要目的是确定优化改善范围和实施的具体内容。工作内容包括：根据系统调研的结果确定优化改善范围，应包括哪些主机操作系统、网络设备、数据库、安全设备等；并根据这些设备的版本、型号等信息，制订相应的操作指导书；对操作指导书的优化改善措施进行测试，以确保优化改善内容的正确性；最后制订详细的优化改善计划，并报相关领导签字批准。

第三步是优化改善测试。实施之前，根据优化改善方案中相应的措施，并对所采用的各种措施在测试环境中进行测试，以保证优化改善的手段不会对现有系统造成大的破坏，同时测试其措施的有效性。

第四步是人员准备工作。在优化改善之前，需要通知相关人员做好相关的准备。对关键设备进行优化改善的时候，需要相应人员达到现场。主要包括：

1）关键服务器的系统管理员、设备厂商支持人员、优化改善实施人员、安全管理员；

2）关键网络设备、网络安全设备的管理员、设备厂商支持人员、优化改善实施人员、安全管理员。

2．数据备份阶段

在实施优化改善前，根据业务系统恢复的难易程度采取有效的备份恢复措施，应确保在优化改善造成系统异常时能使用备份数据及时恢复到实施前的状态。其中，优化改善实施前根据业务系统恢复的难易程度采取系统级别备份、应用程序级别备份或数据级别备份、优化改善过程中需修改的配置文件应在优化改善前进行备份。其主要目的是防止系统在优化改善过程中一旦操作对系统和设备的配置造成破坏，可以及时地使用备份文件进行恢复。需要备份的主要内容包括：

1）对关键服务器的数据、配置、操作系统进行备份，如有双机热备的，可选择一台服务器首先进行操作，完成以后进行试运行，如试运行成功，再操作另外一台；

2）对网络设备的数据、配置进行备份，如有双机热备的，可选择一台网络设备首先进行操作，完成以后进行试运行，如试运行成功，再操作另外一台；

3）对安全设备的数据、配置进行备份，如有双机热备的，可选择一台安全设备首先进行操作，完成以后进行试运行，如试运行成功，再操作另外一台。

3．现场实施阶段

依据优化改善方案及优化改善实施确认单对实施范围内的资产进行优化改善操作，优化改善完成后应检查操作的正确性。其中，依据方案对网络设备、安全设备、操作系统、数据库系统、通用服务系统、应用系统等实施安全操作，过程中执行的命令、参数和配置应详细记录，优化改善操作完成后应依据优化改善方案对系统进行核查，确保优化改善实施无误。利用优化改善手段对在风险评估和安全检查中发现的各种技术性安全问题进行修补和整改，基本保证在客观环境允许的情况下，被操作对象应不再存在高风险漏洞和中风险漏洞。现场实施阶段应包括网络系统优化改善、操作系统优化改善、数据库系统优化改善、通用服务系统优化改善、安全设备优化改善等。优化改善措施应包括配置安全策略、安装安全补丁、强化系统访问控制能力、修补系统漏洞等。操作对象有以下几类。

Windows 操作系统：文件系统、账号管理、网络及服务、注册表、共享、应用软件、其他（包括紧急恢复、数字签名等）。

UNIX 操作系统：文件系统、配置文件、账号管理、网络及服务、应用软件、其他（包括专用安全软件、加密通信，及数字签名等）。

数据库系统：账号管理、口令强度和有效期检查、远程登录和远程服务、存储过程、备份过程、角色和权限审核、并发事件资源限制、访问时间限制、审核跟踪。

网络设备：账号和口令策略修改、启用账号密码加密、启用登录超时、访问控制策略、SNMP 配置、OSPF 配置、Console 配置等。

完成对操作系统、数据库、网络设备和安全设备的优化改善之后，要对效果进行验证，以确保系统在安全性和功能性上能够满足各类预定的安全需求。

关键设备的优化改善最好安排在没有业务或业务比较少的时间进行。

4．验证总结阶段

优化改善完成后对系统承载业务的运行情况进行核查，采取相应的技术手段验证优化改善是否达到预期效果，整理过程数据。当优化改善引发系统异常时，应使用原始配置备份修复系统。其中，根据系统运行状态核查操作步骤，验证优化改善后信息系统运行情况，如重启系统需要错开业务敏感时期和高峰期；优化改善后通过手工测试、扫描、渗透测试等方式验证效果；整理优化改善过程记录数据，形成报告。阐述系统优化改善后的安全状况和残余风险。当系统恢复正常并稳定运行一段时间后，应重新进行系统优化改善方案设计、论证和测试，依据论证和测试结果对系统进行第二次优化改善。

6.3.4 优化改善建议

为减小优化改善工作对信息系统正常运行产生的影响，优化改善过程中必须采取一定的风险规避措施控制风险。优化改善实施前，应对优化改善中可能遇到的实施风险进行分析，制订相应的恢复方案，采取有效备份措施。关键业务系统的优化改善应搭建模拟环境，在模拟环境进行信息安全优化改善确认后，再进行正式环境业务系统的优化改善。必须高度重视优化改善工作过程中的保密工作，应与优化改善工作人员签订保密协议。现场实施结束后，要清理系统中的过程数据、文件、程序、脚本等，确保系统中不遗留任何代码或可执行程序，优化改善各单位不得在任何宣传材料中描述涉及优化改善系统的敏感信息。优化改善风险主要有3类。通过风险控制措施、风险规避措施可有效降低安全加固实施过程中产生的风险问题，降低风险发生的机率。

1. 安全加固过程中可能存在的安全风险

1）优化改善对运行系统可能会造成影响

优化改善操作时，需要对设备和系统进行一定的验证测试工作，可能对系统的运行造成一定的影响，甚至存在误操作的可能。

2）工具测试对运行系统可能会造成影响

在优化改善操作前，会使用一些技术测试工具进行漏洞测试，测试可能会对系统的负载造成一定影响，漏洞测试可能对服务器和网络通信造成一定影响。

3）敏感信息泄露

泄露信息系统状态信息，如网络拓扑、IP地址、业务流程、安全机制、安全隐患和有关文档信息。

2. 风险规避措施

针对上述风险，风险规避措施有以下几种。

1）签署委托加固协议

在优化改善工作正式开始之前，实施优化改善的专业机构和委托单位需要以委托协议的方式明确优化改善工作的目标、范围、人员组成、计划安排、执行步骤和要求以及双方的责任和义务等，使双方对优化改善过程中的基本问题达成共识，后续的工作以此为基础，避免以后的工作出现大的分歧。

2）签署保密协议

双方应签署完善的、合乎法律规范的保密协议，以约束双方现在及将来的行为。优化改善工作的成果属委托单位所有，服务提供机构对其的引用与公开应得到委托单位的授权，否则委托单位将按照保密协议的要求追究服务提供机构的法律责任。

3. 现场实施工作风险的规避

进行验证测试和工具测试时，优化改善服务提供机构需要注意以下几点。

（1）与委托单位充分协调，安排好实施时间，尽量避开业务高峰期，在系统资源处于空闲状态时进行，并需要委托单位对整个测试过程进行监督。

（2）对关键数据做好备份工作，并对可能出现的影响制订相应的处理方案。

（3）上机验证测试原则上由信息系统的运营、使用单位提供相应的技术人员进行操作，优化改善实施人员根据情况提出需要操作的内容，并进行查看和验证，避免由于优化改善实施人员对某些专用设备不熟悉造成误操作。

（4）优化改善服务实施机构使用的测试工具在使用前应事先告知委托单位，并详细介绍这些工具的用途以及可能对信息系统造成的影响，以征得同意。

4. 规范化实施过程

为保证按计划、高质量地完成优化改善工作，应当明确优化改善记录和报告要求，明确优化改善过程中每一阶段需要产生的相关文档，使操作有章可循。

在委托协议、现场优化改善确认单和方案中明确双方的人员职责、对象、时间计划、测评内容要求等。

5. 良好的沟通与交流

为避免优化改善工作中可能出现的争议，在优化改善开始前、过程中以及完成后，双方进行积极有效的沟通和交流，及时解决优化改善过程中出现的问题，这对保证优化改善过程质量和结果质量有重要作用。

6.4 监管评估

监管评估是对安全运维对象、安全运维活动以及安全运维流程在运维过程中依据法律、法规、标准和规范并结合业务需求，通过对安全运维对象及安全运维活动的调研和分析，提供运维状态的安全合规性评估。对安全运维的监管评估一般是通过检查、考核和惩戒来实现。

1. 检查

检查一般是依据国家法律法规及行业标准和规范，来确认实际安全运维工作与法律、法规、标准和规范的匹配程度，即是否合乎规定，所以检查也可称为合规性检查。

检查可以分为自查、抽查和专项检查。自查是指运维单位内部实施的人员互相检查，或单位内部独立检查部门对运行维护部门实施的检查；抽查是指运维单位内部或上级主管单位不定期地对运行维护部门实施的安全检查；专项检查则是单位外部机构对本单位的运行维护实施检查，包括上级监管单位、行业监管单位和国家监管单位等，也可以是单位自己聘请的专用检查机构。

2. 考核

对运行维护人员、运维单位考核是运维评价管理中最重要的环节。安全运维考核一般会涉及信息安全管理、检查和执行的岗位人员，考核内容建议包括运维安全意识考核、安全运维技能的考核、安全运维管理措施的考核。安全运维技能考核包括安全管理知识的掌握程度、所管理业务系统中安全产品的操作技能、所管理业务系统中使用的操作系统和应用软件的安全使用等。同时，也将发生安全事故、安全检查结果和安全审计结果纳入考核内容；安全考核结果应进行存档，以便于查询。

3. 惩戒

惩戒是指运维人员在违反单位安全管理规定和要求的惩罚措施。惩戒必须事前告知，事前告知可以避免在惩戒措施实现的时候发生意外事件，更重要的是先前告知可以让运维人员工作之前就得知违反安全管理规定和要求的后果。在后果的威慑下，运维人员故意或无意违规的可能性会得到大幅度降低。

惩戒一般包括直接责任人惩戒和间接责任人惩戒。直接责任人惩戒是指当人员违反安全管理制度，依照其违规程度及影响，对其进行处罚。间接惩戒是指在未尽监管职责或辅助违规则负连带责任。如安全违规涉及法律层面，则还应追究该人员的刑事责任。

6.5 案例分析

6.5.1 设备安全运维案例

安全设备运维工作主要是安全策略的调整。因为安全最终是服务于业务，业务系统在整个生命周期中会产生大量的需求，其中很重要的一方面就是对于安全设备的策略调整需求。表 6－15 以防火墙为例进行策略调整运维说明。

表 6-15

<table>
<tr><td colspan="5">记录编号：FW—20××××××—02　　　　填写日期：20×× 年××月××日</td></tr>
<tr><td rowspan="7">操作设备</td><td colspan="4">设备类型：■防火墙　□入侵检测　□网关设备　□其他设备</td></tr>
<tr><td colspan="4">设备名称：
(1) FW—外网—互联网—001
(2) FW—外网—互联网—002
(3) FW—业务域—001
(4) FW—业务域—002</td></tr>
<tr><td colspan="4">设备型号：联想网御防火墙 PowerV—3000</td></tr>
<tr><td colspan="4">作业类型：■新增　□变更　□撤除　□其他</td></tr>
<tr><td colspan="4">影响时间：自 20×× 年××月××日××时××分
至　20××年××月××日××时××分</td></tr>
<tr><td colspan="4">影响范围：
内网业务域、内网核心与直属单位边界</td></tr>
<tr><td colspan="4"></td></tr>
<tr><td colspan="5">配置策略描述（配置功能描述）：
内网业务域 19×.××.××.××与××局的 19×.××.××.××进行相互访问。用于××管理平台和××系统的数据交互。
19×.××.××.××—> 19×.××.××.××
19×.××.××.××—> 19×.××.××.××</td></tr>
<tr><td colspan="2">需求人员</td><td>李××</td><td>联系方式</td><td>136××××××××</td></tr>
<tr><td rowspan="3">操作记录</td><td colspan="4">作业时间：20××年××月××日××时
作业结果：■成功　□未成功</td></tr>
<tr><td colspan="4">作业结果（配置参数）说明：
FW—外网—互联网—001：https：//19×.××.××.××
FW—外网—互联网—002：https：//19×.××.××.××
FW—业务域—001：https：//19×.××.××.××
FW—业务域—002：https：//19×.××.××.××
1. 在每台防火墙的服务资源中检查并添加一个××××、××××、××××端口的××服务。
2. 将××××和××××放在一个服务组中。
3. 在每台防火墙的地址资源中检查并添加 19×.××.××.××和 19×.××.××.××地址。
4. 在“防火墙”的“安全规则”中进行规则的添加：
19×.××.××.××—> 19×.××.××.××　　记录包过滤日志
19×.××.××.××—> 19×.××.××.××　　记录包过滤日志
5. 保存并测试，修改成功。</td></tr>
<tr><td>操作人员</td><td>王××</td><td>监督人员</td><td>刘××</td></tr>
</table>

6.5.2 日常运维应用案例

在下面的这个案例中，我们可以看到某集团的信息中心人员是怎样利用安全管理平台去解决其在日常IT运维过程中所碰到的问题，即在成本有限的情况下如何提高其信息中心的运作效率。希望通过这个应用案例可以给更多的安全运维人员提供一些启发、促进更多的实践IT服务管理。

随着运维在某集团及子公司和各下属单位的深化应用，信息系统所采用的网络技术日益复杂，网络设备也日趋多样化。在某集团快速发展的今天，公司IT网络上运行的应用系统不断增多，某集团的各项业务系统对信息网络的依赖性越来越高，对系统与网络的可用性、可靠性和稳定性也提出了更高的要求。为保证诸多关键应用系统稳定运行，急需建设网络管理中心，以便及时监控信息系统状态，为公司信息系统的高效运行提供可靠保证。

1. 面临的问题

某集团网络管理系统的管理范围涉及公司本部网络、下属13家子公司局域网络系统的相关网络设备、互联链路、服务器等。建成后的某集团公司网络管理系统应能全面管理公司本部及各子公司信息系统内的网络设备、广域网链路和服务器的运行状况。管理系统应体现对全网的拓扑结构和关键链路的实时监控，同时应具备一定的对主机和常见应用的管理能力，减轻系统管理员的工作负担和管理压力，保障业务及应用系统的稳定运行。

在当前的某集团，公司总部及各级下属单位的信息管理部门所面临的IT平台环境与应用环境正日趋复杂，仅凭借人工操作或固有经验，已远远不能满足当前的管理需求。企业传统的“来电响应式”的IT运维管理模式带给信息管理人员较大的工作压力，使管理工作较为被动。为了保障全公司及下属单位整个企业网络的高效、稳定运行，必须在故障发生之前就及时进行预警或告警，避免网络中断和应用失效。为了及时发现潜在的网络异常及隐患，必须从行业IT网络特点出发，对网络应用及底层的IT基础设施进行全方位、透明化的监控。对于某集团公司的信息管理和运维部门来说，如何实现企业网络的事前管理和透明化监控是保障网络系统稳定运行、企业核心业务正常运转的关键。

2. 解决方案

在经过对多种安全运维支撑平台综合考察后，某集团信息管理中心最终决定选用安全管理平台这一业界最全面的IT运维管理解决方案作为其IT运行管理的“工具帮手”。

针对某集团实际网络环境和业务需求，根据安全管理平台生成的企业网络物理拓扑图（包括设备间的冗余连接、备份连接、均衡负载连接等数据），信息管理中心为每条设备间连接加以注释，为每台设备设置中文设备名称，全面监测网络中每台设备的名称、IP地址、类型、厂商等。根据读到的网络布线信息、设备运行状态及链路的流量变化情况等，全面掌控整个网络的实时运行状态。

当网络出现故障时，应迅速检查安全设备状态并判断是否存在攻击流量，定位故障是否与安全设备有关。如果故障与安全设备有关，可首先检查安全设备的地址转换策略、访问控制策略、路由等是否按照实际使用需求配置，检验策略配置是否存在问题。一旦定位安全设备故障，可通过命令进行双机切换，单机环境下发生故障时利用备份的交换机/路由器配置快速旁路安全设备。在故障明确定位前不要关闭安全设备。

（1）检查设备运行状态

网络出现故障时，应快速判断安全设备运行状态，通过管理器登录到安全设备上，快速查看 CPU、内存、连接数、接口以及相应信息，初步排除安全设备硬件故障并判断是否存在攻击行为。

（2）跟踪安全设备对数据包处理情况

如果出现部分网络无法正常访问，顺序检查接口状态、路由和策略配置是否有误，在确认上述配置无误后，通过 tcpdump 命令检查安全设备对特定网段数据报处理情况。部分地址无法通过安全设备往往与策略配置有关。

（3）检查是否存在攻击流量

通过实时监控确认是否有异常流量，同时在上行交换机中通过端口镜像捕获进出网络的数据包，据此确认异常流量和攻击类型，并在选项设置、入侵防护等项目中启用对应防护措施来屏蔽攻击流量。

（4）检查 HA 工作状态

检查 HA 工作状态，进一步确认引起切换的原因，引起 HA 切换原因通常为链路故障、交换机端口故障、设备断电或重启。设备运行时务请不要断开 HA 心跳线缆。

（5）安全设备发生故障时处理方法

如果出现以下情况可初步判断安全设备硬件或系统存在故障：无法使用 console 口登录安全设备、安全设备反复启动、无法建立 ARP 表、接口状态始终为 Down、无法进行配置调整等。为快速恢复业务，可通过调整上下行设备路由指向，快速将安全设备旁路，同时联系供应商进行故障诊断。

6.5.3 信息系统应急预案

6.5.3.1 信息系统预案各要素

表 6－16 是某省××系统应急预案。

表 6-16

预案名称		预案编号	
涉及部门			
涉及人员及联系方式	中心主任： 系统运维专职： 系统管理员： 安全系统管理员：	故障处理总协调 系统故障协调处理 信息系统故障方案审核、处理与协调 网络、主机故障处理、系统数据恢复	

6.5.3.2 预案事件描述

××平台出现重大故障是指所有的客户端程序都不能正常连接到服务器，任何合法的系统用户都无法正常登录××平台，甚至××平台完全崩溃。

6.5.3.3 预案处理要求

在××平台发生重大故障时，所有合法的系统用户停止对××平台的一切操作，并及时将情况通知信息通信中心，启动相应的应急预案，通知相关人员迅速到岗，保留现场，保护应用服务器和数据服务器备份相关的系统数据和文件，尽快使××平台恢复正常，分析事故原因，将影响降低为最少。

预案流程如图 6－4 所示。

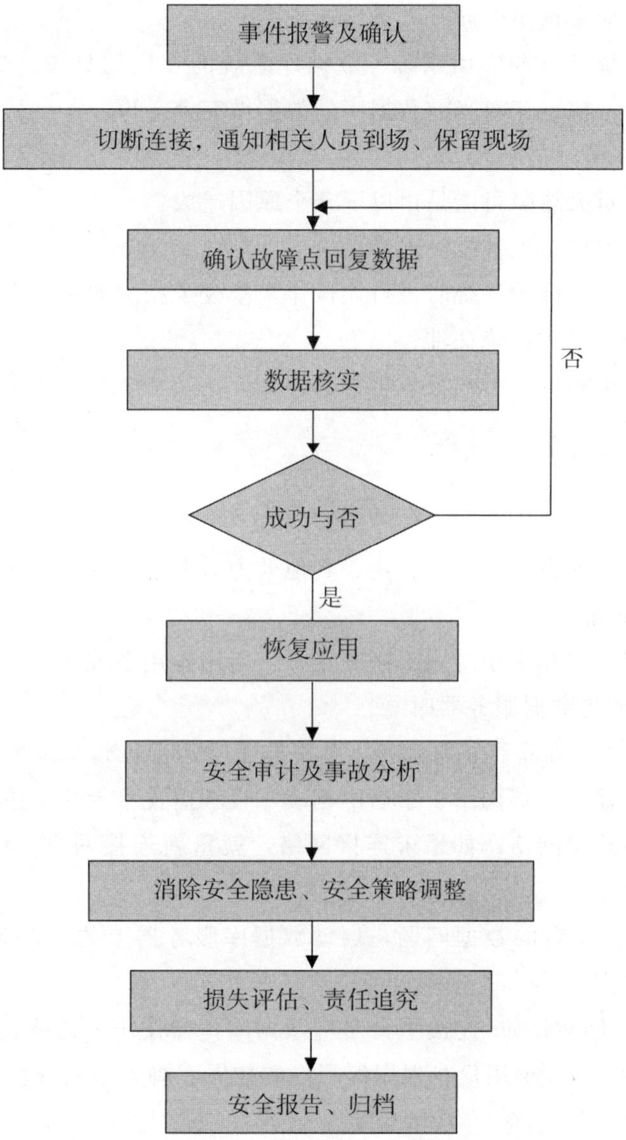

图 6-4

6.5.3.4　预案流程说明

1. 事件报警与确认

信息通信中心值班工程师每天定时对××平台进行监测，及时发现××平台运行中的异常及其他故障。当值班员监测发现情况或平台合法用户投诉发现情况时，应由值班员首先确认××平台是否发生重大故障，启用预案。

2. ××平台发生重大故障时，保护故障现场

(1) 通知用户停止登录平台。

(2) 通知安全应急预案中涉及人员迅速到岗。

(3) 做主机系统日志和应用系统、数据库系统的相应的日志。如果数据服务器中的数据库还能运行，应迅速对当前数据库的数据做完全备份。

3. 分析故障原因

××平台发生重大故障可能是由以下几个原因造成：

(1) 核心服务器操作系统故障；

(2) 系统管理员在维护系统时进行误操作，修改了相关的系统文件；

(2) 黑客入侵，修改系统文件；

(4) 服务器感染病毒，影响系统正常运行；

(5) 网络故障；

(6) 服务器硬件故障；

(7) 停机；

(8) 其他原因，如自然灾害、火灾、其他外力对系统硬件的破坏等。

4. 启用备用系统

根据故障原因，如在1小时内不恢复正常，启用备用系统。

1) 发生故障的是数据服务器时

(1) 确认数据服务器是否正常运行，如果非正常运行且影响××平台正常工作，就重新启动数据服务器、连接网络、重启电网统一视频监视平台相关服务。

(2) 确认是否连接网络，如果未连接网络，就重新连接网络，保证网络连通后重启××平台相关服务。

(3) 确认是××平台的数据问题，启动数据库服务器上的 Oracle 数据库，导入故障前最近备份的数据。

①用 PL/SQL Developer 连接平台对应数据库，操作用户需要拥有 DBA 权限，登录后执行脚本删除 nr _ sys 用户，根据编写好的数据库脚本重新建立 nr _ sys 数据库用户并授权；

②导入数据，以 nr _ sys 登录数据库，重新编译。

2）发生故障的是平台模块服务器时

（1）确认平台管理服务模块是否正常运行，如果非正常运行，就重新启动平台服务器、连接网络、重新启动××平台所有工作模块。

（2）确认是否连接网络，如果未连接网络，就重新连接网络，保证网络连通后重新启动××平台所有工作模块。

（3）电网统一视频监视平台停运行。由于某种原因需要将平台停运，停运前后需要按规定执行操作。

5. 停机前需要操作的步骤

（1）停止所有登录用户服务，通知所有用户变更使用状态，注销账户。

（2）停止前端协议转换模块工作。

（3）停止通信服务和管理服务（Weblogic 服务：控制台关闭），备份 Oracle 中数据；备份的表空间为 nr _ vsp。

（4）停止 Oracle 服务，关闭 Oracle，并备份程序包。

6. 开机后所需要操作的步骤

（1）启动 Oracle 服务。

检测用户是否正常：用户名 nr _ sys，表空间 nr _ vsp。

检测服务器是否正常：检查部署平台模块的服务器是否运行正常。

检测程序包是否正常（程序包是否完整，路径是否正确等）：备份服务器。

（2）启动 Weblogic。

（3）启动通信服务模块。

（4）启动流媒体模块。

（5）启动前端协议转换模块。

所有模块启动完成后通过 Web 访问管理客户端检查服务启动情况。

7. 抽样测试

（1）用户登录测试：平台管理员通过 admin 账户登录管理客户端、应用客户端进行配置测试。

（2）功能验证：平台管理员通过 admin 账户登录平台进行功能测试。

8. 正式系统的修复

根据造成××平台重大故障的不同原因，采用相应的修复策略：

（1）恢复服务器硬件设备；

（2）恢复服务器操作系统；

（3）恢复系统必备软件；如 Weblogic、Oracle 服务器、客户端。

（4）设置软件的相关参数。

9. 将系统由备用系统向恢复后的正式系统切换

（1）确认没有用户登录系统处理业务后，将备用服务器与正式服务器的网络连接都断开；

（2）对备用系统中的数据做全备份；

（3）关闭备用系统，将备用系统中的设置恢复到启用前的状态；

（4）将从备用系统中导出的数据备份导入正式系统的数据库；

（5）组织相关系统管理人员对导入数据后的正式系统进行测试，测试一切正常的话，就可将正式系统投入运行。

（6）完成备用系统向正式系统的切换。

10. 安全审计及事故分析

通过系统日志、主机防护系统日志等，对故障事件进行审计，对损失进行评估，追查事件的发生原因。

11. 消除隐患、调整策略

根据审计结果，调整系统的防护策略，改进系统的安全策略。

12. 损失评估、责任追究

由信息通信中心、应急管理和使用部门共同评估损失，追究责任。

13. 安全报告、归档

由信息通信中心形成事故分析报告，分析事故原因，修正预案处理流程并归档。

6.5.4 安全事件应急响应

国内某大型公司信息系统安全监管主要依靠安全监控平台，通过对系统在运状态的实时监控、运维人员巡检及终端用户操作体验等可发现信息安全、操作违规等影响系统安全稳定运行事件，监控中心人员通过监控平台发现安全事件后，通过电话咨询、响应联系单、整改通知单等形式下发至相关单位，相关单位根据问题严重程度可采取检修计划、紧急抢修、缺陷管理等形式开展相应工作。

案例1：某省重要任务系统停运应急处理。

1. 事件名称

重要业务系统故障处置预案。

2. 涉及单位/部门

××运维单位。

3. 业务应用（故障现象）影响描述

××××年××月××日，某单位重要业务系统先后在多个时段出现用户断点系统健康运行时长出现断点，先后在多个时段出现用户断点系统在线用户数指标出现断点，上述时间段内安全监控平台URL探测正常。期间客服向上级单位反映相关下属公司重要业务系统登录缓慢、界面响应时间较长。在运维人员全面排查过程中，重要业务系统数据库主机于12：10发生自动重启，导致营销业务系统无法访问，系统停运，造成全省营销业务不可用。

4. 涉及人员

涉及人员及联系涉及人员的方式如表 6-17 所示。

表 6-17

姓名	单位	职务	联系方式
刘××	××信息职能管理部门	信息化主管	
秦××	××运维单位	运行专责	
值班员	××信息通信控制中心	监控人员	
余××	××公司运维组	运维人员	

5. 处置过程

处置过程如表 6-18 所示。

表 6-18

序号	操作人员/角色	操作步骤	计划时长（分）
1	值班员	某单位值班员监控发现公司重要业务系统异常，立即组织进行异常原因分析、排查	
2	值班员、系统运维人员	总部发现该下属单位重要业务监控指标异常，电话询问重要业务系统监控指标异常情况原因，由于正在排查过程中，且系统未停运，总部要求下属单位尽快排查原因并及时上报，排查系统异常原因，及时汇报现场处置进度	
3	值班员、系统运维人员	下属单位再次接到总部电话，询问重要业务系统运行情况，总部要求下属单位加快排查、处理 IMS 系统监控指标异常，并及时汇报	
4	系统运维人员、项目组人员	两台重要业务生产数据库服务器同时发生自动重启，在启动过程中，系统显示因存储磁盘无法识别，导致系统无法正常启动	
5	值班员、系统运维人员	下属单位向总部进行了汇报；总部要求尽快恢复系统运行	
6	信息化主管领导、系统运维人员、项目组人员	现场负责人向公司信息化领导小组汇报，经信息化应急处理组长同意后，公司紧急启动应急预案，通过逐级排查的方式，排除网络、主机、HBA 卡、光纤链路、SAN 交换机出现故障的可能，初步定位问题为磁盘阵列方面异常，后经一系列的测试验证，发现问题为磁盘阵列控制器异常导致	

续表

序号	操作人员/角色	操作步骤	计划时长
7	系统运维人员、项目组人员	该单位按照应急预案操作规程，重启磁盘阵列，发现A控制器异常、无法正常启动，B控制器正常	
8	统筹协调值班员、系统运维人员	该下属单位接到总部下发的统筹协调联系单	
9	系统运维人员、项目组人员	抢修人员通过调整SAN交换机链路，将A控制器上的所有I/O全部导向B控制器，操作系统开始能够正常识别磁盘	
10	统筹协调人员、系统运维人员、项目组人员	数据库启动成功后，在完成数据库完整性和可连接性测试的前提下，公司开始逐一对营销业务应用进行启动、测试、验证，部分下属公司营销业务恢复正常；14：38，公司全部营销业务恢复正常	
11	统筹协调人员、系统运维人员	在启动监控平台等其他辅助接口服务后，平台监控数据全部恢复；系统恢复后，及时向总部汇报	

6. 原因分析

1）经专家现场检查，发现存储阵列A控制器运行年限过长，设备部件老化严重，在无报错的情况下发生故障，引发重要任务系统会话堆积、访问异常。在发生异常后，A控制器没有自动切换至B控制器，导致存储阵列无法访问。

2）由于存储阵列故障，导致Oracle数据库集群管理软件无法访问仲裁盘而自动重启，在重启过程中，因存储阵列故障，数据库服务器无法正常挂载逻辑卷，导致数据库启动失败，造成重要任务系统异常。

7. 整改措施

1）加快营销老旧设备的升级改造。公司计划于近期对此公司重要任务系统老旧设备进行升级改造。

2）完善公司备品备件库。在未完成营销老旧设备改造前，针对重要任务系统现有设备类型，逐一进行现有设备部件的实物备份，确保在应急状况下能够快速恢复系统。

3）提升公司信息系统运维管理水平。重点从运维体系建设、厂商运维质量、运维队伍管控、运维应急处理等方面入手，深化运维管理，优化运维架构，提升公司运维能力。

6.5.5 系统上线前安全测试管控点

系统正式上线运行前要开展各项准备工作，防止在建设、实施阶段导致的安全隐患，覆盖信息系统上线试运行前、试运行、建转运等阶段开展运维准备工作，从人员配置、人员职责、管理要求、技术措施进行关键点管控。关键点管控如表6—19所示。

表 6-19 关键点管控表

管控阶段 责任单位	研发	上线试运行前	试运行	建转运
研发/实施单位	研发安全培训	安全防护方案、组织上线安全测评	安全整改、安全加固（实施）	账号清理、权限回收（实施）
业务部门		参与安全方案评审		
信息主管部门		等保定级、备案参与安全方案评审、备案管理	参与试运行安全评审	审核验收
信息运维部门		基础环境建设、基础安全设施建设、参与安全方案评审	安全加固（组织）、技改、变更管理等	账号清理、权限回收（组织）

信息系统在正式上线运行前要开展安全运维准备工作，如建设期间的遗留账号口令清理、新上线软硬件系统的安全加固等。

账号权限口令清理：从 IT 管理角度来讲，账号分为系统管理员/超级用户、普通账号、第三方用户账号以及安全审计员账号等。在系统上线前，要开展以上账号的排查清理及安全配置工作。

1）系统管理员和超级用户

有权限对系统的配置、系统最核心信息进行更改的账号和角色，通常每个系统至少具有一个或者一组该类账号。该类账号的管理应该最为严格，应在系统上线前做好此类交接工作，回收权限和口令，掌握在主业人员手中。此类账号又可分为以下两种：

（1）系统自带的超级用户：例如 UNIX 的 root，Windows 的 administrator，数据库的 dba 等，这类账号通常是口令攻击者的共同目标，需要重点保护。

（2）手工定义的超级用户：基本上所有的系统都可以定义基本与系统缺省超级用户等同权限的用户（一般在权限方面略有差别）。

2）普通用户账号

用于访问业务系统、实现日常业务操作的用户，是最为常见的用户类型，例如浏览级别用户、普通操作用户等。主要有以下两种。

（1）系统缺省普通账号：例如 UMIX 中的 lp、nobody 等，这些账号是系统为了提供服务存在的特殊账号，常常成为黑客的攻击目标，因此必须进行特别的安全设置和审计。

（2）普通账号：用于实现业务操作和访问的账号。

3）第三方用户账号

通常指由于某种特殊情况，系统准许组织以外的人员和组织访问的账号。这类账号通常包括运维外委账号、临时故障登录账号、客户登录账号等。这些账号必须进行严格的权限管理和定期审计，并且签订保密协议。

4）安全审计员账号

在核心系统中，应该设置安全审计员账号，该账号可以对系统安全设置和日志信息进行专门的审计，可以按照一定的安全策略、利用记录、系统活动和用户活动等信息，检查、审查和检验操作事件的环境及活动，从而发现系统漏洞、入侵行为或改善系统性能的过程，实际是记录与审查用户操作计算机及网络系统活动的过程，是提高系统安全性的重要举措。此类账号在系统上线前即运维准备期间要进行配置，并进行专业的审计培训，掌握和提高审计能力，定期开展系统安全审计工作。审计人员可分为以下两种。

（1）内部审计人员：此种用户长期存在，通常为安全管理人员，授权方法采用最小授权原则，如审计用户应具备比较完整的读权限，审计用户应当能够读取系统关键文件，检查系统设置、系统日志等，尽量避免审计用户有写、更改或者执行的权限。

（2）外部审计人员：例如安全评估人员和审计公司，外部审计人员应该提供审计账号所需的权限，该权限应符合最小授权原则，审计人员需明确审计的方案，包括具体可能执行的审计命令，该账号应明确设置过期时间，审计过程中，主业人员应全程陪同。

另外对账号的授权，应以能进行系统管理、操作的最小权限进行授权。比如这个账号作为系统账号只能进行数据备份的操作，那就只授权其可以进行数据备份操作的命令，其他的诸如进行系统网络状态监控的命令或者审计权限等则不授权其进行。

6.5.6 系统安全运维加固

在系统安全运维准备期间，要开展系统安全加固。一方面通过安全设备的部署和建设构建不同安全等级强度的安全域；另一方面通过对系统和设备安全加固提高其安全防护强度。

信息系统安全加固工作具体实施流程分为5个阶段：启动准备阶段、方案制订阶段、数据备份阶段、现场实施阶段、验证总结阶段。

信息系统安全加固方法与内容：信息安全加固主要通过配置安全策略、安装安全补丁、强化系统访问控制能力、修补系统漏洞等方法对信息系统存在的脆弱性进行修补，提高信息系统的安全性和抗攻击能力。Windows操作系统的安全加固方法如表6—20所示。

表　6-20

加固项目	加固内容	加固方法
账号权限加固	以最小权限原则对操作系统用户、用户组进行权限设置，删除系统多余用户，确保系统账号口令长度和复杂度满足要求	1. 合理配置应用账号或用户自建账号权限 2. 删除系统中多余的自建账号 3. 修改账号口令，确保系统账号口令长度和复杂度满足安全要求 4. 更改系统管理员账户 5. 停用 Guest 账户
网络服务加固	关闭系统中不安全的服务，确保操作系统只开启承载业务所必需的网络服务和网络端口	1. 在不影响业务系统正常运行情况下，停止或禁用与承载业务无关的服务 2. 屏蔽承载业务无关的网络端口
数据访问控制加固	合理设置系统中重要文件的访问权限，只授予必要的用户必需的访问权限	1. 将系统重要的文件或目录的访问权限修改为管理员完全控制、数据拥有者完全控制或配置特殊权限，避免 EVERYONE 完全控制 2. 将系统分区 FAT32 格式转换为 NTFS 格式
网络访问控制加固	远程控制要有安全机制保证，限制能够访问本机的用户或 IP 地址	1. 关闭多余的远程管理方式 2. 安装远程管理服务程序的补丁或者使用安全的远程管理方式 3. 设置访问控制策略，限制能够访问本机的用户或 IP 地址 4. 禁止匿名用户枚举 SAM 账户和共享 5. 禁止默认共享（IPC$ C$ D$）
口令策略加固	对操作系统设置口令策略，设置口令复杂性要求，为用户设置强壮口令	1. 设置口令长度，重要系统的用户口令长度大于 8 位，满足字符、数字、特殊字符格式 2. 开启口令复杂性要求
用户鉴别加固	配置操作系统用户鉴别失败阀值及达到阀值所采取的措施，设置操作系统用户交互登录失败、管理控制台自锁，设置系统超时自动注销功能	1. 配置账户锁定登录失败锁定次数、锁定时间 2. 禁止系统自动登录 3. 配置管理控制台超时自动锁定时间，设置屏保口令保护
审计策略加固	配置操作系统的安全审计功能，确保系统在发生安全事件时有日志可供分析	1. 配置系统审核策略，配置审核登录事件、审核账户登录事件、审核账户管理、审核策略管理、审核系统事件等 2. 对审计产生的数据分配合理的存储空间和存储时间
漏洞加固	安装系统安全补丁程序，对扫描或手工检查发现的系统漏洞进行修补	1. 安装系统安全补丁 2. 关闭存在漏洞的与承载业务无关的服务
恶意代码防范	配置防病毒软件的防病毒策略；强化系统相关安全配置	1. 配置病毒库升级策略 2. 配置病毒查杀策略 3. 强化 TCP/IP 堆栈，防止拒绝服务攻击

除了以上加固方法，还有多种类似于小窍门的加固技巧，如针对管理员账号改名。Windows 服务器中的 Administrator 账号是不能被停用的，这意味着攻击者可以一遍又一遍尝试这个账户的密码，把 Administrator 账户改名可以有效防止这一点，但不要用 Admin 之类的名字，改了等于没改，尽量把它伪装成普通用户的名字。也可以设置陷阱账号，如创建一个名为“Administrator”的本地账户，把它的权限设置成最低，并配置成超过 10 位的超级复杂密码，这样可以引诱攻击者并消耗攻击时间，并且可以借此发现攻击者的入侵企图。

信息安全加固不能解决所有安全问题，仍需通过部署安全产品、应用改造、加强安全运行维护、完善安全管理体系等多方面措施才能达到整体安全防护目的，但在系统上线前、运维安全准备阶段需要进行安全加固，可进一步增强软硬件系统的强壮性，减少系统正式运行后产生的安全隐患。

6.5.7 安全专项检查

某大型企业为检查各单位信息系统账户权限及口令管理现状，开展公司信息系统账户权限和口令管理的专项复查工作，方案如下。

1. 工作目标

为检查核实各单位日常账号权限分配使用及口令设置安全现状，通过远程渗透和现场检查相结合的方式，开展账号权限及口令专项检查工作，以实现“防特权账户滥用、防账户权限和信息泄露、防非法访问和系统状态失常、防各类安全装置失效”的目标。

2. 工作范围

检查组抽选 3 套业务系统开展安全检查。

3. 工作内容

检查工作包括远程检查和现场检查两种形式，其中远程检查以攻防渗透和安全功能测试相结合的方式开展，现场检查以本地查看业务系统为主。

1）账号及权限安全检查

（1）长期未使用账户清理情况检查

检查内容：检查系统是否对长期未使用的账户进行清理。

检查方式：远程检查。①查看系统长期未使用账户配置界面或配置文件中的配置信息；②访问数据库，查询用户表中用户末次登录时间及用户状态标识；③使用长期未登录时间超过所配置时间的用户登录系统，确认是否允许该用户登录系统；④使用系统管理员登录系统，查看系统是否提供长期未使用账户清理功能。

（2）账户角色互斥管理

检查内容：账户角色是否分为审计员账户、管理员账户、业务配置员账户、普通用户账户 4 类权限，各类账户的权限是否遵循互斥原则，保证权限分离、不交叉，避免一个用户账户同时拥有审计、系统管理、业务操作等权限。

检查方式：远程检查。①登录审计员账户，检查是否有访问除监控用户轨迹、巡检、管理监控日志等运维操作之外的功能；②登录管理员账户，检查是否具有可以修改业务配置员账户及用户账户的权限；③登录业务配置账户，检查是否有访问系统组织架构、各类参数、主数据、功能项等基础配置之外的权限；④登录普通用户账户，检查是否有访问授权外的功能和数据的权限。

(3) 检查是否存在可越权访问情况

检查内容：检查是否存在用户访问非授权资源的情况。

检查方式：远程检查。分别登录不同角色的用户账户（如普通业务用户、系统管理员账户），通过抓包工具实时修改用户身份或权限认证信息，查看是否能够切换用户角色，或访问到未授权的资源，若能则为越权访问。

(4) 业务系统账号弱口令检查

检查内容：对业务系统的账户口令进行工具扫描，查看是否有弱口令情况。

检查方式：远程检查。①针对不含有验证码、登录锁定功能的系统，利用 burpsuite 的 intruder 功能进行远程弱口令检测；②对于含有验证码及登录锁定功能的系统，将数据库中存储的用户密码表导出，首先排查相同的字符串，然后利用离线弱口令检测工具对导出的用户密码表进行离线弱口令验证。

配合要求：被查单位需提供从数据库中导出的用户及口令对应表。

(5) 操作系统、中间件、数据库账号弱口令检查

检查内容：对业务系统所在服务器的操作系统、中间件、数据库账户口令进行检查，查看是否有弱口令情况。

检查方式：远程检查。①操作系统弱口令检测，主要利用 hscan 或者 xscan 针对 ipc、rdp、ssh 弱口令进行检测；②中间件弱口令检测，利用 burpsuite 的 intruder 功能对 weblogic 进行弱口令检测，利用 apache－tomcate 弱口令检测工具对 tomcat 进行弱口令检测；③数据库弱口令，利用 xscan 对 sqlserver 进行远程弱口令检测，利用漏洞扫描工具对 mysql 和 oracle 进行弱口令探测。

(6) 检查账号口令存储加密情况

检查内容：检查是否在数据库、服务器或客户端明文存储用户身份鉴别信息（用户口令、生物特征信息等）。

检查方式：远程检查。导出系统数据库中存放用户账户信息的数据表，查看存储的用户口令是否进行了加密存储。

配合要求：被查单位需提供从数据库中导出的用户及口令对应表。

现场检查表如表 6-21 所示。

表 6-21

序号	检查项	问题表现	检查项描述	检查方式	检查情况
1	业务系统账号权限分配、使用不规范	业务权限没有经过详细的划分和权限最小化；系统审计员号、管理员号、业务配置员3类账号权限不独立，区分不清晰，存在重复、交叉等问题；同一系统中存在一人多账号、同一账号多人用的情况，账号未做到实名制管理；存在冒用、借用、盗用系统管理员账号等现象；多名人员共享管理员账号	是否按照账号权限相关管理要求，详细划分人员角色权限，确保权限最小化；是否开展账号权限清理工作，内容包括临时账号、重复账号、越权账号、长期不使用账号等；是否做到业务账号、管理员账号、审计账号互相独立，并开展定期审计工作	对系统管理员及运维人员进行访谈，询问账号权限分配及使用情况，查看是否有账号权限分配使用清单、登录系统查看角色分配情况、查看定期审计的相关文档	
2	业务系统账号管理流程不完善	账号权限审批流程不完善，缺乏权限的审批单等单据，没有实现账号权限闭环管理	是否有完善的账号权限申请、变更的审批流程，记录对应的权限申请、变更等操作，是否有相应申请单	资料检查	
3	弱口令、默认口令检查	数据库、应用系统、中间件等存在弱口令	是否满足8位以上长度要求，以及特殊字符、字母、数字等复杂度要求	执行数据库脚本、利用相关工具进行检查	
4	平台系统账号权限管理不到位	系统管理员权限过大，应用层面和业务层面都可以进行操作； 数据库管理员账号可以操作业务数据	是否严格按照人员分工分配权限，做到权限不交叉、不重复，审计等重要账号单独分离出来，由主业人员掌握	登录系统查看，现场访谈、资料检查	
5	系统上线时账号权限未规范移交	在上线前没有完成账号权限的清理移交工作或无相关记录；存在测试账号或者过期未锁定账号；存在建设期间项目组遗留的账号，后续没有定期排查梳理	是否严格按照系统上线要求进行账号权限的清理移交工作并保存相关记录	执行脚本查看测试账号、重复账号、账号最后登录时间等，结合现场访谈，分析是否存在建设期遗留账号	

续表

序号	检查项	问题表现	检查项描述	检查方式	检查情况
6	未定期开展账号权限排查清理工作	未定期开展账号权限梳理工作，账号清理工作不及时、不到位；存在临时账号、冗余账号、长期未使用账号	是否建立机制，并定期开展账号清理工作（每季度至少一次），及时更新各系统的账号权限清单；检查各运维单位开展业务运维账号及IT基础设施账号密码的梳理工作进展情况	执行脚本查看重复账号及账号最后登录时间等，结合现场访谈，分析是否存在临时账号、长期未使用账号等	

第7章 运维安全

随着我国信息化进程的逐渐深入，业务对运维的依赖程度与日俱增。业务应用网络化和运维的迅速发展对信息安全提出了严峻的考验。尽管大多数信息系统中都部署了安全产品，而且还部署了多种类型的安全产品，但信息安全事件仍然频发。安全运维是对信息系统部署的安全保障措施和安全设备进行运维，运维实施过程中，各种人为失误和不可预知的风险可能会给信息系统带来更大的不确定性与偏差性。本章从风险的角度，运用风险管理中的风险识别、风险分析、风险应对的知识理论，结合系统运维管理流程，探讨在安全运维过程中如何降低安全风险、保障信息系统运行的方法。

7.1 运维安全概述

运维安全是对安全运维过程中可能影响信息系统正常运行的安全因素实施风险评估，避免因部署的安全保障措施、安全设备及安全运维的操作行为而带来的衍生安全风险，对评估中发现的安全隐患进行相应处置，保障信息系统的安全稳定运行。运维安全是基于运维活动提供风险管控服务，侧重于风险管控。

在运维活动中，更多考虑的是其所进行运维的业务或应用系统运行是否正常。考虑如果系统出现异常，如何在最短的时间内使系统恢复正常，恢复正常后又如何在不影响正常的系统生产运行情况下通过持续改进，解决此类异常问题。然而，运维活动持续时间长，跨度大，在实施安全运维过程中面临各种不可知风险。如何避免因安全保障措施不足、安全设备功能缺失、运维操作行为不当或运维人员管理缺失而带来的衍生安全风险，降低风险危害，是在实施安全运维过程中需要不断持续改进、不断完善的工作。

从风险管理的角度来分析运维安全，分析在安全运维活动中的主要环节，包括运维活动、运维组织、运维环境、运维工具及运维人员等方面存在的安全风险，识别风险、处置风险、控制风险，同时配合对人员和设备的过程监控，把风险尽量控制在自己可以掌握的范围内，进而防止并减少因风险而造成的意外损失。增加积极事件的概率及影响，降低消极事件的概率及影响，把握风险的不确定性，以最小的代价达到最大保障成功的目标。

在安全运维活动中，风险是指发生损失的可能性或机会，风险是损失的不确定性，风险是实际结果与预期结果的偏差，风险是实际结果偏离预期结果的概率。安全运维中会有很多的不可控因素影响着风险管理。因此，运维安全过程从安全合规要求出发，对现有运维活动的组织结构、人员、策略、工具、设施活动以及过程中面临的风险进行风险评估，给出几类不同的风险处置方法，努力将风险降到最低，同时通过对信息系统安全运行过程和安全事件的监控以及安全性评审来实现对运维过程安全的持续改进。

运维安全活动是一个动态的循环系统，各个环节周而复始，不断改进和提高。其具体过程包括合规要求、风险评估、风险处置、过程监控、运维评审与持续改进，共6个环节。合规要求是指运维的安全需求对国家相关法律法规、规章制度、标准规范的符合性，详见第3章。本章对运维安全活动的风险评估、风险处置和过程监控进行详细介绍。

7.2 风险评估

风险评估是分析确定风险的过程。任何系统的安全性都可以通过风险的大小来衡量。科学分析系统的安全风险，综合平衡风险和代价的过程就是风险评估。

风险评估作为运维安全的重要环节，是运维安全过程中分析确定运维安全评估对象涉及的资产所面临的威胁、存在的弱点、造成的影响，以及三者综合作用带来安全风险的评估手段。运维安全风险评估是传统风险评估理论和方法在信息系统安全运维中的运用，是科学分析理解运维安全过程中安全策略、组织结构、人员因素、基础设施、应用系统、安全设施、运维活动和运维平台等方面所面临的安全风险，并在风险的识别、分析、处置、预防、控制、转移等之间做出决策的过程。只有在正确地、全面地理解运维安全所面临的风险后，才能在减少风险、预防风险、转移风险之间做出正确的判断，决定调动多少运维资源、以什么代价、采取什么应对措施去化解、控制风险。

7.2.1 风险识别

风险识别是风险评估的第一步，也是风险评估的基础。只有在正确识别出自身所面临的风险的基础上，才能够主动选择适当的有效方法进行处理。

运维安全的风险识别是指在运维过程运用各种方法系统地、连续地认识运维安全所面临的各种风险、威胁和脆弱性以及分析风险事故发生的潜在原因。风险识别过程包含感知风险和分析风险两个环节。

1. 感知风险

即了解在运维过程中客观存在的各种风险，是风险识别的基础。只有通过感知风险，才能进一步在此基础上进行分析，寻找导致风险事故发生的条件因素，为拟定风险处置方案、进行风险管理决策服务。

2. 分析风险

分析引起风险事故的各种因素，它是风险识别的关键。

1）风险识别是用感知、判断或归类的方式对现实的和潜在的风险性质进行鉴别的过程。

2）存在于运维过程中的风险是多样的，既有当前的也有潜在于未来的，既有内部的也有外部的，既有静态的也有动态的等等。风险识别的任务就是要从错综复杂的运维环境中找出运维过程所面临的主要风险。

3）风险识别一方面可以通过感性认识和历史经验来判断，另一方面也可通过对各种客观的资料和风险事故的记录来分析、归纳和整理，同时进行必要的专家访谈，从而找出各种明显和潜在的风险及其损失规律。因为风险具有可变性，因而风险识别是一项持续性和系统性的工作，要求风险管理者密切注意原有风险的变化，并随时发现新的风险。

7.2.2 风险获取手段：

1. 问卷调查表

问卷调查表是通过问题表的形式，事先将需要了解的问题列举出来，通过让相关人员回答有关问题而获取信息的一种有效方式。这种方式具有实施方便、操作简单、所需费用少、分析简捷等特点，所以得到了广泛的应用。但是它的灵活性较小，得到的信息有时不太清楚、具有一定的模糊性、信息深度不够等，还需要采用其他的方法作为配合和补充。

2. 实地收集

实地收集是获得信息系统的真实可靠信息的最重要手段。通过深入现场，亲自参与系统的运行维护活动，并运用观察、操作等方法直接从信息系统中收集资料和数据。通过这种方法调查收集到的信息能够反映实际情况，因而比较真实、可靠。但是此方法的耗费较高、周期长，而且有些信息因涉及技术机密或是由于其他安全的需要，操作起来有一定的困难和复杂度。

3. 使用辅助工具

在信息系统中，网络安全状况、主机运行情况等难以用眼睛观察出来，需要借助网络和系统检测、扫描、监控工具来辅助收集资料和数据。辅助工具能够发现系统某些内在的弱点，发现在配置上可能存在的威胁系统安全的错误，并能帮助发现系统中的安全隐患，但是工具不能完全代替人做所有的工作，而且扫描的结果往往不是全面的。对扫描出来的结果，需要分析和判断。利用辅助工具能够容易、自动地发现一些安全隐患，但不能报告未被扫描工具包含的安全隐患和一些新的安全隐患，过分依赖扫描工具无法保证系统安全信息的全面性。

4. 文档审查

文献和档案记录了关于信息系统的许多重要的参数和特性。例如，一个单位的安全和管理策略、制度，能在很大程度上反映该单位的人员安全意识和管理机制。同时，设备的说明和操作文档描述了系统硬件的安全参数，系统运行日志则记录了系统的运行状况等。通过文档和资料的查阅，可以获取较完整的系统信息和历史经验，在风险评估过程中这也是一种十分重要的信息获取方式。

7.2.3　安全风险的提取和分析

运维过程中面临的安全风险要从运维服务提供的全生命周期的各阶段和运维实施所涉及的运维主体、运维对象、运维流程、运维活动和运维工具等各方面进行提取和分析。主要涉及以下几个方面。

1. 安全策略：关注安全策略制定、宣贯、执行、改进整体过程带来的安全风险。

2. 组织结构：关注现有运维组织架构的合理性、岗位设置是否合理、人员配备是否充足、部门协调机制是否完善、资金保障是否到位等带来的安全风险。

3. 人员因素：关注人员录用、离岗、考核、培训、技能、安全意识和操作行为等带来的安全风险。

4. 基础设施：关注物理环境、网络平台、主机系统和信息数据在运维过程中面临的安全风险。

5. 应用系统：关注系统本身的身份鉴别、访问控制、日志审计、保密性、完整性、抗抵赖以及系统设计开发缺陷和漏洞等带来的安全风险。

6. 安全设施：关注现有安全设施应用的有效性、策略配置的合理性和安全设施本身的健壮性等。

7. 运维活动：关注日常运维、应急响应、监管评估和优化改善 4 个活动业务流程的合理性，管理措施的有效性，运维产物的完备性和操作过程带来的安全风险。

8. 运维平台：关注运维平台的利用率、实用性和本身的健壮性以及与系统和设备的兼容性等带来的安全风险。

7.2.3.1　安全策略

安全策略是制定信息安全的长期安全目标，是从企业决策者的角度审视和评估企业信息安全现状，以国家和行业信息安全政策法规合规性为基础，确定在未来的企业发展过程中要应对各种变化所要达到的信息安全目标，也是指导和规范系统信息安全活动的一系列标准、策略、制度、指南、规定、办法及操作规程。所以安全策略必须支持企业的安全活动和企业文化，并不与现有的法律法规相抵触。从安全策略实施过程中制定、颁布、宣贯和执行 4 个过程中，提取可能面临的安全风险。安全策略风险主要来源于以下几个方面：

1）安全策略与组织的总体安全方针不匹配的风险；

2）安全策略不能得到组织高层领导的认同和支持的风险；

3）安全策略不能得到有效执行的风险；

4）安全策略未进行持续性的改进的风险。

7.2.3.2 组织结构

强有力的组织结构是信息安全管理的有效保证。组织结构涉及信息安全管理的组织架构，各级组织的职责、权利和相互之间的关系，还包括安全管理岗位的设置、职责和能力要求，还可能涉及系统代维机构、合作机构等内容。组织结构风险是指由于存在的某些组织结构方面的缺陷而给整体的企业运营所带来的安全风险。其含义与组织结构弊端、组织结构缺陷相似，但是组织结构风险更多地考虑了组织结构对于整体企业运行的影响，而不是仅仅局限在组织结构分析上，因而具有更广的适应度。组织结构涉及的安全因素包括：运维组织架构的合理性、岗位设置是否合理、人员配备是否充足、部门协调机制是否完善、资金保障是否到位等。在运维过程中组织结构的安全因素可能产生的安全风险如下：

1）组织结构缺乏足够的柔性的风险；

2）与组织的总体安全方针不匹配的风险；

3）组织内部机构之间以及信息安全职能部门内部之间协调不力的风险；

4）权责不明的风险；

5）岗位设置的风险；

6）与外部单位沟通合作不力的风险。

7.2.3.3 人员因素

人员因素是运维过程中的重要要素。人既是安全运维的提供者，也是安全运维的使用者。运维过程中大多数安全风险的发生，很大程度上都与相应的人关联。人员作为安全运维工作的最终执行者，可以直接获取系统的核心数据和敏感信息，并具有管理员权限对系统和设备进行配置和操作，在运维过程中可能造成数据泄露、滥用授权、错误操作和操作行为抵赖等风险。所以对运维人员的操作技能、安全意识、知识面、责任心及良好的沟通能力等方面开展风险识别，通过识别运维人员综合能力的脆弱性来确定威胁可能利用哪些弱点来破坏系统的安全性。运维过程中人员因素主要涉及两个方面的内容：一是运维单位自身的人员管理、人员考核、人员培训和人员行为等；二是运维服务商的人员管理、人员考核、人员培训和人员行为等。针对的人员角色包括安全运维管理者、安全运维提供者和安全运维使用者。通过对不同人员角色在运维过程中涉及的人员管理、人员考核、人员培训和人员行为等人员因素进行安全风险提取和分析，提炼出在运维过程中人员因素涉及的安全因素主要包括人员录用、离岗、考核、培训、人员技能、安全意识和操作行为以及外包人员管理等。通过对人员因素涉及的信息系安全点的风险识别，提取出在运维过程中人员因素可能面临的安全风险。人员因素的风险主要来源于以下几个方面：

1）运维人员录用和离职流程不健全带来的风险；

2）运维人员配备不充足的风险；

3）缺乏系统化和层次化的安全培训的风险；

4）运维人员的安全意识和安全技能缺失的风险；

5）缺乏信息安全的考核机制的风险；

6）运维人员权限过大造成的风险；

7）运维人员操作不规范带来的风险；

8）运维人员恶意操作带来的风险；

9）运维外包人员管理不严造成的风险；

10）运维外包决策失误造成的风险；

11）对外包商不信任造成的风险；

12）运维外包方违约的法律风险；

13）双方职责不明确造成的风险；

14）外包商关系维护造成风险。

IT运维人员的工作内容就是在技术上确保企业的IT架构和服务正常运行，为此需要掌握如何架设测试和生产环境、如何备份、如何监控、如何选择最合适的技术来实现对业务的支持、如何预防潜在会出现的问题造成服务不稳或中断等。所以对运维人员的操作技能、安全意识、知识面、责任心及良好的沟通能力等方面有必要开展脆弱性分析，通过分析运维人员综合能力的脆弱性来确定威胁可能利用哪些弱点来破坏其安全性。

运维工程师技术含量及要求会越来越高，所接触的知识面非常广阔，如内核、网络、安全、开发、数据库等方面，同时也是对公司应用、架构最了解最熟悉的人、越来越得到重视。运维工作的相关经验将会变得非常重要，而且也将成为个人的核心竞争力，运维人员应具备很好的各层面问题的解决能力及方案提供、全局思考能力等，体现出运维人员综合能力素质。

7.2.3.4 基础设施

基础设施是指为企业信息系统应用提供平台的共享技术资源，它是信息系统最基本的组成单元，包括物理环境、网络平台、主机系统和信息数据等。基础设施作为安全运维的对象，它的运行状态将直接影响信息系统的正常运行。在运维过程中基础设施可能会遭受自然灾害、人为因素及各种计算机犯罪行为导致的破坏，产生的安全风险和安全事件是影响信息系统稳定运行最大的威胁。由于基础设施种类繁多又具有关联性，在运维过程中产生安全风险的因素较多，所以在对基础设施进行风险识别时要更加具体化。在运维过程中基础设施面临的安全风险主要来源于 4 个方面，具体表现如下。

1. 物理环境安全风险

物理环境是指信息系统核心设备的运行环境（机房、设备间、配线间、云计算中心等）中的空调系统、供配电系统、通信应急系统、防护设备系统等（自动消防系统、门禁系统、防盗系统等），能维持系统安全正常运行、确保满足信息系统运行要求的各类机房设施。物理环境安全一方面是指环境自身的安全，另一方面是指设计其所承载的载体和数据的安全。环境安全保护的目的主要是使存放计算机、网络设备的机房、办公环境以及信息系统的设备和存储数据的介质等免受物理环境、自然灾难以及人为操作失误和恶意操作等各种威胁所产生的攻击。涉及的安全因素包括机房场地选择、机房屏蔽、防火、防水、温湿度控制、防雷、防鼠、防盗、综合布线和区域防护等方面。在运维过程中物理环境的安全因素可能产生的安全风险如下：

1）机房选址不合理产生的风险；

2）机房建筑不合规造成的风险；

3）建筑材料耐火等级不达标带来的风险；

4）机房未设置火灾自动消防系统带来的风险；

5）机房访问控制措施不到位带来的风险；

6）机房防盗措施不到位带来的风险；

7）机房防雷措施不到位带来的风险；

8）机房防水、防潮措施不到位带来的风险；

9）机房对温湿度的控制不达标带来的风险；

10）机房不间断持续供电能力不足带来的风险；

11）机房防静电、防电磁辐射和抗干扰能力不足带来的风险；

12）机房监控和巡检不到位造成的风险；

13）机房安全管理制度制定和执行不到位带来的风险。

2. 网络平台安全风险

网络平台是确保信息系统正常运行、持续运行的保障。由于网络平台的复杂性和地域分布的广泛性，其面临的安全风险种类、风险源的分布及其安全事件发生的概率及损失呈现出多样化。一种是外部因素，黑客入侵就是最直接的外部威胁方式，利用各种工具扫描网络系统中存在的安全漏洞，并通过一些攻击程序对网络进行恶意攻击，攻击可能会针对网络设备，造成的危害可能有非法修改设备配置，影响其正常的工作；另一种是内部因素，网络设备本身产生的安全风险，包括设备的标识、防止电磁信息泄露、抗电磁干扰、电源保护以及设备振动、碰撞、冲击适应性等方面。对于设计有冗余电源的设备，应当在购置设备时配置N+1个冗余电源，降低设备因单电源失效引起的宕机事故的概率。同时，系统管理人员要定期对信息系统的所有硬件设备进行运行巡检，检查并记录设备有无运行异常及告警信息，巡检过程要由专人负责。网络平台主要关注网络结构、网络边界以及网络设备自身安全等，解决物理边界非法闯入、边界被绕过或穿透、边界无法正常工作以及边界配置信息泄露等安全保障。涉及的安全因素包括：结构安全、访问控制、安全审计、边界完整性检查、入侵防范、恶意代码防范、网络设备防护。在运维过程中网络平台的安全因素可能产生的安全风险如下：

1）网络结构的规划不合理带来的风险；

2）网络边界安全防护措施不足带来的风险；

3）网络线路不畅通带来的风险；

4）专用网络的隔离措施不到位带来的风险；

5）网络的访问控制措施不足带来的风险；

6）网络准入机制不健全带来的风险；

7）网络设备操作行为和日志审计能力不足带来的风险；

8）网络恶意代码防护能力不足带来的风险；

9）网络协议的缺陷造成的风险；

10）网络设备本身的安全配置不规范带来的风险；

11）网络设备账户密码缺乏有效管理带来的风险；

12）网络设备运行维护不力造成的风险；

13）网络设备分类标识不清晰造成的风险。

3. 主机系统安全风险

主机系统是构成信息系统的主要部分，承载着各种应用。因此，主机系统安全是保护信息系统安全的中坚力量。信息系统的正常运行依赖于主机系统的正确运行，但影响主机系统的因素很多，有的针对操作系统，有的针对数据库，有的针对中间件等。如果主机系统的安全问题不能得到良好和妥善的解决，将会给信息系统带来长远的影响和危害。主机系统的安全性问题日益突出，造成了信息系统安全问题日益严重。根据调查研究，有近75%的攻击发生在主机系统层面。由于主机系统的复杂性和多样性，在信息系统中很容易有意或无意地留下一些不易被发现的漏洞。影响主机系统安全运行的因素，常见的主要有两种。第一种是针对操作系统的安全漏洞实施的攻击；第二种是针对基于Web中间件的攻击。采用的主要攻击手段分为两种：数据篡改和编程攻击。主机系统是服务器、终端/工作站等在内的计算机设备运行的基础，它包括操作系统、数据库系统和中间件等，主机系统包括主机设备和基础软件安全、稳定运行。主机系统安全因素包括：身份鉴别、访问控制、安全审计、剩余信息保护、入侵防范、恶意代码防范和资源控制等。在运维过程中主机系统的安全因素可能产生的安全风险如下：

1）主机系统账户密码缺乏有效管理带来的风险；

2）主机系统缺乏有效的身份鉴别措施带来的风险；

3）主机系统账户访问权限不匹配造成的风险；

4）主机系统存在被黑客利用的漏洞产生的风险；

5）主机系统访问控制措施不合理带来的风险；

6）主机系统行为和日志审计能力不足带来的风险；

7）主机系统防病毒能力不足带来的风险；

8）主机系统本身的安全配置不规范带来的风险；

9）主机系统运行维护不力造成的风险；

10）主机系统分类标识不清晰造成的风险。

4. 信息数据安全风险

信息数据是企业的重要资产，是存在于企业信息系统中的能够为企业带来经济收益的重要资源。信息数据的安全是企业的重要内容，也是确保企业核心竞争力的主要保障。在运维过程中保障信息数据安全，需要考虑数据的产生、处理、加工、存储、使用、传输以及销毁过程的安全。通过对数据自身、载体和载体所处的环境及其边界的保护来确保数据的可用性、完整性、真实性、机密性和不可否认性。

由于信息系统的各个层面（网络、主机、应用等）都对各类数据进行传输、存储和处理等，因此，对数据的保护需要物理环境、网络、数据库和操作系统、应用程序等提供支持。各个“关口”都把好关，数据本身又具有一些防御和修复手段，必然将对数据造成的损害降至最小。数据备份也是防止数据被破坏后无法恢复的重要手段，而硬件备份等更是保证系统可用的重要内容，在高级别的信息系统中采用异地适时备份会有效地防治灾难发生时可能造成的系统危害。在运维过程中信息数据安全风险来源如下：

1）信息数据泄露造成的风险；

2）信息数据被非法篡改和破坏造成的风险；

3）信息数据不可用造成的风险；

4）信息数据无身份标识造成的风险；

5）信息数据无异地备份造成的风险；

6）存储介质管理不严格造成的风险。

7.2.3.5 应用系统

应用系统是实现企业业务流程信息化的平台，是由计算机硬件、网络和通信设备、计算机软件、信息资源、信息用户和规章制度组成的以处理信息流为目的的人机一体化系统，也是一个由人、计算机及其他外围设备等组成的能进行信息的收集、传递、存储、加工、维护和使用的系统。由此可见应用系统安全风险要结合网络平台、主机系统、安全设施及数据库进行分析。系统的变更、升级、业务扩容等原因，都会增加系统的不稳定性，导致威胁面增大，加之应用系统先天性的脆弱性，一旦被利用就可能对应用系统造成损害。运维过程中应用系统的安全因素包括先天因素和后天因素。先天因素是指应用系统在需要分析阶段、设计与开发阶段中存在的设计漏洞及安全缺陷，造成应用系统在运行维护阶段隐含大量的安全隐患和风险；后天因素是指应用系统上线运行后，由于网络平台、主机系统、安全设施及数据库的安全风险和脆弱性影响应用系统的安全稳定运行。

在运维过程中应用系统的安全风险来源如下：

1）应用系统账户密码缺乏有效管理带来的风险；

2）应用系统缺乏有效的身份鉴别措施带来的风险；

3）应用系统账户访问权限不匹配造成的风险；

4）应用系统存在被黑客利用的漏洞产生的风险；

5）应用系统开发缺陷产生的风险；

6）应用系统访问控制措施不合理带来的风险；

7）应用系统行为和日志审计能力不足带来的风险；

8）应用系统本身的安全配置不规范带来的风险；

9）应用系统运行维护不力造成的风险。

7.2.3.6 安全设施

安全设施是企业为保障信息系统安全稳定运行，将安全风险和威胁控制在安全范围内，以及减少、预防和消除安全风险带来的危害和影响所配备的安全设备和采取的措施。安全设施是保障信息系统安全稳定运行的基石，是为信息系统提供安全保障的措施和手段。安全设施包括物理安全类、主机安全类、网络安全类、边界安全类、应用安全类、数据安全类、安全管理域支持类以及其他类 8 个方面。对其进行安全运维主要是关注如何对进出网络边界的数据流进行有效的检测和控制。有效的检测机制包括基于网络的入侵检测（IDS）、对流经边界的信息进行内容过滤；有效的控制措施包括网络访问控制、入侵防护、虚拟专用网（VPN）以及对于远程用户的标识与认证/访问权限控制。对网络安全边界设备进行运维安全的目标是使边界的内部不受来自外部的攻击，同时也用于防止恶意的内部人员跨越边界对外实施攻击，或外部人员通过开放接口、隐通道进入内部网络。

为了安全设备或设施能正常稳定地运行，应制定详细操作规范及定期对设备巡检，检查并记录设备运行异常及告警信息，主要保证设备正常运行，免受威胁。涉及的安全因素包括：安全设施本身的健壮性，包括身份鉴别、访问控制、安全审计等；安全设施与信息系统的兼容性；策略配置的合理性。在运维过程中安全设施的安全因素可能产生的安全风险如下：

1）安全设备操作行为和日志审计能力不足带来的风险；

2）安全设备本身的安全配置不规范带来的风险；

3）安全设备账户密码缺乏有效管理带来的风险；

4）安全设备运行维护不力造成的风险；

5）安全设备分类标识不清晰造成的风险；

6）安全设备访问控制策略不合理带来的风险；

7）安全设施与信息系统兼容性差带来的风险。

7.2.3.7 运维活动

运维活动是指信息系统运维主体依据国家及行业法律、法规、标准和规范，利用运维支撑工具，实施事件管理、问题管理、配置管理、变更管理、发布管理和知识管理等信息安全运维管理流程，对物理环境、网络平台、主机系统、应用系统、安全设施、信息数据进行运维综合管理，执行日常运维、应急响应、监管评估和优化改善等信息安全运维的管理职能，以实现安全运维的标准化和规范化，满足信息系统安全运维的合规性要求。实际上运维活动就是执行日常运维、应急响应、监管评估和优化改善的过程，在这个过程中，需要建立一套科学的管理制度、管理标准和管理规范，如信息系统安全基线、应急预案及通报制度，系统上线前测试规范、安全运维绩效考核办法等，以保障安全运维活动的标准化和规范化。同时需要一套工作流程的指引，制定工作流程，规范事件管理、问题管理、配置管理、变更管理、发布管理和知识管理等业务活动。运维活动涉及的安全因素包括：业务流程的合理性、管理措施的有效性、运维产物的完备性和操作过程的规范性。在运维过程中运维活动的安全因素可能产生的安全风险如下：

1）运维流程烦琐造成的风险；

2）运维活动执行效果不佳带来的风险；

3）运维操作过程不规范带来的风险；

4）运维结果记录不完备造成的风险。

7.2.3.8 运维平台

运维活动采用运维平台将运维对象、职能以及流程通过统一集成的运维系统或一系列运维专用工具进行管理，实现对安全运维事件的全面采集、及时处理和合理分析。同时，在安全运维管理中将纯粹人工操作变成一定程度的自动化管理，通过运维平台实现自动化运维管理，从而实现安全运维工作的智能和高效。运维平台涉及的安全因素包括：运维平台的利用率、实用性和本身的健壮性以及与系统和设备的兼容性等。在运维过程中运维平台的安全因素可能产生的安全风险如下：

1）运维平台利用率低带来的风险；

2）运维平台实用性差带来的风险；

3）运维平台自身安全性不足造成的风险；

4）运维平台与系统和设备的兼容性差带来的风险。

7.2.4 风险分析

7.2.4.1 风险分析要素

风险分析是对识别出的安全风险的威胁、脆弱性和已有安全措施进行综合分析，分析出安全风险对运维安全过程造成哪些安全隐患和影响程度以及这些安全隐患可被利用的程度。安全风险的要素主要包括：安全威胁、脆弱性和已有安全措施。

1. 安全威胁

安全威胁是一种对组织及其资产构成潜在破坏的可能性因素或者事件。无论对于哪类安全的信息系统，安全威胁是一个客观存在的事物，它是风险评估的重要因素之一。

产生安全威胁的主要因素可以分为人为因素和环境因素。人为因素又可区分为有意和无意两种。环境因素包括自然界的不可抗的因素和其他物理因素。威胁作用形式可以是对信息系统直接或间接的攻击，例如非授权的泄露、篡改、删除等，在保密性、完整性或可用性等方面造成损害。也可能是偶发或蓄意的事件。一般来说，威胁总是要利用网络、系统、应用或数据的脆弱性才可能成功地对资产造成伤害。安全事件及其后果是分析威胁的重要依据。但是有相当一部分威胁发生时，由于未能造成后果，或者没有被意识到，而被安全管理人员忽略。这将导致对安全威胁的认识出现偏差。

2. 脆弱性

脆弱性信息资产及其防护措施在安全方面的不足，通常也称为漏洞。脆弱性可能被威胁利用，并对信息资产造成损害。脆弱性评估包括脆弱性识别和赋值两个步骤，是发现与分析信息系统中存在的可被威胁利用缺陷的过程。

3. 已有安全措施

安全措施的识别和确认是对一类具体安全防护措施集合的评估，为风险处理计划的制定提供依据和参考。在识别脆弱性的同时，评估人员应对已采取的安全措施的有效性进行识别和确认。安全措施的识别和确认应评估其有效性，即是否真正地降低了系统的脆弱性，抵御了威胁。对有效的安全措施继续保持，防止措施的重复实施，以避免不必要的工作和费用。对确认为不适当的安全措施应核实是否应被取消或对其进行修正，或用更合适的安全措施替代。

已有安全措施确认与脆弱性识别存在一定的联系。一般来说，安全措施的使用将减少系统技术或管理上的脆弱性，从而降低威胁利用这些脆弱性造成的安全风险严重程度，在风险综合分析阶段应针对现有安全措施的有效性对相关资产的风险值加以修正。

7.2.4.2　风险分析方法

常见的风险分析方法有基于知识的评估方法、基于技术的评估方法、定量分析方法和定性分析方法。

1. 基于知识的评估方法

这类方法主要是依靠经验进行，通过采集相关信息，识别组织的风险所在和当前的安全措施，与特定的标准和惯例进行比较，找出不适合的地方，并按照标准或最佳惯例的推荐，选择安全措施，最终达到消减和控制风险的目的。此类方法多集中在管理方面，对技术层面涉及较少，组织相似性的判定、被评估组织的安全需求分析以及关键资产的确定都是该方法的制约点。

2. 基于技术的风险分析方法

这类方法是指对组织的技术基础结构和程序进行系统、及时的检查，对组织内部计算环境的安全性及其对内外攻击脆弱性进行完整性估计。这类方法在技术上分析应用得比较多，技术弱点把握精确，但在管理上较弱，管理分析存在不足。

3. 定量分析方法

定量分析方法是通过将资产价值和风险等量化为财务价值的方式来进行计算的一种方法。这种方法的优点是能够提供量化的数据支持，威胁对资产造成的损失直接用财物价值来衡量，结果明确，易于被管理层所理解和接受。缺点是对财产的影响程度以参与者的主观意见为基础，计算过程复杂，对分析数据的搜集目前还没有统一的标准和统一的数据库。

4. 定性分析方法

定性分析方法是根据企业本身历史事件的统计记录、社会上同类型企业或类似安全事件的统计和专家经验，并通过与企业管理、业务和技术人员的讨论、访谈和问卷调查等方法来确定资产的价值权重，再通过计算方法来确定某种资产所面临的风险的近似大小。

定性分析法能比较方便地对风险按照程度大小进行排序，避免对资产价值、威胁发生的可能性等硬性赋值导致的结果差异性较大的问题，便于企业管理、业务和技术人员更好地参与分析工作。缺点是缺乏客观数据支持，无法进行客观的成本/效益分析。定性分析法是目前普遍采用的风险分析方法。

7.2.4.3 安全风险列表

通过对运维安全过程中安全策略、组织结构、人员因素、基础设施、应用系统、安全设施、运维活动和运维平台等方面的风险识别，确定了在运维过程可能面临的安全风险，再对其威胁、脆弱性和已有安全措施进行综合分析，分析出安全风险对运维安全过程造成哪些安全隐患和影响程度以及这些安全隐患可被利用的程度，并融合安全运维主体和安全运维对象，从管理水平、运维技能、安全意识等方面进行分析，以保证风险分析的全面性和有效性。分析运维安全面临的安全风险如表7—1所示。

表 7—1

序号	分类	风险识别	风险分析
1	安全策略	安全策略与组织的总体安全方针不匹配的风险	造成总体安全方针得不到贯彻和有效执行
2		安全策略不能得到组织高层领导的认同和支持的风险	造成安全策略无法有效执行
3		安全策略不能得到有效执行的风险	出现安全隐患和安全漏洞
4		安全策略未进行持续性的改进的风险	造成安全策略落后，不能适应现有的环境，出现安全隐患和漏洞
5	组织结构	组织结构缺乏足够的柔性的风险	造成组织结构不能够快速适应变化的外部环境
6		与组织的总体安全方针不匹配的风险	组织结构一旦与信息安全方针发生冲突，就会对企业的快速稳定发展产生巨大的影响，阻碍企业信息安全方针目标的实现
7		组织内部机构之间以及信息安全职能部门内部之间协调不力的风险	导致信息安全工作无法正常开展
8		权责不明的风险	造成信息安全工作混乱，奖惩制度无法实施，极大地影响部门之间、员工之间的团队合作精神，使组织陷于内乱
9		岗位设置的风险	造成信息安全工作得不到重视，开展困难
10		与外部单位沟通合作不力的风险	不能及时了解国家和行业的法律、法规以及标准和规范，得不到外部专家的有效支持

表 7—1（续 1）

序号	分类	风险识别	风险分析
11	人员因素	运维人员录用和离职流程不健全带来的风险	造成运维人员恶意操作和信息泄露
12		运维人员配备不充足的风险	导致运维人员身兼多职，自顾不暇
13		缺乏系统化和层次化的安全培训的风险	造成运维人员安全意识和安全技能薄弱
14		运维人员的安全意识和安全技能缺失的风险	造成安全事件得不到及时处理，无法降低安全事件的影响；易造成误操作，影响系统运行
15		缺乏信息安全的考核机制的风险	造成对信息安全工作不重视，降低了执行力，当发生信息安全违规行为，对其的追究责任不到位
16		运维人员权限过大造成的风险	造成对系统进行越权访问，获取敏感信息或对系统进行恶意破坏
17		运维人员操作不规范带来的风险	造成对系统的误操作，影响系统正常运行
18		运维人员恶意操作带来的风险	造成对系统的恶意破坏，导致系统宕机
19		运维外包人员管理不严造成的风险	造成对系统的误操作、越权访问、恶意破坏、信息泄露等
20		运维外包决策失误造成的风险	造成选择不到理想的外包商
21		对外包商不信任造成的风险	外包服务商的能力、水平、诚信和道德等，都会对外包项目的顺利开展带来极大的风险隐患
22		运维外包方违约的法律风险	由于外界原因及外包方的内容原因，造成外包服务无法顺利进行，无法完成外包合同内容
23		双方职责不明确造成的风险	易出现真空地带，造成外包工作混乱
24		外包商关系维护造成风险	造成外包商履行外包合同出现打折现象
25	基础设施	机房选址不合理产生的风险	机房选择高层或地下室可能产生雨水渗透，造成机房设备、线路和供电系统受到水侵袭，直接导致设备断电或损坏

表 7—1（续 2）

序号	分类	风险识别	风险分析
26	基础设施	机房建筑不合规造成的风险	机房建筑物的防震、防风和防雨等能力不达标，造成机房无法抵御恶劣天气和自然灾害影响
27		建筑材料耐火等级不达标带来的风险	造成机房在发生火灾时，建筑材料易被引燃，无法抵御火势蔓延，扩大机房的受灾面积
28		机房未设置火灾自动消防系统带来的风险	造成无法监测火灾疫情发生，当火灾发生时不能及时报警，无法有效控制火灾
29		机房访问控制措施不到位带来的风险	对未采用门禁系统和有效访问控制措施的机房，造成无法对人员出入进行控制和记录，对机房设备的操作范围和行为也无法进行有效控制和追溯
30		机房防盗措施不到位带来的风险	对未采用防盗系统和视频监控的机房，当发生人员强行进入和恶意破坏行为时，不能进行有效的防护和报警
31		机房防雷措施不到位带来的风险	无法抵御雷电天气对机房设备造成的影响，易导致机房设备和供电系统遭雷击损坏
32		机房防水、防潮措施不到位带来的风险	无法检测窗户、屋顶和墙壁等漏水和渗水现象，也无法防止返潮现象的发生，造成机房设备和线路的损坏
33		机房对温湿度的控制不达标带来的风险	机房未对温度、湿度进行有效控制，易降低机房设备和电路的可靠性，造成设备老化和放电现象
34		机房不间断持续供电能力不足带来的风险	当发生市电断电时，不间断电源 UPS 不能提供足够的用电，将会导致机房设备全部宕机或是设备硬件损坏，严重影响系统的运行

表 7—1（续 3）

序号	分类	风险识别	风险分析
35	基础设施	机房防静电措施不足带来的风险	机房未采用防静电措施，易产生静电，造成电压过大损坏设备
36		机房防电磁辐射和抗干扰能力不足带来的风险	机房未采用电磁防护措施，易产生信号干扰，造成数据泄露危险
37		机房监控和巡检不到位造成的风险	不能及时了解设备状态、发现设备故障以及对机房造成的各种威胁和损坏，无法得到及时的处理，留有安全隐患
38		机房安全管理制度执行不到位带来的风险	造成人员进出及设备操作无约束，也无法有效结合技术措施提高机房防护等级
39		网络结构的规划不合理带来的风险	由于网络系统的复杂性和广泛性，易造成黑客攻击、单点故障、网络拥塞、广播风暴及 IP 冲突等网络现象，严重影响系统的安全稳定运行
40		网络边界安全防护措施不足带来的风险	易被黑客利用，产生攻击路径，造成黑客入侵和网络攻击行为
41		网络线路不畅通带来的风险	网络线路所处的外界环境复杂、多样，易遭受各种物理损害而造成网络中断
42		专用网络的隔离措施不到位带来的风险	由于专用网络上数据的敏感性，一旦隔离措施不到位，就会给黑客留有途径，从外围入侵专用网络，造成敏感信息的泄露
43		网络的访问控制措施不足带来的风险	由于对用户身份鉴别和访问权限的防护措施不足，造成非法和未授权的用户接入网络，导致敏感信息泄露、病毒感染等危害
44		网络准入机制不健全带来的风险	对接入网络的设备未进行安全检查、病毒查杀等防护手段，将不安全因素带入网络，造成敏感信息泄露、病毒感染等危害

表 7—1（续 4）

序号	分类	风险识别	风险分析
45	基础设施	网络设备操作行为和日志审计能力不足带来的风险	造成在发生网络设备故障时不能及时、直观地对问题原因进行事后追溯，从而无法准确定位及修正故障
46		网络恶意代码防护能力不足带来的风险	未在网络边界处部署网络层的防病毒网关，无法阻止网络层面的恶意代码传输，造成恶意代码通过网络进入系统内部，从而降低系统对恶意代码的抵御能力
47		网络协议的缺陷造成的风险	网络协议普遍存在先天性安全缺陷，只注重数据传输的速度，无法保证数据传输的质量，造成数据传输过程中无法保障数据的保密性和完整性，导致数据泄露和被篡改的风险
48		网络设备本身的安全配置不规范带来的风险	网络设备本身的安全配置低，造成易被黑客利用，作为攻击网络和系统的平台
49		网络设备账户密码缺乏有效管理带来的风险	设备账户和密码是赋予授权使用者的钥匙和身份确认，一旦账户和密码被泄露，将会被非法和非授权用户利用于控制网络设备，造成入侵和攻击网络的行为
50		网络设备运行维护不力造成的风险	不能及时了解网络设备状态、发现网络设备故障以及对网络设备造成的各种威胁和损坏，无法得到及时的处理，留有安全隐患
51		网络设备分类标识不清晰造成的风险	给后期维护造成不便，当发生设备或线路故障时无法准确定位故障和原因
52		主机系统账户密码缺乏有效管理带来的风险	操作系统账户和密码是赋予授权使用者的钥匙和身份确认，一旦账户和密码被泄露，将会被非法和非授权用户利用于控制操作系统，造成入侵和攻击系统的行为

表 7—1（续 5）

序号	分类	风险识别	风险分析
53	基础设施	主机系统缺乏有效的身份鉴别措施带来的风险	造成非法或非授权用户通过口令破解直接登录操作系统，提升其访问权限，产生安全危害
54		主机系统账户访问权限不匹配造成的风险	造成数据泄露和误操作
55		主机系统存在被黑客利用的漏洞产生的风险	操作系统存在先天性的安全漏洞，如未及时更新安全补丁，将会被黑客利用，轻者导致信息泄露，重者将影响网络和系统运行
56		主机系统访问控制措施不合理带来的风险	由于对用户身份鉴别和访问权限的防护措施不足，造成非法和未授权的用户登录主机，导致敏感信息泄露、病毒感染等危害
57		主机系统行为和日志审计能力不足带来的风险	造成在发生操作系统故障时不能及时、直观地对问题原因进行事后追溯，从而无法准确定位及修正故障
58		主机系统防病毒能力不足带来的风险	操作系统未安装防病毒系统，无法阻止系统层面的病毒传播，造成病毒通过网络扩散，从而降低系统对病毒的抵御能力
59		主机系统本身的安全配置不规范带来的风险	操作系统本身的安全配置低，造成易被黑客利用，作为攻击网络和系统的平台
60		主机系统运行维护不力造成的风险	不能及时了解操作系统状态、发现操作系统故障以及对操作系统造成的各种威胁和损坏，无法得到及时的处理，留有安全隐患
61		主机系统分类标识不清晰造成的风险	给后期维护造成不便，当发生主机硬件和操作系统故障时无法准确定位故障和原因

表7—1（续6）

序号	分类	风险识别	风险分析
62	应用系统	应用系统账户密码缺乏有效管理带来的风险	应用系统账户和密码是赋予授权使用者的钥匙和身份确认，一旦账户和密码被泄露，将会被非法和非授权用户利用于控制应用系统，造成恶意破坏等危害
63		应用系统缺乏有效的身份鉴别措施带来的风险	造成非法或非授权用户通过口令破解直接登录应用系统，提升其访问权限，产生安全危害
64		应用系统账户访问权限不匹配造成的风险	造成数据泄露和误操作
65		应用系统存在被黑客利用的漏洞产生的风险	应用系统在设计和开发阶段隐含的缺陷如调试后门和维护后门，一旦被黑客掌握，将会被其利用，造成系统隐患
66		应用系统开发缺陷产生的风险	应用系统在设计与开发阶段遗留的缺陷，对系统运行维护造成很大的安全隐患
67		应用系统访问控制措施不合理带来的风险	由于对用户身份鉴别和访问权限的防护措施不足，造成非法和未授权的用户登录系统，导致敏感信息泄露、病毒感染等危害
68		应用系统行为和日志审计能力不足带来的风险	造成在发生应用系统故障时不能及时、直观地对问题原因进行事后追溯，从而无法准确定位及修正故障
69		应用系统本身的安全配置不规范带来的风险	应用系统本身的安全配置低，易被黑客攻击
70		应用系统运行维护不力造成的风险	不能及时了解应用系统状态、发现应用系统故障以及对应用系统造成的各种威胁和损坏，无法得到及时的处理，留有安全隐患

表 7—1（续 7）

序号	分类	风险识别	风险分析
71	安全设施	安全设备操作行为和日志审计能力不足带来的风险	造成在发生安全设备故障时不能及时、直观地对问题原因进行事后追溯，从而无法准确定位及修正故障
72		安全设备本身的安全配置不规范带来的风险	安全设备本身的安全配置低，造成易被黑客利用，降低其安全防护作用，并可作为攻击网络和系统的平台
73		安全设备账户密码缺乏有效管理带来的风险	安全设备账户和密码是赋予授权使用者的钥匙和身份确认，一旦账户和密码被泄露，将会被非法和非授权用户利用其控制网络和系统，造成恶意破坏等危害
74		安全设备运行维护不力造成的风险	不能及时了解安全设备状态、发现安全设备故障以及对安全设备造成的各种威胁和损坏，无法得到及时的处理，留有安全隐患
75		安全设备分类标识不清晰造成的风险	给后期维护造成不便，当发生设备或线路故障时无法准确定位故障和原因
76		安全设备访问控制策略不合理带来的风险	访问控制策略不严谨容易留有攻击路径被黑客利用，造成黑客入侵和攻击
77		安全设施与信息系统兼容性差带来的风险	造成安全设施的防护效果适得其反，不能和信息系统有效结合，影响系统的安全运行
78	运维活动	运维流程烦琐造成的风险	造成运维审批手续复杂，多部门管理，耽误运维工作，影响其实施性

表 7—1（续 8）

序号	分类	风险识别	风险分析
79	运维活动	运维活动执行效果不佳带来的风险	获得虚假的运维对象状态信息，造成对运维对象的真实状态不了解，在处理故障时容易产生误判，降低了运维对象的安全性
80		运维操作过程不规范带来的风险	易造成误操作，影响系统运行
81		运维结果记录不完备造成的风险	造成在发生故障时不能及时、直观地对问题原因进行事后追溯，从而无法准确定位及修正故障
82	运维平台	运维平台利用率低带来的风险	运维平台未起到应有的作用，造成资源浪费，降低了运维效率
83		运维平台实用性差带来的风险	运维平台操作复杂，易产生误操作，降低了运维效率
84		运维平台自身安全性不足造成的风险	运维平台本身的安全性差，造成被黑客利用，降低其安全防护作用，并可作为攻击网络和系统的平台
85		运维平台与系统和设备的兼容性差带来的风险	不能与系统和设备有效结合，降低了运维平台的应用性，影响系统和设备的安全运行

7.3 风险处置

依据风险评估结论，结合组织自身的特性，分析组织面对的安全风险和安全影响，提供风险处置建议。

7.3.1 风险处置方式

风险是客观存在的，想要完全消除风险是不现实的，也是不可能的。风险控制的目的是通过一系列的措施，把风险转变至可接受的限度内，必须在安全措施和成本之间进行权衡找到一个平衡点，将风险控制在能接受的水平，使得负面影响降到最低。

风险处置是系统化方法，可通过多种方式实现。

风险转移：使用相关措施来弥补或减小损失，以达到转移风险的目的。

风险规避：通过对风险原因或后果的消除来规避风险。

风险接受：接受潜在的风险并继续运行信息系统，不对风险进行处理。

风险降低：通过实施相关安全措施，实现降低风险的目标，将威胁利用资产脆弱性造成的影响或不利后果降到最低。

风险处置并不能解决所有的安全风险，对那些可能对组织造成严重威胁的风险进行优先级的排序，优先解决严重、紧急的风险。在风险处置之前，组织需要制定一个可接受风险的规则。例如级别较低风险的处置成本相比较高时则投资和收益不合适，对组织而言此类风险为可接受风险。同时，不同企业的环境和目标不相同，风险的处理方式和安全处理措施也不相同。

7.3.2 风险控制策略

风险控制策略指组织根据自身条件和外部环境，围绕组织发展战略，确定风险偏好、风险承受度、风险管理有效性标准，选择风险承担、风险规避、风险转移、风险转换、风险对冲、风险补偿、风险控制等适合的风险管理工具的总体策略，并确定风险管理所需人力和财力资源的配置原则。

1. 风险控制策略的总体定位

（1）风险控制策略是根据组织经营战略制定的全面风险管理的总体策略；

（2）风险控制策略在整个风险评估体系中起着统领全局的作用；

（3）风险控制策略在企业战略管理的过程中起着承上启下的作用，制定与组织战略保持一致的风险控制策略减小了组织战略错误的可能性。

2. 风险控制策略的作用

（1）为组织的总体战略服务，保证组织经营目标的实现；

（2）连接组织的整体经营战略和运营活动；

（3）指导组织的一切风险控制活动；

（4）分解为各领域的风险控制指导方针。

3. 风险控制策略的组成部分

（1）风险偏好和风险承受度，明确组织要承担什么风险，承担多少；

（2）全面风险控制的有效性标准，明确怎样衡量风险控制工作成效；

（3）风险控制的工具选择，明确怎样管理重大风险；

(4) 全面风险控制的资源配置，明确如何安排人力、财力、物资、外部资源等风险控制资源。

7.3.2.1　扩容与加固策略

扩容与加固策略类似，都是通过增加系统对能量的承载力，以达到对安全风险防范的目的。

扩容策略是在量上增加防护能力，指迅速增加系统的容量使得系统可以承载更多的威胁，以提升承载体抗御风险的能力。比较常见的案例如增加通信带宽、增加主机系统的内存等。扩容策略能够有效降低重大突发事件风险发生的概率，但不可能完全避免安全风险的发生，因为系统容量不可能无限增加，同时实施系统扩容会增加很大的成本。

加固策略是从质上增加防护能力，使系统更加牢固，更能承受更多的恶意攻击，增强抵抗重大突发事件风险破坏的能力，以消减风险部分破坏力，减缓风险破坏力的扩散。比较常用的加固方式是对主机系统、网络设备、数据库、中间件等资产进行加固，以达到降低风险的目的。加固策略对安全风险本身有一定的减缓作用，但加固策略需要成本，而且不可能无限使用。

7.3.2.2　阻断与隔离策略

阻断与隔离策略主要是针对安全风险在范围上的扩展而采取的措施。

内因是系统突变基础，外因是系统突变条件。对于某些致灾因子，控制其源头是可能的。而阻断策略就是侧重于源头控制，使重大突发事件风险蔓延得到有效防范。由于造成系统突变的原因有内在的因素也有外部的因素，往往是两者合力共同作用的结果，因此，避免安全风险的一种有效方法是让内因和外因不能同时发生作用，也就是把内因和外因有效地阻断。例如，在容易着火的地点严禁烟火。

隔离策略侧重于过程控制，安全风险在范围的扩展上具有连续性，只要切断受影响承载体与未受影响承载体的联系就可以有效阻断安全风险在范围上的扩展。常见的案例如在互联网接入区设置DMZ区。实施隔离策略的前提是对重大突发事件风险扩散规律和途径有正确的认识。只有掌握安全风险扩散的途径，才能采取正确的防范策略，但安全风险有其内在的扩散规律和途径，并意味着可以通过隔离策略防范所有风险。所以并不是所有的事件都适合采取隔离策略，要做到因时而异、因地制宜。

7.3.2.3　管理和技术策略

运维安全是实现信息安全目标而进行的一系列活动和过程，是运维活动中不可缺少的一部分，对于保护信息资产、降低风险具有重要作用。降低风险的处置方式根据实现方式分为技术策略和管理策略两大类。管理策略针对所有的管理活动，从政策、制度、流程、规范等方面制定对应的策略；而技术策略与安全技术机制有关，主要通过部署软硬件并正确地配置其安全功能来实现。管理策略从安全管理部门、安全管理制度、人员安全管理、系统维护管理几个方面提出安全要求；技术策略则从物理环境、网络平台、主机系统、应用系统、安全设施和信息数据等层面提出安全要求。管理策略与技术策略是不可分割的两部分，两者之间既互相独立又互相关联，管理和技术互相提供支持以确保各自功能的正确实现。在一些情况下，管理和技术能够发挥它们各自的作用；在另一些情况下，需要同时使用技术和管理两种手段，达到安全控制的目标。

7.3.2.4 预测和应急响应

预测指的是以先进的运维平台，通过预测和仿真等技术收集、整合、处理相关信息，预测某一类安全事件的发展动态。安全事件预测是对已表现出一定征兆的安全事件进行预测并采取防范措施，将安全事件可能带来的大损失降到最低。应急响应是安全事件处置的重要内容，包含两个方面的内容：一是建立在预测与分析的基础上对防范安全事件发生或者降低危害程度的策略和具体应对措施的设计；二是建立高效的协调机制，加强信息共享，从而形成快速的反应机制。当然，预测和应急响应之间相互联系、彼此配合，形成一个完整的动态流程，从而能够有效地防止安全事件的发生，将安全事件可能带来的大损失降到最低。

上述风险防范策略是在不同时期针对不同的情况设计的，它们既可以单独采用也可以组合采用，但具体选择要看实施的难度和投入成本。一般会选择几种策略同时使用，以达到有效防范重大突发事件风险的目的。

7.3.3 风险控制措施

在安全运维过程中安全风险总是存在的。作为安全运维主体应采取各种措施减小安全风险事件发生的可能性，或者把可能的损失控制在一定的范围内，以避免在安全风险事件发生时带来难以承担的损失。风险控制措施是对识别出的安全风险进行有效处置、规避、控制和转移的具体方法。对运维安全面临的安全风险进行有效风险控制的措施如表 7—2 所示。

表 7—2

序号	分类	风险识别	处置措施
1	安全策略	安全策略与组织的总体安全方针不匹配的风险	制定与总体安全方针匹配的安全策略，并定期修订
2		安全策略不能得到组织高层领导的认同和支持的风险	高层领导全程参与安全策略制定、发布、执行和评审过程，并作为主要宣讲人进行宣讲
3		安全策略不能得到有效执行的风险	加强宣贯力度，将安全策略的执行纳入绩效考核中
4		安全策略未进行持续性的改进的风险	定期进行有效性评估，并对评估发现的问题进行改进
5	组织结构	组织结构缺乏足够的柔性的风险	定期对信息安全组织进行评审，或在组织业务和人员发生变化时对信息安全组织结构进行调整，以及时适应现有环境
6		与组织的总体安全方针不匹配的风险	制定与总体安全方针匹配的信息安全组织，并定期修订
7		组织内部机构之间以及信息安全职能部门内部之间协调不力的风险	制定协调机制，定期召开部门间的信息系安全工作会议，加强信息安全工作沟通
8		权责不明的风险	明确各部门和人员的信息安全职责，责任落实到人
9		岗位设置的风险	设置公司级的专职信息安全主管岗位，各部门科兼职设置信息安全管理员
10		与外部单位沟通合作不力的风险	定期与外部监管单位、政府部门和供应商进行信息安全座谈和沟通，及时了解最新的信息安全法律法规及行业动态
11	人员因素	运维人员录用和离职流程不健全带来的风险	制定严谨的人员录用和离职审批流程，加强对人员资质和保密工作的要求
12		运维人员配备不充足的风险	运维人员实行 A/B 岗配备，保证主要岗位多人值守，有备用人员

表 7—2（续 1）

序号	分类	风险识别	处置措施
13	人员因素	缺乏系统化和层次化的安全培训的风险	每年制订全方位的信息安全培训计划，根据不同岗位制订不同的培训计划，包括安全意识、技能和专业知识等
14		运维人员的安全意识和安全技能缺失的风险	加强对运维人员信息安全意识和技能的培训，形成信息安全培训体系
15		缺乏信息安全的考核机制的风险	制定信息安全考核管理办法，将信息安全列入绩效考核中，与奖金挂钩
16		运维人员权限过大造成的风险	细化运维人员权限，尽量不提供管理员权限
17		运维人员操作不规范带来的风险	制定严格的操作规程和审批流程，对操作行为进行记录和追溯
18		运维人员恶意操作带来的风险	加强对人员操作行为的事前、时钟和事后的监控和审计
19		运维外包人员管理不严造成的风险	制定第三方人员安全管理规定，规范第三方人员操作行为，加强对设备接入的控制
20		运维外包决策失误造成的风险	加强对运维外包服务活动的监控，包括对外包商的选择、外包服务内容与范围、外包合同的签订、外包服务的评价等内容制定严格的安全控制措施
21		对外包商不信任造成的风险	加强对外包服务商的资质、人员能力等的考核，并制定外包服务商选择标准
22		运维外包方违约的法律风险	加强合同中的法律条款和约束条件
23		双方职责不明确造成的风险	在合同中明确双方职责及工作内容，用合同来限制外包商
24		外包商关系维护造成风险	制定沟通机制和奖励机制，定期进行座谈会，并对表现突出的外包商进行奖励
25	基础设施	机房选址不合理产生的风险	机房场地应避免设在建筑物的高层或地下室，以及用水设备的下层或隔壁，如果不可避免，应采取有效防水措施

表 7—2（续 2）

序号	分类	风险识别	处置措施
26	基础设施	机房建筑不合规造成的风险	机房和办公场地应选择在具有防震、防风和防雨等能力的建筑内
27		建筑材料耐火等级不达标带来的风险	在设计机房时，要根据机房的等级，慎重地选择机房的耐火等级。机房场地的耐火等级、层数和面积应与产生的火灾危险性类别相适应
28		机房未设置火灾自动消防系统带来的风险	机房应设置火灾自动消防系统，能够自动检测火情、自动报警、自动灭火
29		机房访问控制措施不到位带来的风险	机房各出入口应安排专人值守并配置电子门禁系统，控制、鉴别和记录人员的进出情况；进入机房的来访人员应经过申请和审批流程，并限制和监控其活动范围
30		机房防盗措施不到位带来的风险	应将机房设备或主要部件进行固定，并设置明显的不易除去的标记，并利用光、电等技术设置机房防盗报警系统
31		机房防雷措施不到位带来的风险	机房建筑应设置避雷装置，防止感应雷，并设置交流电源地线，供电系统应配置防雷模块
32		机房防水、防潮措施不到位带来的风险	机房设计时应尽量避开给排水管道，如有管道穿过机房，必须采取可靠的防渗漏措施；机房窗户应进行封闭，防止雨水渗透；机房屋顶和墙壁应采用防潮涂料进行防潮处理
33		机房对温度、湿度的控制不达标带来的风险	机房应设置温度、湿度自动调节设施，使机房温度、湿度的变化在设备运行所允许的范围之内
34		机房不间断持续供电能力不足带来的风险	应在机房供电线路上配置稳压器和过电压防护设备，设置冗余或并行的电力电缆线路为计算机系统供电；应采用双市电输入，UPS 电源应采用双路自动切换供电方式，持续时间不得低于 2～4 小时；提供柴油发电机或应急供电车作为备用

表 7—2（续 3）

序号	分类	风险识别	处置措施
35	基础设施	机房防静电措施不足带来的风险	机房应铺设防静电地板，并将机柜和重要设备进行接地处理
36		机房防电磁辐射和抗干扰能力不足带来的风险	应采用接地方式防止外界电磁干扰和设备寄生耦合干扰，并将配置屏蔽机柜放置涉及敏感数据的业务系统
37		机房监控和巡检不到位造成的风险	应指定专门的部门或人员定期对机房供配电、空调、温湿度控制等设施进行维护和巡检
38		机房安全管理制度执行不到位带来的风险	建立机房安全管理制度，对有关机房物理访问，物品带进、带出机房和机房环境安全等方面的管理作出规定
39		网络结构的规划不合理带来的风险	采用冗余技术设计网络拓扑结构，主要网络设备、通信线路的硬件冗余，避免关键节点存在单点故障；应根据各部门的工作职能、重要性和所涉及信息的重要程度等因素，划分不同的子网或网段，并按照方便管理和控制的原则为各子网、网段分配地址段
40		网络边界安全防护措施不足带来的风险	应在网络边界处部署入侵检测系统，对网络攻击行为进行检测和报警
41		网络线路不畅通带来的风险	应保证主要网络设备的业务处理能力具备冗余空间，满足业务高峰期需要；并按照业务服务的重要次序配置 QOS 质量服务，优先保障重要业务服务的带宽
42		专用网络的隔离措施不到位带来的风险	专用网络应采用物理隔离措施；与其他网络之间有信息交换时应部署隔离网闸，并确保隔离网闸策略配置安全有效，禁止任何穿越边界的 E－Mail、Web、Telnet、Rlogin、FTP 等通用网络服务；如有 VPN 方式接入专网，应采用强认证方式，并对用户访问权限进行严格限制

表7—2（续4）

序号	分类	风险识别	处置措施
43	基础设施	网络的访问控制措施不足带来的风险	在网络边界处部署访问控制设备，配置严格的访问控制策略
44		网络准入机制不健全带来的风险	应对非法内联和非法外联的行为进行检查，准确定出位置，并对其进行有效阻断
45		网络设备操作行为和日志审计能力不足带来的风险	部署专用审计系统，或启用设备或系统审计功能，并对网络中的网络设备运行状况、网络流量、用户行为等进行日志记录
46		网络恶意代码防护能力不足带来的风险	应在网络边界处部署防病毒网关对网络层恶意代码进行检测和清除
47		网络协议的缺陷造成的风险	应对进出网络的信息内容进行过滤，实现对应用层HTTP、FTP、TEL-NET、SMTP、POP3等协议命令级的控制
48		网络设备本身的安全配置不规范带来的风险	对网络设备设置安全基线，并根据安全基线进行加固
49		网络设备账户密码缺乏有效管理带来的风险	应制定账户密码管理规定，定期对网络设备的账户和密码配置情况进行检查；要求设置密码复杂度，密码长度不得小于8位，且为字母、数字或特殊字符的混合组合，用户名和密码不得相同；禁止明文存储密码，并定期更换
50		网络设备运行维护不力造成的风险	应建立网络设备运行维护规定，并制定运维操作规程，定期对网络设备运行状态、日志等进行巡检
51		网络设备分类标识不清晰造成的风险	根据网络设备的重要程度对网络设备进行统一的标识管理，制定标识规范
52		主机系统账户密码缺乏有效管理带来的风险	应对登录操作系统的用户进行身份标识和鉴别

表 7—2（续 5）

序号	分类	风险识别	处置措施
53	基础设施	主机系统缺乏有效的身份鉴别措施带来的风险	应制定账户密码管理规定，定期对主机操作系统的账户和密码配置情况进行检查；要求设置密码复杂度，密码长度不得小于 8 位，且为字母、数字或特殊字符的混合组合，用户名和密码不得相同；禁止明文存储密码，并定期更换
54		主机系统账户访问权限不匹配造成的风险	应为操作系统的不同用户分配不同的账户和权限，确保账户具有唯一性
55		主机系统存在被黑客利用的漏洞产生的风险	操作系统应遵循最小安装的原则，仅安装必要的组件和应用程序，定期对操作系统进行安全补丁更新。补丁更新前应进行安全性和兼容性测试
56		主机系统访问控制措施不合理带来的风险	根据用户权限制定严格的安全策略控制用户对资源的访问，加强操作系统的访问控制功能
57		主机系统行为和日志审计能力不足带来的风险	部署专用审计系统，或启用操作系统的审计功能，审计范围应覆盖到每个操作系统用户
58		主机系统防病毒能力不足带来的风险	操作系统应安装防病毒系统，开启实时监控功能，并定期进行病毒查杀，对病毒库进行及时升级
59		主机系统本身的安全配置不规范带来的风险	对操作系统设置安全基线，并根据安全基线进行加固
60		主机系统运行维护不力造成的风险	应建立操作系统运行维护规定，并制定运维操作规程，定期对操作系统运行状态、日志等进行巡检
61		主机系统分类标识不清晰造成的风险	根据操作系统的重要程度对服务器进行统一的标识管理，制定标识规范

表 7—2（续 6）

序号	分类	风险识别	处置措施
62	应用系统	应用系统账户密码缺乏有效管理带来的风险	应提供专用的登录控制模块对登录用户进行身份标识和鉴别，并对密码进行加密存储
63		应用系统缺乏有效的身份鉴别措施带来的风险	应制定账户密码管理规定，定期对应用系统的账户和密码配置情况进行检查；要求设置密码复杂度，密码长度不得小于 8 位，且为字母、数字或特殊字符的混合组合，用户名和密码不得相同；禁止明文存储密码，并定期更换
64		应用系统账户访问权限不匹配造成的风险	应为应用系统的不同用户分配不同的账户和权限，确保账户具有唯一性
65		应用系统存在被黑客利用的漏洞产生的风险	定期对应用系统进行漏洞扫描，对发现的系统安全漏洞及时进行修补，升级前应对补丁进行安全性和兼容性测试
66		应用系统开发缺陷产生的风险	应对应用系统的设计漏洞进行定期的修补，修补前应对补丁进行安全性和兼容性测试
67		应用系统访问控制措施不合理带来的风险	根据业务需求、用户权限和系统安全分析确定系统的访问控制策略，制定严格的安全策略控制用户对资源的访问，加强应用系统的访问控制功能
68		应用系统行为和日志审计能力不足带来的风险	应提供覆盖每个用户的安全审计功能，对应用系统的用户登录、用户退出、增加用户、修改用户权限等重要安全事件进行审计
69		应用系统本身的安全配置不规范带来的风险	对应用系统设置安全基线，并根据安全基线进行加固
70		应用系统运行维护不力造成的风险	应建立应用系统运行维护规定，并制定运维操作规程，定期对应用系统运行状态、日志等进行巡检
71	安全设施	安全设备操作行为和日志审计能力不足带来的风险	部署专用审计系统，或启用设备或系统审计功能，并对网络中的安全设备运行状况、网络流量、用户行为等进行日志记录

表 7—2（续 7）

序号	分类	风险识别	处置措施
72	安全设施	安全设备本身的安全配置不规范带来的风险	对安全设备设置安全基线，并根据安全基线进行加固
73		安全设备账户密码缺乏有效管理带来的风险	应制定账户密码管理规定，定期对安全设备的账户和密码配置情况进行检查；要求设置密码复杂度，密码长度不得小于 8 位，且为字母、数字或特殊字符的混合组合，用户名和密码不得相同；禁止明文存储密码，并定期更换
74		安全设备运行维护不力造成的风险	应建立安全设备运行维护规定，并制定运维操作规程，定期对网络设备运行状态、日志等进行巡检
75		安全设备分类标识不清晰造成的风险	根据安全设备的重要程度对网络设备进行统一的标识管理，制定标识规范
76		安全设备访问控制策略不合理带来的风险	根据业务需求、用户权限和系统安全分析确定系统的访问控制策略，制定严格的安全策略控制用户对资源的访问，加强安全设备的访问控制功能
77		安全设施与信息系统兼容性差带来的风险	对安全设备的可行性进行研究分析，在部署安全设备前应进行安全性和兼容性测试
78	运维活动	运维流程烦琐造成的风险	定期对运维流程进行评审，并对不合理处进行优化改善，简化审批流程
79		运维活动执行效果不佳带来的风险	制定严谨的运维操作规程，并加强对运维活动的监控和考核
80		运维操作过程不规范带来的风险	制定严谨的运维操作规程，加强对运维人员的技能培训，并制定奖惩措施
81		运维结果记录不完备造成的风险	制定严谨的运维操作规程和记录表格，加强对运维结果的记录
82	运维平台	运维平台利用率低带来的风险	部署前加强对运维平台应用和功能的培训

表 7—2（续 8）

序号	分类	风险识别	处置措施
83	运维平台	运维平台实用性差带来的风险	应选择适合自身运维环境的运维平台，尽量简化运维平台操作程序，在运维平台选型时以实用性为主
84		运维平台自身安全性不足造成的风险	在运维平台选型时，应提出安全性要求，要求运维平台具有身份鉴别、访问控制、通信保密性、抗抵赖、软件容错和资源控制等安全功能，并在部署前进行安全性评估
85		运维平台与系统和设备的兼容性差带来的风险	在运维平台选型时，应选择与应用系统架构更融合的运维平台，并对其可行性进行研究分析，在部署运维平台前应进行兼容性测试

7.3.4 风险跟踪

风险跟踪是应对风险的一项必要措施，由跟踪风险的状态和改善风险状态的活动两部分组成，主要内容是识别和监控适当的风险以评估风险的状态和制订风险缓解计划。安全事件风险多种多样，且产生风险的原因又十分复杂，但安全风险的演变有着某些内在共同的规律，尤其对于同一种安全风险而言，更能够直接体现这些内在规律。安全风险跟踪评估必须把握这些内在规律，这要求我们在风险评估的过程中要遵循风险评估的基本原理。

极端情况下，所有的运维活动和与运维有关的所有外部变化都有必要处于风险跟踪之下，但是考虑到跟踪的成本，通常在里程碑时点、事件突发时或定期实施跟踪。因此，风险跟踪需要在风险控制活动后、里程碑时点上进行跟踪。安全风险的跟踪需要遵循如下方法。

7.3.4.1 相关性

相关性是指两种以上客观现象之间的依存关系，表现在安全事件与其诱因之间的相互影响、相互妨碍和助长。具体而言，任何安全事件风险的生成都会有一些征兆，或与运维活动中的一些异常现象密切相关，或与信息系统中的一些突变因素紧密相连。

这些征兆变量的多少、大小直接影响安全事件风险的发生和可能造成的后果等。因此，需要对征兆与重大突发事件风险生产、演化之间的相关性进行跟踪、分析和研究，评价这些征兆变量，预测重大突发事件风险的性质、影响范围及可能造成的后果。

7.3.4.2 相似性

相似性是指已知两个先后发生的安全事件间的相互联系，可以利用对已发生安全事件的原因来评价后来安全事件的发展趋势。在安全事件风险产生与演变的过程中，虽然同一性质的风险在时间、地点和规模上均会有所差异，但其产生与演变的规律、性质是极为相似的，甚至具有很强的一致性。因此，我们可以通过对历史和现实中安全事件产生与演变规律的认识，分析未来可能出现的征兆及发展的趋势，采取有针对性的防范与规避措施，将安全风险可能造成的损失降至最低甚至消灭在萌芽状态。

7.3.4.3 统计性

随机性是风险的基本特征，在特定的时间和范围内，重大突发事件风险是否产生、何时变化、如何演变、强弱程度、影响范围的大小以及危害程度的轻重都是不确定的。但是，如果有足够的关于重大突发事件风险系统监测的数据信息，尤其是在一个较长历史时期和较大监测范围内，我们就可以通过深入分析监测数据信息，发现某些重大突发事件风险生成、演变的一些内在规律。从这个角度来讲，统计性原理是利用概率论和数理统计等方法来得出风险演变的内在规律，是一种十分有效的工具。

7.4 过程监控

过程监控是指对运维安全的两大重要因素——安全运维主体和运维评估对象进行过程的有效性监控。其中安全运维主体过程监控是指实现安全运维提供者、安全运维使用者以及安全运维管理者行为的全过程记录，包括事前防范、事中控制、事后溯源，实现对安全运维主体行为的可控、可视、可分析、可追溯。

运维评估对象过程监控是指通过对安全策略、组织结构、人员因素、基础设施、应用系统、安全设施、运维活动和运维平台在运维过程中对安全风险的发展与变化情况进行全程监督，并根据需要进行风险处置的调整。通过对风险识别、分析、处置全过程的监视和控制，保证安全风险评估能达到预期的目标。

通过对运维人员行为的监控和已处置风险的跟踪，可以监测、分析和定位运维面临的风险和运维状态，辅助安全运维主体快速识别、定位和解决问题，支撑系统的运维安全管理，提前发现运行安全隐患，持续提升信息系统可靠性和稳定性。

7.4.1 人员行为监控

7.4.1.1 人员行为监控基线

根据相关行业监控标准，人员行为监控要求达到以下安全要求基线：

安全审计范围包括服务器及重要客户端，审计内容包括重要人员行为、系统异常使用和重要命令，审计记录要素主要有日期和时间、类型、主体标识、课题标识和事件结果等，且要达到保护审计进程和保护审计记录等要求；

在攻击者进行入侵攻击时，要求能够记录入侵IP、攻击类型、攻击目的和攻击时间，并在发生严重入侵事件时提供报警功能；

通信线路、主机、网络设备和应用软件运行状况、网络流量、人员行为等监测和报警，形成记录并妥善保存；

组织相关人员定期对监测和报警记录进行分析、评审，发现可疑行为，形成分析报告，并采取必要的应对措施；

建立安全管理中心，对设备状态、恶意代码、补丁升级、安全审计等安全相关事项进行集中管理。

7.4.1.2 人员行为监控方式

行为审计追踪的方式主要包括安全产品、流程跟踪、权限控制和行为比对。流程跟踪和行为比对需要人为干预进行审查判断；安全产品、权限控制一般采用建立信息系统安全审计监控系统等工具辅助措施完成，主要用于收集各类审计日志、行为轨迹等。审计范围包括操作系统审计、业务系统审计、软件开发与维护审计、数据库审计、网络与传输审计、应用软件审计等，而人员行为追溯的主要目的是发现安全隐患和确认到自然人。如表 7-3 所示。

表 7-3

序号	行为审计方法	审计内容
1	安全产品	系统安全策略审计 网络安全措施审计 用户操作规范审计 病毒行为监控审计 文件打印权限审计 移动设备接入审计 信息输入/输出审计
2	流程跟踪	应用系统控制措施审计 用户流程审计 业务行为目标审计 信息输入/输出流程审计
3	权限控制	访问控制管理制度审计 用户访问控制权限审计 密级文件流向审计 管理员操作审计 特殊敏感权限审计
4	行为比对	审查操作手册 文档输出与申请审批比对 移动设备使用与台账记录比对 终端病毒与管理端日志比对 终端系统日志检查

7.4.2 风险过程监控

风险过程监控是通过跟踪已识别的风险，监视残余风险和识别新风险，保证风险计划的执行，并评估这些计划对降低风险的有效性。风险过程监控是一种持续进行的过程。随着安全运维工作的成长，风险会不断变化，可能会有新的风险出现，也可能预期的风险会消失。良好的风险过程监控能为安全运维人员提供信息，帮助安全运维人员在风险发生前做出有效决策。

7.4.2.1 风险监控条件

什么时候进行风险监控，会付出多大的代价进行跟踪，这是风险管理中必须把握的，一般决定于经过识别和评价的风险是否对组织已经造成或即将造成不能接受的威胁。如果是，那么是否有可行的办法规避或缓解？风险监控既取决于对于风险客观规律的认识程度，同时也是一种综合权衡和监控策略的优先过程，既要避险，又要经济可行。

解决上述问题有两种方法：一是把接受风险之后得到的直接收益与可能蒙受的直接损失比较，若收益大于损失则项目继续进行，否则没有必要把项目继续进行下去；二是权衡间接收益和间接损失，比较过程中应该把那些不能量化的方面也考虑在内，如环境影响等。在权衡风险后果时，必须考虑纯粹经济以外的因素，包括为了取得一定的收益而实施规避风险策略时可能遇到的困难和费用。对此，在不同阶段，其处理方法不尽相同。

在决策阶段，一般进行两种比较：一是把接受风险得到的直接效益与可能蒙受的直接损失进行比较；二是把接受风险得到的间接收益和可能蒙受的间接损失进行比较。综合上述两种比较结果，从而决定是否继续。当应该继续，而风险又比较大时，则必须对其进行监控。

在实施阶段，当发现风险对实现目标威胁较大，且需要采取规避、转移或缓解等风险应对措施时，一般也必须对其进行监控。采用多大的力度进行监控取决于项目风险对组织目标的威胁程度，一般应做适当的风险成本分析，然后采取合理的监控技术和措施。

7.4.2.2 风险监控依据和原则

1. 风险监控制的依据

风险监控的主要依据包括以下几个方面。

1）风险管理规划

管理规划规定了风险监控的方法和技术、指标、时间和工作安排，是风险监控的指导性计划。

2）风险应对计划

应对计划提供了关键风险、风险应对措施等风险监控的具体内容和对象。

3）环境的变化情况

环境变化包括系统外部环境的变化和系统本身的变更。如果系统出现大的变更，要求进行新的风险分析和风险应对。在风险管理执行过程中，各种日常的反馈信息也是进一步采取风险处置措施的依据。

4）新识别的风险

新识别出的风险包括原先风险不大的风险转变为关键风险、原先不存在或没有识别出来的风险现演变为风险事件。对于二级风险识别和分析，尤其是对未曾识别的风险要予以特别重视。

5）发生了的风险事件和已实施的风险应对计划

风险事件发生要求实施风险控制，已实施的风险应对计划也要求进行风险监视。

风险反应与监控就是计划—决策—监控不断交替进行的、循环反复的一个过程，通过实施风险反应与监控将目标风险控制在一定范围内，确保各项活动的正常实施和顺利建成。

2. 风险监控制的原则

进行风险监控一般要遵守以下原则。

1）及时性

这种及时性体现在两个方面：一是在进行风险监控的时候要及时发现风险；二是在风险控制的时候要及时采取有效措施，在风险尚未造成巨大损失的时候消除风险或将风险控制在可以接受的范围之内。通常风险监控通过设立风险预警和应急预案系统，对有可能出现的风险，采取超前或预先防范的管理。一旦在监控过程中发现风险的征兆，及时采取校正行动并发出预警信号，以最大限度地控制不利后果的发生。

2）持续性

因为风险是无时无刻不存在的，所以风险监控是贯穿整个安全运维周期的，是一个持续的过程。随着时间的推移，原有的运维环境可能发生变化，新的风险可能出现，原来的次要风险可能转化为主要风险，这时再按照以前制订的风险管理计划和风险应对计划进行风险监控就不能满足风险管理的要求了。必须根据环境的变化对风险监控进行动态调整。

3）可操作性

在风险监控中采取控制措施，必须结合风险管理主体自身的能力和资源状况，具有可操作性。一般来讲，控制措施分为两类。第一类措施为主动的、积极的进攻策略，也称为风险调控措施，是针对治本性风险管理目标设定的策略。它是指主动出击，抵消风险的作用力，防范风险事件的发生，堵塞风险事件发生的缝隙，积极地控制风险、消除风险。第二类措施为被动的、消极的防守策略，也称为风险处理对策，是针对治标性风险管理目标而制定的策略。它是指对项目风险做出回避、转移等处理，使项目投资者减少损失，改善所处的环境，摆脱被动局面。风险管理主体要根据自身的特点合理选择控制措施。

7.4.2.3 风险监控内容

风险监控不能仅停留在关注风险的大小上，还要分析影响风险事件因素的发展和变化。具体风险监控的内容包括：

（1）风险应对措施是否按计划正在实施；

（2）风险应对措施是否如预期的那样有效，收到显著的效果，或者是否需要制订新的应对方案；

（3）对组织未来所处环境的预期分析，以及对组织整体目标实现可能性的预期分析是否仍然成立；

（4）风险的发生情况与预期的状态相比是否发生了变化，并对风险的发展变化做出分析判断；

（5）识别到的风险哪些已发生，哪些正在发生，哪些有可能在后面发生；

（6）是否出现了新的风险因素和新的风险事件，其发展变化趋势又是如何等。

7.4.2.4　风险监控措施

风险监控跟踪已识别的风险，监督残余和识别新的风险，保证风险计划执行，并评估这些计划对减低风险的有效性的过程。风险监控措施主要包括：权变措施、纠正措施、变更申请以及更新风险应对计划等。

1. 权变措施

风险监控的权变措施，即是未事先计划或考虑到的应对风险的措施。企业组织总是处于一种开放的环境中，有许多风险因素在风险计划时考虑不到或者对其没有充分的认识，其应对措施可能会考虑不足，或者事先根本就没有考虑，而在风险监控时才意识到了某些风险的严重性或者识别出一些新的风险。若在风险监控中面对这种情况，就要求能随机应变，提出应急应对措施。必须有效地记录这些措施，并纳入风险应对计划之中。

2. 纠正措施

纠正措施就是为使组织未来预计绩效与原定计划一致所做的变更。借助风险监测的方法，或发现被监视风险的发展变化，或确定是否出现了新的风险。若监视结果显示风险的变化在按预期发展，风险应对计划也在正常执行，这表明风险计划和应对措施均在有效地发挥作用。一旦发现列入监控范围的风险在进一步发展或出现了新的风险，则应对风险进行深入的分析评估，并在找出引发风险事件影响因素的基础上，及时采取纠正措施（包括实施应急计划和附加应急计划）。

3. 变更申请

常见的变更申请有：改变范围、改变设计、改变实施方案、改变环境、改变费用和进度安排等的申请。一般而言，如果频繁执行应急计划或权变措施，则需要对计划进行变更以应对风险。

变更申请书或建议书包括以下主要内容：

（1）变更的原因及依据；

（2）变更的内容及范围；

（3）变更引起的资金的增加或减少；

（4）变更引起的期限的提前或延长；

（5）为审查所必须提交的附图及其计算资料等。

4. 更新风险应对计划

风险是一种随机事件，可能发生，也可能不发生。风险发生后的损失可能不是太严重，比预期的要小；也可能损失较严重，比预期的要大。通过风险监测和采取应对措施，可能会减少一些已识别风险的出现概率和后果。因此，在风险监控的基础上，有必要对各种风险重新进行评估，将风险的次序重新进行排列，对风险的应对计划进行相应的更新，以使新的和重要风险能得到有效的控制。

通过风险监控措施产生的成果主要有以下几项。

权变措施计划：对出现的、未曾识别或接受的风险，而在计划中未列入的应对行为；

纠正措施：包括应急计划和权变措施；

项目变更申请：如果频繁执行应急计划或权变措施，则需对项目计划进行变更以应对项目风险；

风险应对计划变更；

风险数据库：对风险管理过程中需要使用的数据进行收集，建立维护和分析的知识库，以备今后的使用、查询；

对风险识别表更新。

7.5 案例分析

对于运维安全威胁可从运维人员综合能力素质及系统脆弱性进行分析，运维人员综合能力素质在一定程度上决定了信息系统的健壮性。运维人员综合能力素质越高，信息系统安全稳定运行系数就越高，运维人员对于系统的把控度就越强，系统的脆弱性就越小，系统面临的安全威胁就越弱。

7.5.1 运维人员能力不足

7.5.1.1 故障描述

服务器与交换机间形成环路，最终形成广播风暴影响核心设备。建设厂商未按工作票执行，越权操作，将未做配置的刀片服务器加电，导致该刀片服务器为第一次上架，且已准备安排平台运维人员对服务器进行链路聚合等基础环境配置。而建设厂商人员未经许可直接将上述未配置的服务器加电，最终导致服务器与交换机间形成环路，造成广播风暴影响核心设备。

7.5.1.2 原因分析

安全防护措施落实不到位，厂商人员对机房服务器操作未得到许可，擅自对设备进行加电操作。建设厂商申请检修操作时，项目经理未对检修内容存在的危险点进行认真分析，制定相应的应急措施；机房值班人员未对检修人员分工情况进行核实，未对厂商越权操作及时进行制止和汇报。

7.5.1.3 整改措施

加强人员培训，对系统管理员进行系统新设备技术培训，及时了解新购设备与现有设备的兼容性；严控新设备入网，针对不同品牌设备的网络接入，均须由运维人员认真审核，确定接入方式后由网络运维人员负责接入并关闭闲置端口；信息系统在接入网络前先由网络运维人员进行网络配置确认，并在设备接入时负责网络设备端的接入工作，必要时可搭建临时环境进行接入兼容性测试。

7.5.2 敏感信息非法窃取

7.5.2.1 故障描述

某公司信息系统运维主要外委系统承建单位，为了日常运维管理方便，外委人员掌握系统管理员账号，此类管理员账号具有账号开通激活、权限变更等敏感权限。某日安全审计人员对业务系统进行日常巡检过程中，发现某一冻结项目组人员账号被非法激活，此项目组人员可间接查看招投标信息，造成公司敏感信息被非授权访问。渗透流程如图 7－1 所示。

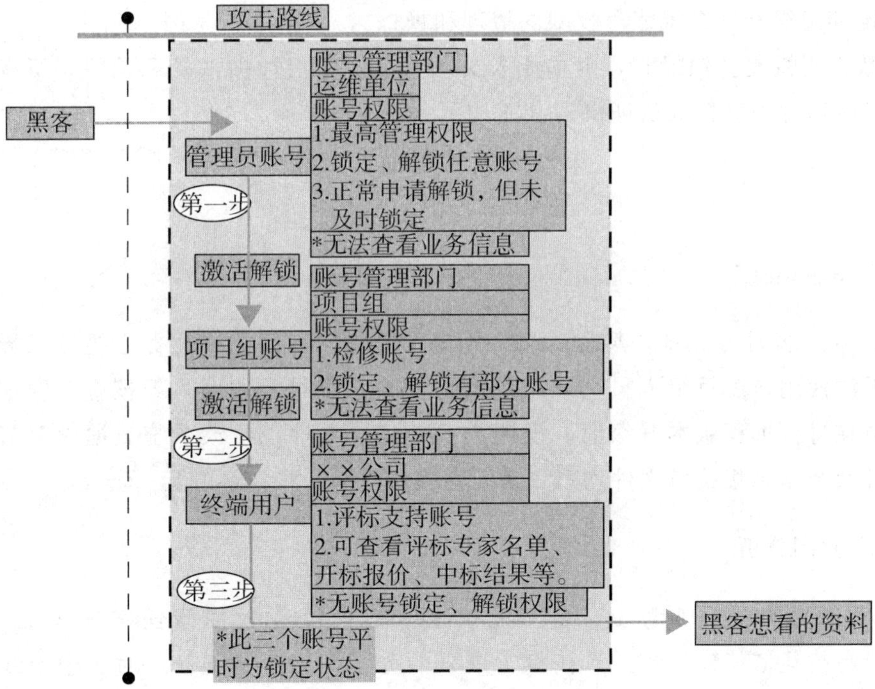

图 7-1

7.5.2.2 原因分析

1. 具备系统管理权限人员分配较多，如运维单位为方便运维，在系统运维期间，临时分配了十多个系统运维管理员账号。

2. 对用户权限角色的分配可在信息内网、外网进行。

3. 对用户的操作行为系统没有记录，尤其是对用户增加、删除以及权限修改情况等没有记录，运维人员未能定期查看审计日志。

此案例说明在系统建设阶段和建转运阶段系统承建单位账号权限分配管理混乱，系统上线前运维单位没有开展账号的排查清理工作。系统正式运行后，未定期梳理系统运维外委人员的账号权限、职责分工及人员流动等情况，系统存在权限过大的管理员或者运维账号，可以直接或者间接查看业务数据。非法用户可以渗透进而控制相关权限账号，导致系统敏感信息、关键业务数据产生失/泄密的风险。

7.5.2.3 优化改善

1. 核心业务系统由主业人员承担运维工作。

2. 涉及数据的后台操作，必须执行两票管理要求（工作票须明确工作内容及安全措施，操作票须明确主要操作步骤），同时由主业人员监护。

3. 系统账号权限的新增、撤销、变更等申请，须主业人员审批。

4. 要求账号监督、管理、使用三权分离，避免单一人员或账号权限过大。

5. 定期组织开展系统账号权限的梳理和督查。

6. 数据需恢复及销毁时，由主业人员统一负责开展数据恢复和销毁，所有使用的相关设备应通过国家权威认证机构认证。

7.5.3 应急处置不当

7.5.3.1 故障描述

2014年××月××日，某公司网络管理员监视发现某重要业务系统登录异常，系统功能无法使用。项目组人员立即组织人员排查系统异常原因，经核查，发现由于项目组人员在进行远程版本升级时，误删数据库相关文件，导致系统数据库双节点的数据库软件及数据采集接口文件均不正常，有丢失现象，导致系统运行异常。

7.5.3.2 原因分析

1. 对于部分系统，特别是未开展建转运的信息系统，运维责任含混不清。运维单位、项目组往往依赖口头约定，按双方默认的分工开展运维工作。对于未上线但实际在运行、已上线试运行但未建转运、已完成建转运的信息系统，没有认真严肃地分别逐一确认各相关单位的运维责任和职责边界，造成运维责任没有真正落实。

2. 对于在运系统上的操作，没有不折不扣地严格执行操作票提报、审批、监护的程序。对于外网信息系统，没有安装行为审计软件，造成对在运系统的操作行为存在某些失控现象。

3. 对于系统账号权限，回收清理不彻底，权限管理存在漏洞，造成项目组存在超级用户权限，且没有严格限定远程运维的终端地址，没有强化远程运维人员身份认证。

4. 互联网出口未部署入侵检测设备，服务器区防火墙安全策略设置较松，仅定期对系统数据库等关键服务器进行漏洞扫描和系统加固，但未对中转服务器采取有效的安全防护措施。

7.5.3.3 优化完善

1. 对在运信息系统进行全面细致梳理，包括上线试运行手续、建转运开展情况，并逐一核查信息系统的运维责任。按照统一部署，对于未上线但实际在运、已上线试运行但未建转运、已完成建转运的信息系统，研究系统平台运维责任、业务运维责任划分的总体原则及责任落实的有效方式。

2. 针对中转服务器进行安全加固和定期扫描，对系统权限进行回收，并将权限细分为系统级和业务级。数据查询、导出等业务级可由项目组在固定机器远程登录操作，功能完善、日常检修等系统级操作必须在操作间中进行，并严格履行操作票提报、审批、监护及行为审计的程序。

3. 在互联网出口部署入侵检测设备，对服务器区防火墙安全策略进行梳理，对服务器定期进行漏洞扫描和系统加固工作。

第 8 章　评审及改进

评审和改进包括运维评审及持续改进，其中运维评审的主要目的是对安全运维的过程进行有效性评估。传统行业各项业务对安全的要求越来越高。如何提高安全运维有效性、降低运营成本是组织迫切需要解决的问题。安全运维有效性的提高，要以对安全运维有效性客观评估为基础。

持续改进是安全运维模型的最后一个环节，也是再次运维的需求来源之一和促进再次运维的主要原因之一。改进是持续无止境的，这符合事物螺旋式发展的基本规律。

8.1　过程有效性评估

安全运维的过程有效性评估是运维工作的核心，是决定整个安全运维成败的关键，也是一个安全运维项目是否成功的最根本标志，过程有效性要贯穿于安全运维工作的始终。过程有效性评估就是要保证安全运维的质量，提高了安全运维质量也就保证了运维过程的有效性，所以两者是相辅相成的，也是有机融合的。而质量控制是安全运维保证质量的重要手段，通过质量控制可以保障安全运维过程的有效性，对过程有效性的评估也就是对安全运维主要质量控制点的评估。

8.1.1　过程有效性评估概念

安全运维过程有效性评估是指在力求实现信息系统安全运维项目总目标的过程中，为满足信息系统安全运维项目总体质量要求所开展的有关监督管理活动。过程有效性评估是一个系统过程，贯穿全过程，安全运维单位的过程有效性评估主要是安全运维实施过程的有效性以及运维实施结果与服务的有效性评估。过程有效性评估就是运维管理人员采取有效的措施，监督运维事件的实施过程以及具体的实施结果，判断是否符合相关标准，并确定消除产生不良结果的方法。过程有效性评估贯穿于安全运维的始终。

8.1.2　过程有效性评估原则

过程有效性评估贯穿于运维策划、准备、实施等阶段。主要包括方案制订、运维商工作能力考核、运维事件过程跟踪及结果质量评价等。过程有效性评估应把握如下原则。

1. 过程有效性评估要与运维服务商对运维质量监督紧密结合

就信息系统安全运维的有效性目标而言，衡量信息系统安全运维项目有效性是否达到预期标准和要求，需要运维服务管理者、运维服务的用户担负对信息系统安全运维项目质量监督管理的职责。

2. 过程有效性评估是一种系统过程的控制

安全运维项目的实施也是其质量形成的过程。安全运维过程的每个运维事件解决过程的有效性，都是安全运维工作总体工作过程有效性的一个重要组成部分。要使信息系统的安全运维项目的过程有效性能够产生预期效果，运维单位及其运维工程师就要对信息系统安全运维项目的实施全过程不间断地进行过程有效性评估。

3. 过程有效性评估要实施全面控制

由于信息系统安全运维项目具有广泛性，所以信息系统安全运维项目需要实施全面的过程有效性评估。对信息系统运维项目有效性实施全面控制，要把控制重点放在各种干扰有效性的因素上，做好风险分析和管理工作，预测各种可能出现的质量偏差，并采取有效的预防措施。运维单位工作重点是监督重要运维事件的处理过程和检查所有运维事件的处理结果，判定其是否符合预定的有效性要求，最终对所有运维过程的工作状态运用绩效考核的方法量化加以评价。

（1）对于不同的运维工作分类，应采取不同的质量控制方法。

（2）以信息系统运维合同、SLA 等为依据，督促运维服务商全面实现运维合同约定的有效性目标。

（3）对运维服务商的人员、设备、方法、环境等因素进行全面的质量监督，督促运维服务商的质量保证体系落实到位。

（4）对信息系统安全运维全过程实施过程有效性评估，以质量预控为重点，做好运维服务流程控制、服务过程监督、服务成果评价及相关文档审查。

（5）确定安全运维项目过程有效性评估的关键事件，进行重点控制。不仅运维工程师要严格把关，还要组织专家顾问组进行集体论证。论证通过后，方可通过质量审核。

（6）对安全运维服务的关键操作和重要运维事件过程进行跟踪参与，及时发现质量问题，并及时纠正，消除质量隐患。

8.1.3 过程有效性评估特点

信息系统安全运维的过程有效性评估与其他运维的过程有效性评估相比较，有其特殊性。只有对信息系统安全运维的特点以及有效性影响要素有比较清楚的认识，我们对其有效性的控制才能有针对性。下面举例说明信息系统安全运维特点以及质量影响要素。

（1）信息系统安全运维的实施过程是人的智力劳动过程，个人发挥的空间比较大，而且人员“跳槽”的现象比较普遍，因此要控制有效性，首先要控制人。但是，运维单位对运维服务商的人员控制并不是人事权的控制，而主要通过：审查安全运维项目主要负责人是否具有运维投标文件中承诺的人员资格证书，以保证安全运维项目经理的合法性；审查运维服务商的安全运维项目过程质量控制体系，以保证安全运维项目能够在有序的状态下进行，最大可能减少个人的随意性；督促运维服务商建立有效的版本控制体系和文档管理体系，最大可能减小人员流动所带来的损失。

（2）定位故障比较困难。比如一个信息系统的性能问题可能是由网络性能、主机性能、数据库性能、中间件性能和应用软件性能共同决定的。某一部分出现故障，就会影响整体的性能，因此我们在进行质量控制时既要切实控制单体的质量，又要有全局观。

（3）改正错误的代价往往较大，并且可能引发其他的质量问题。比如在应用信息系统安全运维过程中，即使发现了软件的错误，也不能随意修改。因为修改一个安全问题，可能会由此引起其他衍生安全问题，因此在过程有效性评估时要做好有效性改进评估。

8.2 过程有效性评估要点

8.2.1 过程有效性评估要点设置

1. 设置过程有效性评估要点的目的

所谓有效性评估要点，是指对信息系统安全运维有效性的重点控制对象或重点实施过程实施有效的过程控制而设置的一种管理模式。

在安全运维实施工作的不同分类中，依据安全运维服务的具体情况，可设置不同的有效性评估要点，通常情况下可分为不同运维工作分类的运维事件接收/分析有效性评估要点、实施阶段的有效性评估要点和验收阶段的有效性评估要点。其目的就是通过对评估要点的设置，可以将安全运维有效性总目标分解为各评估要点的分目标，以便通过对各评估要点分目标的控制，来实现对安全运维有效性总目标的控制。

2. 设置过程有效性评估要点的意义

在信息系统安全运维过程中设置不同阶段的有效性评估要点，有以下几方面的重要意义。

（1）通过过程有效性评估要点设置，便于对安全运维有效性总目标的分解，可以将复杂的安全运维有效性总目标分化为简单分项的目标控制体系；

（2）设置过程有效性评估要点，有利于运维工程师和运维服务商的控制管理人员及时分析和掌握控制点所处的环境因素，易于分析各种干扰条件对有关分控制项目标产生的影响及其影响程度的测定；

（3）设置过程有效性评估要点，有利于运维工程师和运维服务商的控制管理人员监测分项控制目标，并有针对性地开展绩效考核工作；

（4）由于过程有效性评估要点目标单一，且干扰因素便于测定，有利于运维工程师和运维服务商的控制管理人员制订、实施纠偏措施和控制对策；

（5）通过对下层级过程有效性评估要点目标的实现，对上层级过程有效性目标提供保证，直到安全运维有效性总目标的实现。

3. 过程有效性评估要点的设置原则

进行评估要点设置时，应遵守下述的一般原则。

（1）选择的过程有效性评估要点应该突出重点

过程有效性评估要点应放置在运维活动中的关键事件和关键操作，有利于控制影响安全运维有效性目标的关键因素。如对于一个应用软件运维服务，需求获取阶段关系整个应用系统的成败，而这一部分工作往往做得不够细致。因此运维单位可以把需求获取作为一个质量控制点，制订详细的需求获取运维单位方案。

（2）选择的过程有效性评估要点应该易于纠偏

也就是说，过程有效性评估要点应设置在安全运维有效性目标偏差易于测定的关键操作或重要事件处，这样才有利于运维工程师及时发现质量偏差，才有利于运维服务商控制管理人员及时制订纠偏措施。如对于基础设施运维来说，可以把巡检工作中对数据库、中间件的巡检过程作为一个控制点，从巡检计划的制订、巡检内容方法的制订，到巡检的及时性，如果发现问题，可以立刻纠正。这一部分如果出现质量问题，没有控制并解决问题，就可能导致重大运维事件发生，事后解决的成本就会非常大。

（3）过程有效性评估要点设置要有利于参与运维实施的三方共同从事安全运维有效性评估活动

对用户来说，由于主要是从宏观角度来从事安全运维过程有效性评估，在安全运维实施的各个阶段和相对重要的实施成果都应设置评估点；对运维服务商来说，由于从事信息系统安全运维过程中的微观控制，其评估点可以按安全运维分类、运维服务要求、重要活动及重要实施资源供应等方面来设置；对安全运维单位来说，由于过程有效性评估是其安全运维工作的重点，根据安全运维目标确定安全运维要检查的过程有效性评估要点。三方可以根据安全运维服务的具体情况，商定各个阶段的过程有效性评估要点，并制订各自的过程有效性措施。

（4）保持评估点设置的灵活性和动态性

对于一些大型信息系统安全运维服务，由于实施规模庞大，参与安全运维的运维商数量和服务人员数量较多，影响因素繁多，其过程有效性评估要点设置并不是一成不变的，必须根据运维工作的特点、业务系统的实际需求等客观情况进行因需而变的调整。对已设立的过程有效性评估要点应随时进行必要的调整或增减，使过程有效性评估要点设置具有相应的灵活性和动态性，以达到对安全运维有限性总目标的全过程、全方位的控制。

下面分阶段说明一下安全运维工作过程有效性评估要点，这里的要点也许和工作实际情况存在差异，请有取舍地使用。

8.2.2 准备阶段过程有效性评估要点

在安全运维服务工作正式启动后的一段时间属于资源转移和项目过渡阶段，应以充足资源保证项目平稳过渡，相关过程有效性评估要点如下所述。

1. 资源移交

运维管理者应在运维提供商项目组正式入场开始服务前进行必要的资源移交和提供工作，以便项目组尽快开始高质量服务工作，降低前期磨合带来的风险。需要进行资源转移的工作包括：

1）准备必要的证件、卡牌；

2）准备必要的工作地点和工具（依据服务合同）；

3）在维护系统和项目可能涉及的应用系统中开设测试用或维护用账号；

4）提供项目涉及运维对象的通信录和不同对象的服务注意事项；

5）提供项目涉及运维资产的类别、数量、分布情况说明；

6）提供项目涉及专用系统的使用与维护说明书，并安排对运维商项目组运维人员的专用系统使用及维护培训；

7）提供项目涉及资产的过往服务记录；

8）提供项目涉及运维资产的逻辑地址、口令等信息。

2. 资源接受

1）运维人员接受证件、卡牌并办理必要的登记手续；

2）现场备机、备件的登记（依据服务合同）；

3）运维工具的登记，尤其是可用于数据存储工具的登记和检查。

3. 工具准备

依据安全运维服务方案，针对安全运维单位的 IT 资产类别、数量等为安全运维项目准备相应的备机、备件以及工具。

安全运维工具包括软性工具和硬性工具。软性工具包括运维商开发的各类运维管理软件系统、知识库系统、针对客户方 IT 资产的文档和驱动程序库等；硬性工具指维修、保养、检测工具及调测仪器等。

4. 建立知识库

按照不同专业、不同类型对安全运维服务方案进行资源整理，建立安全运维信息知识库，把一些有效的服务方案进行整理，及时发布、共享。对使用者进行技术知识支持，可以有效降低初级问题的服务差错率，提高安全运维人员的服务水平和服务速度。

知识库的构建有利于知识的交流、积累、互动、增值、利用和保存，从而实现知识共享。组织知识库是企业信息库或数据库发展出来的高级形式，使信息和知识有序化，同时使大量的显性知识及隐性知识编码化和数字化，比一般信息库更广泛、更丰富。知识库管理包括下述要点。

（1）保证数据的精确性。不能让错误或不准确的知识在企业内传播和共享。

（2）持续更新和维护。要及时更新和修改过时的信息和数据。

（3）方便进入。建立完善的资源访问权限管理机制，实现资源面向公司内部人员的灵活交换和共享。使得工作人员、管理人员和领导登录信息资源服务门户后，可以方便和快捷地获取自己所需信息。

（4）搜索简便易行。知识库应该提供多种不同的搜索方法，如题名、关键词、作者等，方便用户使用。还可以提供资源分类导航、资源订阅等个性化的信息服务手段，提高员工的工作效率，降低信息资源的使用成本。

（5）提供保证知识沉淀、共享、传播和交流的运维平台。提供用来交流的运维平台，允许员工建立新知识，并及时将新的问题和答案放入知识库中。制定员工使用知识库的激励机制，保证企业知识的沉淀、传播、共享和交流，有效防止企业知识库成为不流动的“死库”“垃圾桶”。

（6）企业知识库的日志与统计。系统提供对各类操作的日志记录，并可根据日志提供多种类型的统计，包括用户操作、资源分布、检索频率、资源下载和访问量等。

（7）安全保障问题。知识库存储的是企业内部的组织信息以及精心收集的重要外部信息，保障知识库的信息安全并采取完善的加密措施非常重要。加大网络安全和保密性的管理力度，保障基本要素的安全。如采用数据自动备份系统、对企业知识库的访问权限进行有效控制，限制知识的扩散范围，以避免向竞争对手泄露等。

（8）知识产权问题。企业知识库存储的信息来源较为广泛，不但来自企业内部，而且还收集到大量的企业外部信息，这些外部信息以各种各样的形式存在，有专业论文，也有大量的网络信息等。为避免涉及不必要的知识产权纠纷，一定要标明信息资源的作者、来源和出处等，有的甚至还需要缴纳版权使用费。

8.2.3 实施阶段过程有效性评估要点

8.2.3.1 安全设备运维过程有效性评估要点

安全设备运维的过程有效性评估要点主要体现在安全设备监控与巡检、备品备件的准备、安全策略配置 3 个方面。

1. 安全设备监控与巡检

安全设备的监控与巡检在此类安全运维工作的过程有效性评估要点有下述几点。

（1）审查运维商巡检计划及内容。在计划方面，要重点分析对业务高峰期和特殊业务保障时期的巡检安排；在内容方面，要详细审查对安全设备的巡检内容是否足够详细，阈值设定是否合理，巡检内容与业务系统的匹配是否完全。

（2）抽查安全运维人员工作状态。在业务高峰期或业务重点保障期抽查监控人力保障是否到位等情况。

（3）审查运维商巡检报告。对照故障报告、故障日志等信息，还原故障发生过程，进而评定巡检工作是否认真执行或者巡检内容是否存在疏漏。

2. 备品备件的准备

备品备件的准备是安全设备运维的核心支撑资源，毕竟事前能够发现的故障只是所有故障中的一部分，对于突然发生的设备故障，需要有强大的备品备件库进行支撑，才能保证及时更换。在备品备件准备中，安全运维应该着重注意以下几点。

(1) 需要预先采购的备品备件其数量、型号是否符合合同要求；

(2) 重要设备的备品备件是否为正品、是否已经被使用过；

(3) 合同中明确的替代设备、应急设备是否准备齐全；

(4) 在运维期内，安全运维人员应当不定期抽查备品备件库，以防有缺失导致隐患。

3. 安全策略配置的审查

安全设备运维服务商有义务对目前安全设备进行安全基线加固配置，但是必须提前向用户提交安全策略配置方案。在得到用户批准同意后，才可以实施。在安全策略配置方案的审查方面，应该重点审查下述内容。

(1) 对安全设备的安全基线加固配置时要注意审查UPS和电源的设计，保证供应满足需要；UPS进行测试、优化、扩容和更换要考量到实施过程中的突发情况，UPS的支撑系统满负荷运转的时间应满足业务要求。

(2) 对安全设备安全基线加固配置方面，一定要以保证业务系统平稳运行为前提。参考业务系统的设计方案，了解业务系统对资源使用的最优化要求，才能很好地完成对安全设备安全基线加固配置的工作。防火墙、入侵检测等设备的更换和优化一定要注意业务系统的需要（比如数据库的长连接和短连接等），不能盲目使用默认配置。

8.2.3.2 应用系统运维过程有效性评估要点

应用系统安全运维的过程有效性评估与信息系统建设过程中的类似，升级改造的工作相当于新建应用系统，而软件修正完善相当于新建应用系统中的测试修正环节，增加的内容只是对信息系统软件的监控。

1. 协助运维服务商完善运维过程中阶段性过程有效性评估

应用系统安全运维的有效性是在实施运维中逐渐形成的。应用系统安全运维中各阶段的过程有效性评估是实施有效性的核心，只有严格控制好每个阶段的安全运维有效性，才有可能保证安全运维服务的整体质量。安全运维人员应该协助运维服务商完善阶段性过程有效性评估，及时检查和审核运维服务商提交的质量统计分析资料和过程有效性评估图表。

应用系统安全运维各阶段实施中过程有效性评估主要包括实施中每个阶段的运维实施和阶段实施结果两方面的过程有效性评估。

(1) 运维实施条件的控制

运维实施条件是指运维服务在各阶段的工作内容要素及实施环境条件。其基本控制内容包括人员、运维服务、设备、程序、方法和环境条件等。控制方法主要可以采取检查、测试、评审、跟踪监督等方法。

(2) 运维服务阶段性实施结果的过程有效性评估

应用系统运维阶段性实施结果的过程有效性评估主要反映在阶段性运维服务的质量特征和特性指标方面。对阶段性实施结果的过程有效性评估就是控制阶段性运维服务的质量特征和特性标指标是否达到技术要求和实施标准。

2. 质量控制的基本步骤

阶段性实施结果的质量控制一般属于事后质量控制，其控制的基本步骤如下所述。

(1) 测试或评审。指测定阶段性实施结果的有关质量特征和特性的指标值。

(2) 判断。判断阶段性实施效果是否达到设计质量和运维服务需求所规定的质量标准要求。

(3) 认可或纠偏。若阶段性实施结果的质量特征和特性指标达到有关标准的要求，对该过程实施质量进行认可，并验收签证，才允许运维下一流程或阶段开工，否则对该阶段实施结果进行必要的纠偏。经纠偏后，应重新检查，达到质量标准要求才予以认可。

现场安全运维人员应自始至终地把对实施阶段性过程有效性评估作为对安全运维服务过程有效性评估的工作重点，并应详尽深入地分析影响阶段有效性的因素，分清主次，抓住关键，开展对阶段性有效性的全面控制。

3. 关键过程有效性评估的实施要点

(1) 制订阶段性质量控制计划是实施阶段性过程有效性评估的基础。

阶段性过程有效性评估计划包括：确定控制内容、技术质量标准、检验方法及手段，建立阶段性过程有效性评估责任制和有效性检查制度。

(2) 进行阶段分析，分清主次，抓住关键是阶段性运维结果过程有效性评估的目的。

运维各阶段分析是指从众多影响安全运维有效性的因素中，找出对特定安全运维阶段重要的或关键的质量特征、特性指标起支配作用或具有重要影响的主要因素，以便在运维实施中对那些主要因素制订相应的控制措施和标准，开展对运维实施过程中关键质量的重点控制。

(3) 设置阶段性过程有效性评估要点，实施跟踪控制是安全运维过程有效性评估的有效手段。

过程有效性评估要点是实施过程有效性评估的重点。在实施过程中的关键过程或环节及隐蔽运维，对后续运维实施或后续阶段质量和安全有重大影响的工序、部位或对象，实施中无足够把握的、实施条件困难或技术难度大的过程或环节，在采用新技术应用的部位或环节等处，都应设置过程有效性评估要点等。

4. 协助安全运维服务商对严重质量隐患和质量问题进行处理

在必要的情况下，安全运维单位可按合同行使质量否决权，在下述情况下，运维总工程师有权下达停工令。

（1）运维实施中出现质量异常情况，经提出后运维服务商仍不采取改进措施，或者采取的改进措施不力，未使质量状况发生好转趋势的。

（2）对已发生的质量事故未进行处理和提出有效的改进措施仍继续运行的。

（3）擅自变更设计及运维实施方案自行实施工作的。

（4）未经技术资质审查的人员进入现场参与运维实施工作的。

运维工程师遇到运维中有不符合要求情况并且严重时，可报总运维工程师下达停工令。运维开工和停工后的复工，均应严格遵照规定的管理流程进行。

5. 过程有效性评估的其他方法

组织定期或不定期的现场会议，及时分析、通报安全运维有效性状况，并协调有关单位之间的业务活动等；坚持安全运维日志的记录工作。

8.2.3.3 基础设施运维过程有效性评估要点

信息系统基础设施运维的过程有效性评估要点主要体现在核心设备监控与巡检、备品备件的准备、系统优化 3 个方面。

1. 核心设备监控与巡检

信息系统核心设备的监控与巡检在安全运维工作的过程有效性评估有下述 3 个要点。

（1）审查运维商巡检计划及内容。在计划方面，要重点分析对业务高峰期和特殊业务保障时期的巡检安排；在内容方面，要详细审查对数据库、中间件的巡检内容是否足够详细，阈值设定是否合理，巡检内容与业务系统是否完全匹配。

（2）抽查监控人员工作状态，如在业务高峰期或业务重点保障期的监控人力保障是否到位等情况。

（3）审查运维商巡检报告，对照故障报告、故障日志等信息，还原故障发生过程，进而评定巡检工作是否认真执行或者巡检内容是否存在疏漏。

2. 备品备件的准备

备品备件的准备是信息系统基础设施运维的核心支撑资源，毕竟事前能够发现的故障只是所有故障中的一部分，对于突然发生的设备故障，需要有强大的备品备件库进行支撑，才能保证及时更换。在备品备件准备中，运维应该着重注意以下几点。

（1）需要预先采购的备品备件其数量、型号是否符合合同要求；

（2）重要设备的备品备件是否为正品、是否已经被使用过；

（3）合同中明确的替代设备、应急设备是否准备齐全；

（4）在运维期内，运维人员应当不定期抽查备品备件库，以防有缺失导致隐患。

3. 系统优化方案的审查

基础设施运维服务商有义务对目前基础环境、设备、数据库等内容进行优化，但是必须提前向运维及用户提交系统优化方案，在得到用户批准同意后，才可以实施。

在系统优化方案的审查方面，运维应该注意以下重点。

(1) 对基础环境的优化要注意审查 UPS 和电源的设计，保证供应满足需要；UPS 进行测试、优化、扩容和更换要考量到实施过程中的突发情况，UPS 的支撑系统满负荷运转的时间要满足业务要求。

(2) 对设备优化方面要注意一定要以保证业务系统平稳运行为前提，参考业务系统的设计方案，了解业务系统对资源使用的最优化要求，才能很好地完成对设备优化的工作。在对存储扩容的设计方面，要根据近几年业务的增速和近期开展的新业务数量对存储的预估为出发点，争取做到一次投资可以满足 2 年以上系统要求。防火墙、入侵检测等设备的更换和优化一定要注意业务系统的需要（比如数据库的长连接和短连接等），不能盲目使用默认配置。

(3) 对操作系统、数据库、中间件等“软”设备进行优化是审查的重点，因为一旦考虑不周将可能给业务系统运行带来严重影响，一般在业务系统运行效率或需求不能被满足时才进行这方面调整。操作系统、辅助软件的升级和补丁需要有安全运维商负责参与和审核；数据库中间件的优化要遵从业务系统运行的实际需要，使用许可的购买要根据业务发展的需要认真考虑。

8.3 过程有效性评估指标

安全运维过程有效性评估指标要根据各单位的需求可定制、可扩充。各类安全运维服务的过程有效性评估指标通常包括但不限于下述内容。

运维监控与分析服务：异常报告及时率、异常漏报率。

日常巡检服务：维护作业计划的及时完成率、故障隐患发现率、异常主动发现率、故障服务请求及时满足率、业务服务请求及时满足率、问题解决率等。

应急响应服务：平均响应时间、问题解决比率、服务响应及时率、到达现场及时率、故障修复及时率。

安全检查服务：漏洞扫描覆盖率、安全报告呈报及时率、安全漏洞遗漏数量、安全漏洞遗漏率、加固设备覆盖率、安全补丁安装及时率、安全事件次数等。

8.3.1 过程有效性评估指标量化管理

安全运维服务量化管理的需求方主要有 3 个：

(1) 安全运维服务的供方，既包括提供安全运维服务的独立供应商，也包括组织内部提供安全运维服务的内部组织和人员；

(2) 安全运维服务的需方，为简化关系，在这里安全运维服务需方既包括安全运维服务的用户，也包括安全运维服务的客户；

(3) 安全运维服务第三方评估评测和管理机构，包括进行安全运维服务评审的第三方机构和进行资质等管理评审工作的服务平台。

对于安全运维服务的供方，需要通过对服务过程能力和服务质量的量化，检查自身存在的问题和改善机会，帮助服务组织以最符合成本的方式提供满足客户需求的安全运维服务产品。

对于安全运维服务的需方，需要通过对供方安全运维服务能力的量化评价和选择符合需要的供应商；同时，也需要通过对服务质量的量化来检验供方提供的实际服务是否满足了双方确定的服务等级，也是确定安全运维服务费用结算的依据之一。

对于安全运维服务的第三方，需要将对供方服务能力和实际服务绩效的量化考评做为授予资质和颁发证书的有效依据。

由于安全运维服务是以过程和方法等手段满足客户要求的一种产品形态，在产品实现过程中需要通过供需双方的互动来实现，所以在产品测量过程中应考虑需方不断变化的要求，这在客观上给服务量化带来了较大的不确定性。同时，由于服务产品的生产过程和服务提供过程同步发生，也是影响服务量化管理的难点之一。

8.3.2 过程有效性评估量化指标选择

一般情况下，选择的量化指标都应落在模型的某个交叉点上。比如：人员要素与有形性交叉点可以具体对应于人员的外表形象指标，在设计、协商和实施阶段分别对应设计人员形象指标、商务人员形象指标和运维服务交付人员形象指标；对于某类人员的形象指标，既可以是能力方面的，也可以是实际服务过程中客户体验到的质量方面的指标值。根据不同指标的具体需要量化出不同的可测量数值。

在设计量化指标时，既可以设计选择单个交叉点上的指标（如设计人员形象），也可以选择某条线上的指标（如设计活动流程成熟度），还可以设计某个面上的指标值（如设计能力）。

对于不同要素、属性和运维阶段的评价（即对线和面的评价），应按照该“线”或“面”上所有“点”指标的加权平均值计算。权重应可以按照评价方需求、业务发展重点等进行调整。

在构建安全运维服务指标体系过程中，对测量指标的设置和选择应满足以下原则。

1. 以业务目标为基础

所有设置的测量指标应与实现业务目标相关联，避免为了设置测量指标而设置一些没有实际价值的指标。

2. SMART 原则

选择的指标应是针对一个明确的流程或活动，如果设定的指标值由两个不同流程或活动的各自一部分决定，则两个流程的责任人都不会对指标反映出的问题负责并采取改善措施。

选择的指标应该是可衡量的，只有提供适当的工具或方法保证指标数据的获得，该指标才有意义。

选择的指标应该是可达到的值，即该指标值应该是通过运维服务活动可以实现的值，无法确切了解指标是否达到的测量值是没有意义的。

选择的指标应该是与过程目标相关的，避免设置和选择一些没有实际价值的测量值。

选择的指标应该是有时限性的，时限性既可以指某个时段的指标，也可以是指某个时间节点的值。

3. 测量深度和广度

任何测量活动都是有成本的，实际的测量活动应做到适度，避免选择获取数据复杂、实际意义不大的测量指标值。

安全运维服务量化指标体系就是以该量化模型为基础，参考安全运维服务客户需求、业务目标和运营目标等因素建立起的测量指标集合。

8.3.3 过程有效性评估量化指标应用

通过安全运维服务量化模型，可以系统地设计和识别出许多安全运维服务量化测量指标。但有了这些指标并不能真正提高安全运维服务质量，也不能真实反映服务提供方的服务能力。只有通过对测量指标的选择和使用，才能体现测量指标的实际价值。

1. 安全运维目标的识别

首先，应根据组织业务目标，制定满足业务需要的安全运维服务目标，包括服务能力目标和服务质量目标。只有识别出有效的安全运维服务目标，后续测量指标的选择和使用才能有的放矢，才能真正达到安全运维服务质量测量的目的。在该阶段应做好安全运维管理者与组织管理层、业务管理者的有效沟通。安全运维服务目标的选择既要考虑运维服务通用性要求，也要兼顾不同组织在不同阶段的关注点不同。同时，还应该注意服务提供方、服务需方或第三方评价机构的需求差异。

2. 指标的收集

使用工具自动收集、针对客户及内部人员的问卷和访谈等方式收集选择的测量指标，并以适当的方式展示收集的数据结果。对于某些客观性、技术性指标应尽量通过安全运维服务工具自动收集，如流程性指标值和网络技术参数等。

数据展示应简单明确，易于理解。在进行数据展示时，应根据数据关注对象的不同选择不同的展示方式。对于技术人员关注的指标采用技术方法展示，针对管理人员的指标应采用管理语言展示。指标的收集应确保数据的真实准确，同时应确保指标收集方式的简化与经济，最大限度降低指标收集的成本和复杂性。

3. 指标的分析与反馈

指标的收集和展示是安全运维服务量化工作的重要组成部分。许多组织存在重收据收集，轻数据分析、反馈和利用的错误倾向。对安全运维服务的量化，最根本的目的应该是通过对量化数据的分析了解服务各项指标的趋势。通过对趋势和潜在问题的分析，帮助安全运维服务管理者采取必要的预防措施，降低服务问题发生的概率和损失。同时，测量指标也是内部员工与外部客户进行沟通的重要内容之一。

在设计和选择量化指标时，应对所有量化指标指定唯一责任人，指标责任人负责对指标趋势进行分析并承担采取进一步行动的责任。指标的分析可以是进行自身比较，也可以是使用相同指标与同行业进行比较。

8.4 持续改进

信息系统安全运维的持续改进主要包括两个方面：信息系统的持续改进和安全运维能力的持续改进。

1. 信息系统改进

信息系统改进的前提是存在着错误和不一致，或者潜在的、可能的不一致，这些不一致可能引入安全风险。所谓的不一致是指安全运维实施过程与安全需求、安全设计的不一致。引发不一致的原因至少包括管理上和技术上两个方面。管理上考虑运维管理、安全管理、流程管理等诸多方面因素；技术上着重考虑团队能力成熟度、技术水平问题等方面。

运维在实施过程中总会出现这样那样的问题，例如管理机制问题、文档问题、人员管理问题、运维过程出现的问题、配置问题、事件问题等。

2. 运维能力改进

运维组织也是在不断成长和成熟的过程中，运维组织利用信息安全方针、安全目标、审核结果、监视事态的分析、纠正和预防措施以及管理评审，持续改进信息系统安全运维的能力。

安全运维组织利用自我成熟能力进行评估，发现自身不足，掌握自身能力，不断提高自身的安全保障能力。改进是永无止境的。应用领域在发展变革，技术在发展更新，团队和组织在发展、成熟和壮大，持续改进是组织发展的重要驱动力，是一个组织常态化的工作。持续改进能够保持一个组织向前发展的趋势和势头，改进不一定保证会快速前进，但是没有持续改进只会后退。

3. 两者的相互关系

安全运维组织能力的改进与信息系统的改进是息息相关的。组织能力的提高自然会提高被运维信息系统的置信度，也就提高了信息系统的安全保障能力。反之，组织能力的缺陷会直接在信息系统中体现出来，如由于组织能力问题造成的系统配置漏洞、网络漏洞、代码缺陷等。

8.4.1 日常运维改进

8.4.1.1 日常巡检

日常巡检工作的目的是通过日常巡检的手段，排除故障隐患、降低故障率，并及时对故障多发和高发设备进行预防性检测。

日常巡检工作包括两种主要方式，分别是一般巡检和高级巡检。一般巡检强调对设备运行状态的监控，高级巡检则关注各类设备的安全性日志和运行态势，致力于发现并消除安全隐患。

基于上述前提，日常巡检改进应重点关注当前的巡检工作内容、频率、方式等是否合理、有效，评估现有日常巡检工作的不足，并结合先进的技术和思想，进行有针对性的改进。

8.4.1.2　安全设备运维

安全设备运维主要是对安全设备，如防火墙、入侵检测系统、入侵防御系统、防病毒系统、网站攻击检测系统、安全审计系统等的日常维护，目标是使安全设备时刻保持在最优的运行状态和具备最佳的安全保障能力。

安全设备运维改进工作关注以下几个方面。

（1）策略优化调整及配置变更

一方面，完善策略优化调整及配置变更流程，使整个过程在规范的前提下尽可能提高效率；另一方面，优化调整及变更表记录的内容，即删除不必要的条目，增加缺失的内容。

（2）更新升级

一方面，完善更新升级流程，加强更新及升级文件来源的控制、操作过程的严谨，使整个过程确保安全可靠；另一方面，优化更新升级所需记录的内容，即删除不必要的条目，增加缺失的内容。

（3）病毒查杀

病毒查杀工作对于防治恶意代码有着至关重要的作用，且是一项持续性的工作。在优化改进上，重点关注查杀范围和查杀内容的全面性、恶意代码库更新的及时性和更新来源的可靠性，并通过规范化的制度和流程逐步完善这一工作。

（4）故障检测及处理

故障检测及处理需要不断加强故障检测的准确性和处理流程的高效性。在故障检测方面，要不断积累经验，形成故障知识库，并且要不断丰富检测手段，更加准确和迅速地定位问题；在故障处理环节，要优化流程，改进方法，做到高效、可靠地解决问题，保障业务系统的稳定运行。

8.4.1.3　安全审计

安全审计是一种对运维活动进行解析、记录、分析，以帮助运维人员及时了解、发现、追踪信息安全事件的安全取证与分析工具。当发生信息安全事件后，能根据详细真实的审计记录，一步步地追查出攻击者，或者找出发生信息安全事件或业务系统、网络环境等性能波动的真正原因。

安全审计工作是一项持续性的工作。一个组织的网络环境、业务系统规模是不断变化的。在变化的环境中，安全审计需要适应变化，完善审计内容和审计功能，并且提高对信息安全事件的关联性分析，为安全管理员提供最准确的事件过程记录和处理建议。

8.4.1.4 安全通告

安全通告是将信息安全动态信息以通告的形式提供给安全运维服务使用者，包括实时安全漏洞通知、病毒、补丁升级、定期安全通告汇总和安全知识库更新等。通过安全运维人员对其所管理的网络及信息系统存在的漏洞进行定期分析，反映组织内部重要资产的安全现状和安全态势。

安全通告的优化改进有如下几个方向。

（1）完善安全通告的内容，做到内容全面且突出重点；

（2）增加通告的频率，如遇到信息安全界突发事件，应及时发出通告；

（3）丰富通告手段，视通告内容紧急程度不同可以分别通过邮件、短信、电话、杂志等方式下发通告。

8.4.2 应急体系完善

以往的应急管理体系主要以经验式、运动式的模式为主，难以适应日益严峻的信息安全形势的发展。一个组织机构信息安全应急体系建设的关键是通过有计划地开展科学完善的应急体系与机制建设，把原来以应急处置为重点的被动应急管理模式，逐步转变为强调事前防灾、以应急准备为核心的主动应急管理模式。通过建设科学完善的信息安全应急体系及机制，不断提高企业对于信息安全事件的应急能力，即“主动式”应急理念。

8.4.2.1 应急预案体系

应急预案体系建设是一个组织应急工作的基础，应按照“结构完整、层次清晰、上下统一、内外衔接、覆盖全面”的要求，计划开展应急预案体系建设，形成“横向到边、纵向到底、上下对应、内外衔接”的应急预案体系，预案内容实用、可操作性强，涵盖自然灾害、事故灾难、社会安全等 3 类信息安全突发事件。

组织的应急预案体系由总体应急预案、专项应急预案和现场处置方案构成。其中，总体应急预案是应急预案体系的总纲，是组织机构应对各类突发事件的总体方案。专项应急预案是针对具体的信息安全突发事件、危险源和应急保障制定的方案。现场处置方案是针对特定的场所、设备设施、岗位，针对典型的信息安全突发事件，制定的处置流程和措施。

8.4.2.2　应急培训演练

为了更好地落实应急预案中的整体工作流程、各项工作内容，在信息安全突发事件发生后能够做到即刻响应、有序处理、立即恢复，需要通过定期培训的方式提高人员的应急处置能力，将信息安全事件对业务系统带来的损失降到最低。对此，可以成立应急培训基地，编制应急培训教材，定期组织开展信息安全应急理论讲座和技能培训。培训内容可以包括应急管理人员的组织协调、资源调配、信息汇报等应急处置技能，企业应急抢险队员、一般管理人员、生产人员的应急抢险意识和技能等。组织开展特定应急课题研究，结合信息系统安全运行事件进行分析，开展各种规模、形式的应急演练，构建适合并具有相应组织机构特点的应急支撑体系。

8.4.2.3　应急队伍能力

应急队伍是应急体系建设的重要组成部分，是防范和应对信息安全突发事件的主要力量。为提升应急队伍的综合实力，依托现有的专业队伍，整合各类专业的技术力量，组建并不断完善各类信息安全事件应急响应队伍，且配备专业设备和资源，并加强培训和演练。

应急队伍的人员构成和设备、资源配置要符合主辅专业搭配、内外协调并重、理论和技能兼备等适应各种信息安全突发事件状态的应急要求。应急队伍成员在履行岗位职责、参加本单位正常生产经营活动或运行维护工作的同时，应按照信息安全事件应急队伍工作计划安排，定期参加技能培训、设备保养和预案演练等活动。应急事件发生后，由应急队伍统一集中处置，直至应急处置结束，业务恢复正常。

加强专家队伍管理，建立专家参与应急工作的长效机制。建设和完善应急专家信息库，邀请公司内外部专业人员，形成专家资源共享机制，为组织机构信息安全突发事件应急响应工作提供决策建议、专业咨询、理论指导和技术支持。主要有下述几个方面的工作安排。

（1）根据有关工作安排，开展或参与调查研究，收集国内外信息安全突发事件应急管理资料和信息，对组织的应急工作提出意见和建议。

（2）对信息安全突发事件进行分析、研判，必要时参见应急处置、事后调查评估工作，提供决策建议、专业咨询等。

（3）为信息安全突发事件应急管理工作的开展提供技术支持，参与有关研讨评审、能力评估及监督检查等工作。

（4）参与信息安全突发事件应急管理宣传和培训工作。

（5）参与信息安全突发事件应急预案及应急管理有关规章制度、标准、文件的编制和审议。

8.5 案例分析

某大型国有企业三线技术支持服务厂商评价考核要求如下。

评价内容分为4大评价主题，分别为厂商支持服务体系、入驻人员综合素质、厂商支持服务质量、支持服务安全性，总分值为100分。

1）厂商支持服务体系评价主题

厂商自身的服务体系和知识体系水平是其提供服务范围、服务质量等基础性工作的重要保障。通过对该主题的评价考核，促进厂商不断更新和完善现有服务和知识管理体系，更好地提供服务支持。属“基础性指标”。厂商支持服务体系评价主题权重占5%。

2）入驻人员综合素质评价主题

厂商入驻人员的综合素质是专业知识和技能的掌握程度的具体体现，是其服务质量的重要保障。通过对该主题的评价考核，促进其人员技能的培训和管理，保障其具备的服务水平。属“保障性指标”。入驻人员综合素质评价主题权重占10%。

3）厂商支持服务质量评价主题

厂商支持服务质量是保障支持服务工作、服务响应、问题解决等各服务环节顺利有效开展的重要保障。通过对该主题的评价考核，促进支持服务的流程化、规范化，强化优质服务意识，提高客服水平，保障支持服务的日常管理工作。属“过程性指标”。厂商支持服务质量评价主题权重占85%。

4）支持服务安全性评价主题

厂商支持服务过程中必定涉及各类安全事件，将对公司的生产、管理、系统运行等产生不同程度的影响和损失。通过对该主题的评价考核，促进其不断强化运维服务的安全意识，时刻保持警惕，确保避免各类安全事件的发生。属“否决性指标”。支持服务安全性评价主题分为安全保密事件、安全规范事件，为减分项，最高减100分。

年度评价结果高于90分为优；80～90分为良；70～80分为可；低于70分为差。年度评价结果低于良的厂商，将对其进行相应处罚，具体如表8-1所示。

表 8-1

评级结果	分值	处罚金额
可	75～79	扣掉合同费用的3%
	70～74	扣掉合同费用的4%
差	0～69	扣掉合同费用的5% 连续差评，每年上浮1%

第 9 章　信息系统安全运维服务资质认证实施规则概要

2015 年 4 月 1 日，中国信息安全认证中心（以下简称 ISCCC）发布了第 2 版《信息安全服务资质认证实施规则》ISCCC—SV—001：2015（以下简称 2015 版认证实施规则)，并于当日正式实施。该实施规则规定了信息安全服务提供者应具备的通用评价要求以及信息系统安全运维服务提供者（以下简称服务提供者）应具备的专业评价要求，同时详细介绍了认证机构开展服务资质认证的程序。该规则可用于第三方机构对服务提供者进行资信和能力评价，可作为服务提供者开展自我评价的依据，并可为政府及有关社会组织选择服务提供者提供依据。

信息安全服务是指由供应商、组织机构或人员执行的一个安全过程或任务（ISO/IEC TR 15443—1：2005《运维安全技术 运维安全保障框架 第一部分：总揽和框架》)。信息安全服务资质是信息安全服务机构提供安全服务的一种资格，包括法律地位、资源状况、管理水平、技术能力等方面的要求。信息系统安全运维是指通过技术设施安全评估、技术设施安全加固、安全漏洞补丁通告、安全事件响应以及信息系统安全运维咨询，协助组织的信息系统管理人员进行信息系统的安全运维工作，以发现并修复信息系统中所存在的安全隐患，降低安全隐患被非法利用的可能性，并在安全隐患被利用后及时加以响应。信息系统安全运维服务资质认证是依据国家认证认可法律法规、相关技术标准和规范，对信息系统安全运维服务提供者的资质进行评价的合格评定活动。

本章结合 2015 版认证实施规则的主要内容，详细阐述第三方机构开展信息系统安全运维服务资质认证的评价要求和实施程序。

9.1　通用评价要求

通用评价要求适用于安全运维、风险评估、安全集成、应急处理、灾难备份与恢复、软件安全开发等类别的信息安全服务认证评价，均分为三个级别，其中一级最高。

9.1.1　三级评价要求

1. 法律地位要求

在中华人民共和国境内注册的独立法人组织，发展历程清晰，产权关系明确。

2. 财务资信要求

近3年经营状况良好，财务数据真实可信，应提供在中华人民共和国境内登记注册的会计师事务所出具的近3年财务审计报告。

3. 办公场所要求

拥有长期固定办公场所和相适应的办公条件，能够满足机构设置及其业务需要。

4. 人员素质与资质要求

1）组织负责人拥有2年以上运维领域管理经历。

2）技术负责人获得信息安全相关专业硕士及以上学位或电子运维类中级职称，且从事信息安全技术工作2年以上。

3）财务负责人具有财务系列初级以上职称。

4）从事信息安全服务人员10名以上。

5）拥有信息安全专业认证（与申报类别一致）人员2名以上。

6）拥有项目管理资格证书人员1名以上。

5. 业绩要求

1）从事信息安全服务（与申报类别一致）1年以上。

2）近3年内签订并完成至少1个信息安全服务（与申报类别一致）项目。

6. 服务管理要求

1）遵循国家相关法律法规、标准要求，无违法违规记录，资信状况良好。

2）建立人员管理程序和能力考核指标；制订业务和技能培训计划，定期对相关人员开展培训和考核。

3）建立文档控制程序，明确文档管理职责，任命管理人员，确保项目文档资料妥善保管。

4）提供资源，确保信息安全服务项目的实施。

7. 服务合同要求

1）了解客户及所处的行业对信息安全服务的特定要求。

2）确定信息安全服务范围。

3）应签订信息安全服务合同或协议。

8. 服务安全要求

1）满足法律法规对服务安全的要求。

2）满足与客户签订服务合同中的安全要求。

3）制定保密管理制度，明确岗位保密责任。

4）按照客户要求，对接触的客户敏感信息和知识产权信息予以保护，并确保服务方人员了解客户的相关要求。

5）与相关人员签订保密协议，并进行保密教育。

6）确保其供应商满足上述服务安全要求。

9. 服务技术要求

1）建立信息安全服务（与申报类别一致）流程。

2）制定信息安全服务（与申报类别一致）规范。

9.1.2 二级评价要求

1. 法律地位要求

在中华人民共和国境内注册的独立法人组织，发展历程清晰，产权关系明确。

2. 财务资信要求

近3年经营状况良好，财务数据真实可信，应提供在中华人民共和国境内登记注册的会计师事务所出具的近3年财务审计报告。

3. 办公场所要求

拥有长期固定办公场所和相适应的办公条件，能够满足机构设置及其业务需要。

4. 人员素质与资质要求

1）组织负责人拥有3年以上运维领域管理经历。

2）技术负责人应获得信息安全相关专业硕士及以上学位或电子运维类高级职称，且从事信息安全技术工作5年以上。

3）财务负责人具有财务系列中级以上职称。

4）从事信息安全服务人员30名以上。

5）拥有信息安全专业认证（与申报类别一致）人员6名以上。

6）拥有项目管理资格证书人员2名以上。

5. 技术工具要求

1）具备独立的测试环境及必要的软、硬件设备，用于技术培训和模拟测试。

2）具备承担信息安全服务（与申报类别一致）项目所需的安全工具，并对工具进行管理和版本控制。

6. 业绩要求

1）从事信息安全服务（与申报类别一致）3年以上，或取得信息安全服务（与申报类别一致）三级资质1年以上。

2）近3年内签订并完成至少6个信息安全服务项目（与申报类别一致）。

7. 服务管理要求

1）遵循国家相关法律法规、标准要求，无违法违规记录，资信状况良好。

2）制定保密管理制度，明确岗位保密责任。

3）参照国际或国家标准，建立业务范围覆盖信息安全服务的质量管理体系，并有效运行。

4）参照国际或国家标准，建立业务范围覆盖信息安全服务的信息安全管理体系或运维服务管理体系，并有效运行。

5）提供资源，确保信息安全服务项目的实施。

8. 服务合同要求

1）了解客户及所处的行业对信息安全服务的特定要求。

2）确定信息安全服务范围。

3）应签订信息安全服务合同或协议。

4）合同应明确信息安全服务的行为规范。

9. 服务安全要求

1）满足法律法规对服务安全的要求。

2）满足与客户签订服务合同中的安全要求。

3）制定保密管理制度，明确岗位保密责任。

4）按照客户要求，对接触客户的敏感信息和知识产权信息予以保护，并确保服务方人员了解客户的相关要求。

5）与相关人员签订保密协议，并进行保密教育。

6）确保其供应商满足上述服务安全要求。

9.1.3 一级评价要求

1. 申请条件

取得信息安全服务（与申报类别一致）二级资质1年以上（行业领头企业除外）。

2. 从业资格要求

在中华人民共和国境内注册的独立法人组织，发展历程清晰，产权关系明确。

3. 财务资信要求

近3年经营状况良好，财务数据真实可信，应提供在中华人民共和国境内登记注册的会计师事务所出具的近3年财务审计报告。

4. 办公场所要求

拥有长期固定办公场所和相适应的办公条件，能够满足机构设置及其业务需要。

5. 人员素质与资质要求

1）组织负责人拥有4年以上运维领域管理经历。

2）技术负责人应获得信息安全相关专业硕士及以上学位或电子运维类中级职称，且从事信息安全技术工作8年以上。

3）财务负责人拥有财务系列高级职称，或取得中级职称8年以上。

4）从事信息安全技术服务人员50名以上。

5）拥有信息安全专业认证人员（与申报类别一致）10名以上。

6）拥有项目管理资格证书人员5名以上。

6. 技术工具要求

1）具备独立的测试环境及必要的软、硬件设备，用于技术培训和模拟测试。

2）具备承担信息安全服务（与申报类别一致）项目所需的安全工具，如漏洞扫描工具、渗透测试工具、协议分析仪等。

7. 业绩要求

1）从事信息安全服务（与申报类别一致）5年以上。

2）近3年内至少签订并完成10个信息安全服务项目（与申报类别一致）。

8. 服务管理要求

1）遵循国家相关法律法规、标准要求，无违法违规记录，资信状况良好。

2）制定保密管理制度，明确岗位保密责任。

3）参照国际或国家标准，建立业务范围覆盖信息安全服务的质量管理体系，并提供有效运行的相关证明。

4）参照国际或国家标准，建立业务范围覆盖信息安全服务的信息安全管理体系或运维服务管理体系，并提供有效运行的相关证明。

5）提供足够资源，确保信息安全服务项目的实施。

9. 服务合同要求

1）了解客户及所处的行业对信息安全服务的特定要求。

2）确定信息安全服务范围。

3）应签订信息安全服务合同或协议。

4）合同应明确信息安全服务的行为规范。

5）合同应明确信息安全服务的安全要求。

10. 服务安全要求

1）满足法律法规对服务安全的要求。

2）满足与客户签订服务合同中的安全要求。

3）制定保密管理制度，明确岗位保密责任。

4）按照客户要求，对接触的客户敏感信息和知识产权信息予以保护，并确保服务方人员了解客户的相关要求。

5）与相关人员签订保密协议，并进行保密教育。

6）确保其供应商满足上述服务安全要求。

9.2 专业评价要求

安全运维服务资质专业评价要求针对服务准备、服务实施、监视评审、持续改进4个阶段进行。不同资质级别的要求是不同的，具体分级要求如下所述。

9.2.1 三级要求

9.2.1.1　运维服务准备阶段

1. 需求调研与分析

1）采集客户对信息系统运维服务时间的需求。

2）进行信息系统运维预算，定义运维服务。

3）与客户进行沟通，达成共识并形成记录。

2. 运维服务设计

1）制定安全运维服务目录，包括但不限于：初始服务、安全设备运维、日常巡检服务、健康检查、安全事件审计。

2）对信息系统相关的IT资产进行识别。

3）对安全设备进行日常维护及监控，并记录硬件故障。

4）提供安全设备、业务系统的健康检查服务，并约定服务方式、检查频次和检查内容。

5）采集系统配置、流量信息、系统状态等安全信息。

6）收集与分析网络及安全设备、服务器、操作系统、网络应用的日志。

3. 运维服务导入

1）收集与建立配置管理数据库，确保配置项目的机密性、完整性、可用性。

2）专业人员负责安全管理的接口。

3）建立服务目录。

4）建立事件响应和解决的机制，有基本的安全运维报告模式。

4. 明确服务协议特殊要求

1）明确安全事件处理与应急响应流程，包括但不限于：安全事件的分类、安全事件上报流程、安全事件处理流程、安全事件的事后处理。

2）明确安全运维方式，包括但不限于：驻场值守方式、定期巡检方式、远程值守方式。

9.2.1.2　运维服务实施阶段

1）实施初始服务：完成资产识别、定期配置项的更新和维护，实施相关运维流程。

2）实施安全设备运维服务：完成日常维护、状态检查、定期查杀病毒、故障处理、保养、更新、升级、故障检测及排除，并且对安全设备出现的硬件故障进行统计记录。

3）实施日常巡检服务：完成安全设备监控，病毒监测、查杀及网络防病毒维护，并进行相关记录。

4）实施健康检查服务：完成安全设备、业务系统的健康检查服务。

5）实施安全事件审计服务：完成网络及安全设备日志、服务器、操作系统、网络应用的日志，并且进行记录。

6）组建运维服务台职能，培养服务台人员的专业能力。

7）建立事件管理程序和信息安全服务请求管理程序。

9.2.1.3 运维监视评审阶段

1）应定期收集与分析安全运维报告的数据，包括但不限于：异常报告及时率、异常漏报率、维护作业计划的及时完成率、故障隐患发现率、异常主动发现率、问题解决率、漏洞扫描覆盖率、加固设备覆盖率、安全补丁安装及时率、安全事件次数。

2）对运维实现情况进行监视测量，未能实现的目标应采取纠正预防措施。

3）建立与分析客户满意度调查。

9.2.1.4 运维持续改进阶段

1）应在运维过程和监视过程中识别改进项目，制订持续改进计划，包括但不限于对改进机会的评估标准。

2）应用文件化的程序，用以识别、记录、批准、评估、测量和报告改进措施。

3）应采取预防措施，以消除潜在的不符合项的原因，以防止其发生。

9.2.2 二级要求

组织申报二级资质，除满足三级资质的所有条件外，还需满足以下要求。

9.2.2.1 运维服务准备阶段

1. 需求调研与分析

1）根据评估目标和范围，对安全运维对象中包含的信息系统、组织的资产进行分类。

2）识别与分析信息系统运维过程中的历史数据，提出系统运维的保障策略和解决方案。

3）分析客户对信息系统安全服务的需求和类型。

4）收集与分析信息系统的可用性指标，明确可用性指标的类型。

5）分析以往服务的数据并提取出来，为未来的可自动化服务。

2. 运维服务设计

1）对信息安全事件进行统计与分析。

2）编写安全运维服务目录，包括但不限于：运维监控与分析、终端安全监控、等级保护合规性运维。

3）建立信息系统安全运维的问题管理程序。

4）建立知识管理程序及初步形成知识库。

5）编制信息系统的可用性计划，监控可用性事件，报告可用性执行，指导可用性的改进。

6）形成信息安全管理的组织架构，组织结构的构成要素与安全运维活动角色相对应。

3. 运维服务导入

采用流程化管理方法，基于安全事件处理流程、安全培训服务流程、渗透测试流程进行标准化的信息系统安全运维工作。

4. 明确服务协议特殊要求

1）建立信息系统安全主动管理机制。

2）签订信息系统安全运维服务级别协议，承诺信息系统核心指标。

3）建立问题管理程序。

4）建立信息系统安全的配置库及关联关系信息。

9.2.2.2 运维服务实施阶段

1）实施运维监控与分析并形成记录。

2）进行等级保护合规性运维。

9.2.2.3 运维监视评审阶段

1. 内审

按照计划的时间间隔执行内部审核，满足既定标准要求、安全运维服务需求和客户所提出的SMS要求，并有效实施和维护。

2. 管理评审

1）定期回顾安全运维服务，确保其持续适用和有效。

2）管理评审输入至少包括但不限于：客户反馈、服务和流程的执行情况和符合性、当前和预测资源水平、纠正措施的进展情况、可能影响安全运维服务的变更、改进机会。

9.2.2.4 运维持续改进阶段

1）改进机会应划分优先级，策划被批准的改进机会。

2）改进活动应进行管理，包括但不限于：设定改进目标、确保批准的改进活动被实施、报告被实施的改进计划。

9.2.3 一级要求

组织申报一级资质，除满足二级资质的所有条件外，还须满足以下要求。

9.2.3.1　运维服务准备阶段

1）内部团队之间的安全运营级别协议应与安全运维第三方之间的服务级别设计保持一致。

2）安全组织中要设定安全领导小组；在采用外包模式的情况下，执行组还应包含安全运维服务供应商参与运维的人员。

3）采用基于PDCA的管理模型，从策划、实施、监视与评审和持续改进进行体系化的信息系统安全运维服务。

4）建立安全运维可视化视图。

1. 需求调研与分析

1）基于信息系统安全的生命周期，建立信息系统安全运维的整体策略。

2）基于客户、业务的价值体现，形成安全运维的整体视图。

2. 运维服务设计

1）编制安全运维项目作业指导书。

2）建设实施过程中应关注信息系统的功能、性能和安全性方面要求。

3）改造过程中应制订测试计划及回退措施。

4）编写安全运维服务目录，包括但不限于：安全通告及漏洞分析、应急响应服务。

3. 运维服务导入

1）基于渗透测试流程管理进行标准化的信息系统安全运维工作。

2）编制信息安全产品和工具定制开发计划。

4. 明确服务协议的特殊要求

1）建立信息系统安全运维服务级别管理程序，签订服务级别协议。

2）建立信息系统应急事件响应机制和恢复保障。

3）对客户满意度进行趋势分析。

4）建立应急响应和灾难恢复机制，形成业务连续性计划。

9.2.3.2　运维服务实施阶段

1）实施安全通告及漏洞分析服务：完成业界动态的通告，收集国家安全政策及法律法规、漏洞通告、病毒通告、厂商安全通告及其他安全通告。

2）实施应急响应服务：制订应急响应预案，对应急事件及时响应，并对应急进行演练，形成相关记录。

3）建立运维变更管理程序，对运维实施过程中方案、资源变更进行有效控制，完整记录变更过程。

4）制订运维应急处置方案和恢复策略，对运维过程中的应急事件及时进行响应。

9.2.3.3　运维监视评审阶段

1）形成体系化的审核机制及企业文化。

2）体系化的服务监视管理，形成审核机制。

3）定期评审客户对安全运维服务的满意度。

9.2.3.4　运维持续改进阶段

1）持续服务改进，形成持续服务改进文化和意识。

2）基于运维服务的缺陷，提出改进策略和方案。

3）分析运维服务的数据并进行服务预测。

9.3　认证程序

9.3.1　自评估

组织在中国信息安全认证中心网站下载《信息安全服务自评估表》，并实施自主评估。

9.3.2　认证申请

组织依据信息安全服务资质认证程序、认证实施规则中相关要求，确定申请服务资质类别，并填写《信息安全服务资质认证申请书》。

组织向中国信息安全认证中心（以下简称中心）或其指定机构提交《信息安全服务资质认证申请书》《信息安全服务自评估表》及相关证明材料。

9.3.3　申请材料评审

中心依据认证程序和相关标准要求，对申请组织提交的认证相关材料进行评审，并确定申报级别和资质类别，签订认证合同。

9.3.4　现场评审

认证机构组成评审组，依据相关标准和评审要求，到申请组织现场进行评审，并出具现场评审报告。特别地，对申请一级资质认证的组织，必要时选择申请组织的客户进行项目实施现场见证。

9.3.5　认证决定

认证决定委员会由 3 名以上（含 3 名）奇数认证决定人员组成，做出认证决定。

9.3.6　证书颁发

对于符合认证要求的申请组织，颁发认证证书，并予以公示。

9.3.7　证后监督

1. 证后监督频次和方式

对获证组织实施监督，每年度（不超过12个月）进行一次监督评审。

如获证组织发生重大变更、事故或客户投诉，可增加现场监督评审的频次。

2. 证后监督内容

监督评审除包括初次评审的内容外，还应对上一次审核中提出的观察项所采取的纠正/预防措施进行验证。

3. 证后监督结论

对于通过监督评审的获证组织，做出维持认证证书有效的决定；否则，暂停或撤销其认证证书。

4. 信息通报

为确保获证组织的安全服务能力持续有效，获证组织应建立信息通报渠道，及时报告以下信息：

1）组织机构变更信息；

2）安全事故、客户投诉信息；

3）其他重要信息。

9.3.8　认证证书管理

9.3.8.1　证书有效期

获证组织如持续满足标准要求，且通过年度监督评审，可保持证书有效。

9.3.8.2　暂停认证证书

获证组织有下列情形之一，中心应暂停其认证证书。

1）未按规定接受监督评审；

2）违规使用认证证书，但未造成不良影响；

3）监督评审有严重不符合项；

4）不接受认证机构实施监督；

5）其他需要暂停证书的情况。

证书暂停时间一般为3个月。在证书暂停期间，组织可提出恢复证书的申请，并经认证机构审核、批准后方可使用证书。

9.3.8.3 撤销认证证书

获证组织有下列情形之一，中心应撤销其认证证书：

1）证书暂停期间，未在规定时间内完成整改并通过验证；

2）违规使用认证证书，且造成不良影响；

3）获证组织出现严重责任事故、被投诉且经核实，影响其继续有效提供服务；

4）被客户投诉，经调查事实存在；

5）其他需要撤销证书的情况。

9.3.8.4 注销认证证书

获证组织因自身原因不再维持证书，可提出注销认证证书的申请，中心应及时给予注销。

认证证书撤销或注销后，获证组织应交回认证证书，中心予以公示。

9.3.8.5 证书变更

证书变更如只涉及地址、资金或法定代表人的变更，获证组织需递交变更申请，经书面审核批准后，中心可更换其证书并收回原证书。

如获证组织发生上述之外的重大调整，应向中心提出变更申请，并提供相关证明材料。中心需进行现场验证，并做出认证决定。